# COTAS RACIAIS E MÉTODOS DE CONTROLE ANTIFRAUDE

LUCAS DE SANTANA MÓDOLO

Marcos Augusto Perez
*Prefácio*

# COTAS RACIAIS E MÉTODOS DE CONTROLE ANTIFRAUDE

Belo Horizonte

FÓRUM
CONHECIMENTO JURÍDICO

2025

© 2025 Editora Fórum Ltda.

É proibida a reprodução total ou parcial desta obra, por qualquer meio eletrônico, inclusive por processos xerográficos, sem autorização expressa do Editor.

## Conselho Editorial

Adilson Abreu Dallari
Alécia Paolucci Nogueira Bicalho
Alexandre Coutinho Pagliarini
André Ramos Tavares
Carlos Ayres Britto
Carlos Mário da Silva Velloso
Cármen Lúcia Antunes Rocha
Cesar Augusto Guimarães Pereira
Clovis Beznos
Cristiana Fortini
Dinorá Adelaide Musetti Grotti
Diogo de Figueiredo Moreira Neto (*in memoriam*)
Egon Bockmann Moreira
Emerson Gabardo
Fabrício Motta
Fernando Rossi
Flávio Henrique Unes Pereira
Floriano de Azevedo Marques Neto
Gustavo Justino de Oliveira
Inês Virgínia Prado Soares
Jorge Ulisses Jacoby Fernandes
Juarez Freitas
Luciano Ferraz
Lúcio Delfino
Marcia Carla Pereira Ribeiro
Márcio Cammarosano
Marcos Ehrhardt Jr.
Maria Sylvia Zanella Di Pietro
Ney José de Freitas
Oswaldo Othon de Pontes Saraiva Filho
Paulo Modesto
Romeu Felipe Bacellar Filho
Sérgio Guerra
Walber de Moura Agra

## FÓRUM
CONHECIMENTO JURÍDICO

Luís Cláudio Rodrigues Ferreira
Presidente e Editor

Coordenação editorial: Leonardo Eustáquio Siqueira Araújo / Thaynara Faleiro Malta
Revisão: Fabiana Guimarães Coelho
Capa e projeto gráfico: Walter Santos
Diagramação: Derval Braga

Rua Paulo Ribeiro Bastos, 211 – Jardim Atlântico – CEP 31710-430
Belo Horizonte – Minas Gerais – Tel.: (31) 99412.0131
www.editoraforum.com.br – editoraforum@editoraforum.com.br

Técnica. Empenho. Zelo. Esses foram alguns dos cuidados aplicados na edição desta obra. No entanto, podem ocorrer erros de impressão, digitação ou mesmo restar alguma dúvida conceitual. Caso se constate algo assim, solicitamos a gentileza de nos comunicar através do *e-mail* editorial@editoraforum.com.br para que possamos esclarecer, no que couber. A sua contribuição é muito importante para mantermos a excelência editorial. A Editora Fórum agradece a sua contribuição.

Dados Internacionais de Catalogação na Publicação (CIP) de acordo com ISBD

M692c
    Módolo, Lucas de Santana

        Cotas raciais e métodos de controle antifraude / Lucas de Santana Módolo. Belo Horizonte: Fórum, 2025.

        194p. 14,5x21,5cm
        ISBN impresso 978-65-5518-884-4
        ISBN digital 978-65-5518-881-3

        1. Cotas raciais. 2. Políticas públicas. 3. Fraude. 4. Controle da Administração Pública. 5. Antirracismo. 6. Direito administrativo. I. Título.

                                                CDD 342
                                                CDU 342

Ficha catalográfica elaborada por Lissandra Ruas Lima – CRB/6 – 2851

Informação bibliográfica deste livro, conforme a NBR 6023:2018 da Associação Brasileira de Normas Técnicas (ABNT):

MÓDOLO, Lucas de Santana. Cotas raciais e métodos de controle antifraude. Belo Horizonte: Fórum, 2025. 194p. ISBN 978-65-5518-884-4.

# SUMÁRIO

PREFÁCIO
**Marcos Augusto Perez** .................................................................................. 7

INTRODUÇÃO .................................................................................................. 11

CAPÍTULO 1
COTAS RACIAIS NO BRASIL ......................................................................... 17
1.1 Razões históricas ...................................................................................... 20
1.2 Razões sociológicas .................................................................................. 27
1.3 O perfil da política brasileira de cotas raciais ....................................... 36
1.3.1 Objetivos das cotas raciais ....................................................................... 37
1.3.2 Público-alvo das cotas raciais no Brasil ................................................. 41
1.3.3 Base normativa e desenho jurídico-institucional ................................. 46
1.4 Conclusões parciais .................................................................................. 56

CAPÍTULO 2
O PROBLEMA DA FRAUDE ........................................................................... 59
2.1 Definição do problema ............................................................................ 59
2.2 Sujeitos da fraude ..................................................................................... 63
2.3 Fontes da fraude ....................................................................................... 66
2.3.1 Incertezas quanto à identidade racial do candidato ............................ 68
2.3.2 Ressentimentos entre grupos raciais ..................................................... 70
2.3.3 Aspectos circunstanciais .......................................................................... 73
2.3.4 Erros conceituais para definição do beneficiário da política ............. 75
2.3.5 Ausência de balizas para realização do controle antifraude .............. 79
2.4 Conclusões parciais .................................................................................. 84

CAPÍTULO 3
MÉTODOS DE CONTROLE ANTIFRAUDE ................................................ 87
3.1 Autodeclaração ......................................................................................... 89
3.2 Heteroidentificação .................................................................................. 95
3.3 Momento do controle .............................................................................. 102
3.3.1 Preventivo .................................................................................................. 102
3.3.2 Repressivo .................................................................................................. 104

| | | |
|---|---|---|
| 3.4 | Critérios de aferição | 107 |
| 3.4.1 | Fenótipo | 107 |
| 3.4.2 | Afro-ascendência | 109 |
| 3.4.3 | Outros meios de prova | 111 |
| 3.5 | Princípios aplicáveis | 113 |
| 3.5.1 | Dignidade da pessoa humana | 113 |
| 3.5.2 | Contraditório e ampla defesa | 115 |
| 3.5.3 | *In dubio pro* autodeclaração | 117 |
| 3.5.4 | Motivação | 118 |
| 3.6 | Meios de qualificação do controle | 120 |
| 3.6.1 | Curso de capacitação | 122 |
| 3.6.2 | Remuneração dos membros da banca | 124 |
| 3.6.3 | Utilização de recursos tecnológicos | 128 |
| 3.6.4 | Heterogeneidade na composição da banca | 130 |
| 3.7 | Conclusões parciais | 131 |

## CAPÍTULO 4
## REPERCUSSÕES JURÍDICAS DAS FRAUDES ............ 139

| | | |
|---|---|---|
| 4.1 | Judicialização da política | 139 |
| 4.2 | Responsabilização de gestores públicos | 150 |
| 4.3 | Responsabilização do fraudador | 157 |
| 4.3.1 | Esfera administrativa | 159 |
| 4.3.2 | Esfera cível | 160 |
| 4.3.3 | Esfera criminal | 163 |
| 4.4 | Conclusões parciais | 167 |

## CONSIDERAÇÕES FINAIS: O CONTROLE ANTIFRAUDE COMO FERRAMENTA DO ANTIRRACISMO ............ 171

Um método ideal de controle antifraude .................. 173
As expectativas das mudanças legislativas .............. 175
O controle antifraude no Poder Judiciário ............... 178
Controle antifraude como ferramenta do antirracismo ............ 180

## REFERÊNCIAS ............ 183

Referências bibliográficas .................. 183
Referências normativas ...................... 189
Referências jurisprudenciais ............... 192

# PREFÁCIO

Há alguns anos, eu e os colegas Fernando Menezes, Vitor Schirato e Rodrigo Pagani de Souza passamos a selecionar, por meio de uma banca de avaliação, os candidatos ao programa de pós-graduação na área de Direito Administrativo. Depois das provas escritas, coordenadas pela Fuvest, arguímos em banca os(as) candidatos(as) que passaram para a última fase. Indagamos sobre seu projeto, sobre sua biografia e seu engajamento (presente e futuro) à pesquisa e ao programa de pós da Faculdade de Direito da Universidade de São Paulo. Foi em uma dessas provas, no final do ano de 2019, que conheci Lucas Módolo. Lembro-me de que a segurança e coerência com que ele defendia suas ideias e sua particular eloquência levaram o Prof. Rodrigo, após Lucas sair da sala, a dizer-me algo como: "Quem é esse rapaz? É o Obama brasileiro?". Lucas impressionou-nos realmente muitíssimo bem. Não seria necessário dizer que ele ficou com uma das minhas vagas naquele processo e iniciou o período de estudos e pesquisas que o levaria a escrever a dissertação de mestrado que agora, merecidamente, vem a público pela sempre excelente Editora Fórum.

Desde então, apesar do isolamento a que, por mais de dois anos, a pandemia de Covid-19 nos confinou, eu e Lucas convivemos, compartilhamos ideias e ideais, escrevemos alguns artigos em coautoria. Lucas me auxiliou nas monitorias de graduação e até prestou consultoria para que, no escritório de advogados em que sou sócio, criássemos um programa de integração racial de grande sucesso. Seu brilho continua a crescer na mesma proporção que seu trabalho acadêmico tem amadurecido.

Lucas tem posições a defender, tem lado, e nada disso compromete sua integridade científica. É um jovem negro que se formou e se pós-graduou em Direito na mais importante Universidade brasileira, na qual ingressou antes da vigência da política de cotas raciais. É um defensor dos direitos fundamentais, dos direitos da população negra e do sistema de cotas. Mas não deixa de enxergar problemas na execução da política de cotas. Com independência científica e coragem, Lucas iniciou suas investigações com uma crítica severa à execução da política na USP, sua alma *mater*, bem como em muitos outros entes estatais que se comportavam lenientemente com relação a autodeclarações raciais falsas. A crítica voltava-se a fortalecer a política, corrigir seus rumos, reduzir as fraudes que desabonavam o sistema de cotas e, ao mesmo tempo, nutriam politicamente os seus detratores.

Os precedentes do Supremo Tribunal Federal, que talvez sejam vistos no futuro como os julgados mais importantes da história da Corte, tanto no âmbito da Arguição de Descumprimento de Preceito Fundamental nº 186/DF, julgada em 2012, como da Ação Declaratória de Constitucionalidade nº 41/DF, julgada em 2017, emolduraram o trabalho de Lucas.

Observem que não há como pensar a Constituição de 1988 sem considerar um alcance material do princípio da igualdade. A ideia de que a igualdade é um mero dever negativo ou formal (a garantia de impessoalidade ou não discriminação "perante" o Estado) não tem mais cabimento se considerarmos a existência de uma ordem constitucional que pretende efetivar os direitos fundamentais.

Nesse contexto, iniciado a partir dos escombros da Segunda Guerra Mundial e da criação da Organização das Nações Unidas, a Administração Pública passa a ser o motor da concretização dos direitos fundamentais, e, assim, o Direito Administrativo para a ter como função preponderante cuidar das políticas públicas, assim como dos planos executivos, da regulação e das adjudicações que instrumentalizam essa concretização. Dito de outro modo, para o Direito Administrativo contemporâneo são essenciais a regulação e o estudo das ações afirmativas, que fixam deveres e, mais amplamente, o estudo das relações jurídicas encetadas pela Administração Pública, voltadas à concretização dos direitos fundamentais sociais e econômicos.

Aderente a essa diretriz, o artigo 3º da Constituição de 1988, ao comprometer-se com a construção de uma sociedade livre, justa e solidária (inciso I), ou com a erradicação da pobreza, da marginalização e das desigualdades sociais e regionais (inciso III); ou ainda com a promoção do bem de todos, sem preconceitos de origem e raça (inciso IV), deixa de ser visto como um mero esforço de retórica dos constituintes fundadores da nova ordem democrática brasileira. Ao contrário disso, passamos a vê-lo como uma verdadeira norma jurídica, que produz efeitos sobre a atividade do Estado brasileiro, direcionando-o ao dever de produzir políticas, de realizar ações comissivas, ou, em outras palavras, de executar ações afirmativas que tornem efetiva a igualdade social, "de origem e raça".

Nesse ponto é que se insere o trabalho de Lucas Módolo: trata o autor de um Direito Administrativo que extravasa os aspectos formais inerentes a uma visão passiva e estrita da legalidade para enxergar a

Administração como a executora de políticas que tenham como objetivo a eliminação do racismo, repudiado pelo texto da Constituição. O autor se importa com o Direito Administrativo como um instrumento que opera na realidade social, no caso, a brasileira, em relação a qual ideia de coexistência harmônica entre as raças, após a abolição da escravatura, levou à quase completa omissão do Estado, no que tange a políticas de inclusão, e à criação de um verdadeiro abismo socioeconômico a dividir brasileiros negros de brancos.

As políticas de cotas raciais, por seu turno (para o ingresso nas universidades públicas ou para os concursos de ingresso nas carreiras do serviço público), são exemplos tardios, mas não por isso menos importantes, dessas ações afirmativas cujo objetivo de longo prazo é a redução das desigualdades raciais e a eliminação do racismo.

Se, por mais de um século, o racismo se reproduziu entre nós de modo estrutural, por meio de práticas conscientes ou inconscientes, ou por meio de ações e omissões estatais que perpetuaram desvantagens sociais e econômicas para a população negra, as políticas de ação afirmativa contra o racismo introduzem um elemento novo na atuação do Estado, de clivagem ou rompimento com o passado, que podem tornar efetiva a norma do art. 3º da Constituição, claro, caso sejam bem-sucedidas ao longo do tempo.

De fato, as cotas tornam alguns espaços de poder (o serviço público, a Justiça, o Legislativo, entre outros), ou a antessala desses espaços (as universidades ou os partidos políticos, por exemplo), mais inclusivos, mais plurais. Espaços que anteriormente eram quase que exclusivamente ocupados por brancos cedem lugar a uma fenotipia humana e social distinta. A "ausência" da população negra, como diz Lucas em seu trabalho, deixa gradativamente de contaminar algumas instituições brasileiras. A presença da população negra nesses espaços rompe com um padrão inercial de conduta excludente e faz com que essas mesmas instituições passem a compreender, e considerar como relevante, a diversidade racial existente em nossa sociedade.

Indo mais a fundo, Lucas Módolo opina de maneira contundente sobre o modo como a discriminação se perpetua no Brasil. Defende que o racismo brasileiro é "de marca", centrado na aparência dos indivíduos, nos seus traços físicos, mais do que em suas origens. Assim, combate a ideia de uma afrodescendência genética como critério para a diferenciação entre candidatos às cotas raciais dos demais.

Se, de um lado, a difusão da afrodescendência por boa parte da população brasileira importaria em reconhecer que a grande maioria da população brasileira talvez tivesse que ser considerada afrodescendente e, contraditoriamente, beneficiária de políticas voltadas à minoria discriminada, de outro lado é patente que a discriminação, como mecanismo de exclusão social e econômica, opera predominantemente em função dos traços físicos da população negra brasileira. Desse modo, argumenta o autor, as políticas de cotas raciais devem visar atender à parte da população brasileira formada por pessoas "socialmente compreendidas como negras, por possuírem a identificação conjugada de caracteres fenotípicos que apontam sua pertença racial".

Com base nessas constatações, segundo defende Lucas, salvo exceções, as características fenotípicas devem ser o critério utilizado pelas bancas de heteroidentificação para a verificação de quem deve ou não deve ser beneficiário da política de cotas raciais nos distintos casos concretos em esta se aplica.

Se esses dizeres já são uma contribuição relevante ao Direito, é preciso reconhecer que Lucas não para neles. O autor discute a Lei nº 12.990/2014, além de analisar com proficiência casos jurisdicionais sobre o tema, editais de concurso e outros elementos de pesquisa empírica. Trata ainda da deliberação pelas chamadas bancas de heteroidentificação, dos efeitos da autodeclaração de pertença racial, da responsabilização dos fraudadores e do que se poderia chamar de boas práticas de prevenção à ocorrência de fraudes.

Ao cabo do estudo, o autor reafirma que as políticas de cotas raciais têm caráter reparatório. Destinam-se, portanto às "vítimas do racismo no Brasil", ou seja, às pessoas que reúnam, na sua fisionomia, características fenotípicas de uma pessoa negra. Não se destinam simplesmente a "descendentes de negros", mas àqueles que efetivamente experimentam sua condição racial como barreira ao pleno desenvolvimento de sua liberdade (como barreira à educação, ao trabalho, à ascensão socioeconômica etc.).

O mestrado é só o início da caminhada para Lucas Módolo; novos estudos e escritos levarão esse jovem pesquisador do Direito ainda muito mais longe. Desejo sinceramente que a publicação deste trabalho sirva como impulso à carreira acadêmica de seu autor, mas também seja uma inspiração a outros jovens da população negra brasileira, para que produzam novas pesquisas jurídicas e usem de sua educação superior, fruto da luta de gerações, como um instrumento de mudança social.

**Marcos Augusto Perez**
Professor Associado da Faculdade de
Direito da Universidade de São Paulo.

# INTRODUÇÃO

Este livro tem como tema as fraudes na experiência brasileira de implementação da política de cotas raciais. A referida política tem sido adotada há pelo menos duas décadas por universidades, órgãos e entidades da Administração Pública brasileira, além dos órgãos vinculados ao Poder Judiciário, aos Ministérios Públicos e às Defensorias Públicas, com o objetivo de promover a diversificação dos quadros institucionais do país, historicamente marcados pela discriminação racial. Mais recentemente, a política vem sendo discutida com base nas controvérsias envolvendo a ocupação irregular das vagas afirmativas[1] destinadas à população negra, fenômeno que, naturalmente, corrompe os propósitos da medida.

As preocupações que inspiraram este trabalho remontam ao ano de 2018. Na ocasião, a Universidade de São Paulo, ambiente onde este estudo foi desenvolvido, vivenciava uma forte tensão política provocada pelo Movimento Negro organizado, que denunciava sua insatisfação com os casos de fraude na política de cotas raciais recém-implementada na instituição. As fraudes representaram uma quebra de expectativa significativa para os observadores da política pública, em especial para os estudantes negros da USP, que por muitos anos foram relegados a uma parcela minoritária do corpo discente na graduação e na pós-graduação.

Inserido nesse cenário, assumi junto de outros pesquisadores e ativistas negros o compromisso de me aprofundar no problema, desvendando as suas raízes e a maneira pela qual ocorria o seu entranhamento na política de cotas da USP. Esse compromisso, posteriormente,

---

[1] No decorrer deste estudo, será utilizado o termo "vagas afirmativas" para se referir às ocupações especiais criadas pelas políticas de ação afirmativa, destinadas a beneficiar a população negra ou outros grupos minoritários no país.

materializou-se na construção, ainda em 2018, do Comitê Antifraude às Cotas Raciais na Universidade de São Paulo (Comitê Antifraude), uma organização composta por representantes do Movimento Negro "uspiano" dedicada a centralizar as denúncias de fraude na ocupação das vagas afirmativas da USP e, ao mesmo tempo, criar um canal de diálogo com as instâncias universitárias, para apresentar a dimensão do problema e oferecer alternativas de enfrentamento para garantir uma universidade verdadeiramente diversa.

Para atender a esses objetivos, o Comitê Antifraude iniciou um amplo processo de investigação e de aprofundamento na matéria, com base no qual foram inferidas importantes constatações. A primeira delas foi a de que as fraudes na USP não se tratavam de um fenômeno de casos isolados. Era um inconveniente que assolava grande parte das unidades de ensino e pesquisa da instituição e, portanto, revelador de um problema institucional relacionado à ausência de mecanismos de controle antifraude. Para exemplificar, no início de 2020, o Comitê Antifraude já reunia mais de 1.000 denúncias de fraude, advindas de estudantes matriculados em todos os *campi* da universidade.[2]

A segunda constatação foi a de que a USP chegava relativamente atrasada no debate, tanto na percepção do problema, quanto na propositura de soluções. Em verdade, muitas universidades, órgãos e entidades públicas já vinham sendo palco de grandes escândalos envolvendo casos de fraude em suas políticas de cotas raciais, em geral, denunciadas pelo Movimento Negro organizado. Essa circunstância revelava a existência de um repertório institucional em muitas dessas instituições públicas, focadas em refletir, ainda que de maneira desarticulada, sobre a origem do problema da fraude e sobre as possibilidades de caminhos a serem percorridos para alcançar a sua solução. Esse mesmo repertório se consolidava com base em algumas poucas normas de caráter regulamentar, de manifestações feitas pela sociedade civil diretamente interessada na proteção da política de cotas, de uma ampla cobertura da imprensa, levando a centenas de matérias jornalísticas a respeito do problema das fraudes e, por fim, de um número alarmante de processos administrativos e judiciais deflagrados no país que discutiam a legitimidade da ocupação das vagas afirmativas.

---

[2] A trajetória da implementação da política de cotas raciais na Universidade de São Paulo, bem como dos trabalhos desenvolvidos pelo Comitê Antifraude às Cotas Raciais na Universidade de São Paulo, foi documentada em trabalho anterior, cf.: MÓDOLO, Lucas de Santana. Cotas étnico-raciais na Universidade de São Paulo: da implementação à necessidade do controle antifraude. *Revista da Defensoria Pública do Estado de São Paulo*, São Paulo, v. 4, n. 1, p. 73-96, jan./jun. 2022.

Finalmente, a terceira e mais importante constatação foi a de que, embora existisse, à época da investigação iniciada pelo Comitê Antifraude, um significativo repertório prático nas instituições públicas do país a respeito das cotas raciais e de seu controle antifraude, havia pouquíssima dedicação à organização teórica das experiências e formulações relacionadas à matéria, sobretudo pelo campo de conhecimento jurídico. Foi constatado que o tema das fraudes e as nuances que o circundam – relacionadas, principalmente, às complexas relações étnico-raciais no Brasil – já tinham sido objeto de estudos no campo das ciências sociais, que se tornaram importantes referências à investigação proposta pelo presente trabalho. No entanto, constatou-se que o Direito ainda pouco interveio nessa agenda, sobretudo para o desenvolvimento de uma análise preocupada com o diagnóstico, a teoria e a formulação de propostas jurídicas para superação das fraudes na política.

No ano de finalização do presente estudo, a Universidade de São Paulo já apresentava um modelo bastante sólido de fiscalização de sua política de cotas. Na condição de ativista do Movimento Negro e pesquisador vinculado à Universidade, tive a oportunidade de contribuir com a construção de um modelo de controle antifraude, consistente na adoção de uma banca de heteroidentificação para os cursos de graduação, além de capacitar os membros que participariam dessa importante atividade.

Com base nessas percepções, nasce uma nova agenda de pesquisa, preocupada em compreender e organizar os aspectos jurídicos da política de cotas raciais e do controle antifraude a ela aplicável. A agenda está dedicada principalmente a compreender e discutir as técnicas jurídicas aplicadas por operadores do Direito que são levados a interagir com a política de cotas, seja na condição de gestores públicos, seja na condição de controladores externos ao ambiente de implementação da política.

Este trabalho apresenta uma sistematização jurídica do problema das fraudes verificadas na política de cotas e dos controles a ele aplicáveis. Seu objetivo é propor uma organização teórica a respeito do problema, por meio da identificação, análise e tratamento das informações atinentes às formas, procedimentos e controvérsias jurídicas sobre as fraudes na política e sobre os métodos de controle adotados pelo Estado, a partir da seguinte indagação: quais são os aspectos jurídicos dos controles antifraude que operam sobre as cotas raciais no Brasil?

Este trabalho também dialoga com o compromisso acadêmico de desenvolver a agenda supramencionada e aproximar o Direito Administrativo brasileiro das discussões que envolvem as relações raciais e as ações afirmativas para a população negra do país. A materialização de fraudes nas cotas raciais será compreendida como risco potencial à implementação da política, cuja condução é pautada pelas regras e pelos princípios norteadores do Direito Administrativo.[3] Nesse sentido, a observação do problema pelo campo jurídico sugere a notabilidade do Direito Administrativo na tarefa de fornecer o embasamento teórico para solucionar o problema sob investigação.

Para alcançar as conclusões apresentadas neste estudo, o problema foi explorado com base em: (i) uma revisão bibliográfica dos materiais acadêmicos produzidos em diferentes áreas do conhecimento a respeito das cotas raciais, das fraudes e dos controles aplicáveis à política; (ii) uma análise das leis, regulamentos e editais publicados sobre a matéria por diferentes administrações implementadoras da política no país; (iii) uma análise dos argumentos contidos nos julgamentos realizados pelo Supremo Tribunal Federal no âmbito da Arguição de Descumprimento de Preceito Fundamental nº 186/DF, julgada em 2012, e da Ação Declaratória de Constitucionalidade nº 41/DF, julgada em 2017, responsáveis por modular a matéria das cotas raciais no campo jurisprudencial brasileiro; e (iv) uma tarefa exploratória de situações concretas envolvendo universidades, órgãos e entidades da Administração Pública brasileira e seus respectivos relacionamentos com o tema das fraudes, bem como seus reflexos junto ao Poder Judiciário e outros órgãos de controle, a partir do acompanhamento ativo da agenda.

Ademais, importa ponderar que, de maneira geral, as abordagens desenvolvidas neste trabalho a respeito das fraudes estão circunscritas às vagas afirmativas destinadas à população negra. O estudo optou por não dedicar um aprofundamento analítico no que diz respeito a potenciais fraudes cometidas em vagas destinadas a indígenas, grupo geralmente contemplado pela política de cotas nos programas nacionais. O que justifica essa opção analítica é justamente o reconhecimento de que a questão do controle antifraude ganha diferentes contornos ao tratar de grupos com características, organizações sociais e vivências tão diversas.[4]

---

[3] É importante reconhecer a relação interseccional entre diversos temas do Direito Administrativo no campo das fraudes na política de cotas raciais, a exemplo das disciplinas jurídicas envolvendo *concursos públicos*, *processo administrativo* e *controle da Administração Pública*.

[4] Adianta-se que este estudo registrou, como uma de suas constatações, que o fenótipo é o critério de aferição mais adequado para confirmar a autodeclaração racial dos candidatos às vagas afirmativas da população negra, por ser ele o aspecto norteador das discriminações raciais na sociedade brasileira (Ver: Capítulo 3, Seção 3.4.1). Esse mesmo raciocínio não

O trabalho está dividido em 4 macrotemas: (i) cotas raciais no Brasil; (ii) problema das fraudes; (iii) métodos de controle antifraude; e (iv) repercussões jurídicas da fraude. No primeiro, propõe-se uma análise introdutória das cotas raciais no Brasil apresentando o perfil da política e suas justificativas de ordem histórica e sociológica. No segundo tópico, inaugura-se o problema das fraudes, identificando sua definição, sujeitos e principais motivações. No terceiro, exploram-se os instrumentos utilizados pelas instituições implementadoras da política para contenção do problema sob investigação. Por fim, o último tópico busca analisar a maneira como o tema tem se apresentado perante o Poder Judiciário e outros órgãos de controle brasileiros.

---

servirá à realidade da população indígena, cujo pertencimento étnico-racial não é medido a partir do fenótipo, mas de elementos mais subjetivos (seu reconhecimento perante uma comunidade indígena e o seu relacionamento com a cultura, língua e etnia indígenas, por exemplo). Os processos seletivos que estabelecem reserva de vagas para este grupo costumam solicitar dos candidatos a prova do reconhecimento de sua identidade por parte do grupo de origem (ou da respectiva liderança indígena) ou a apresentação do Registro Administrativo de Nascimento de Indígena (RANI), expedido pela Fundação Nacional do Índio (FUNAI). Diante disso, reconhecendo a importância da implantação de um controle sobre essas vagas sem desrespeitar os valores defendidos pela população indígena, que enxerga a autodeclaração como o meio mais adequado de selecionar os beneficiários da medida, a opção do estudo foi de, neste momento, não a aprofundar.

CAPÍTULO 1

# COTAS RACIAIS NO BRASIL

O estudo das cotas raciais exige a compreensão de ao menos três conceitos-chave: o de racismo, o de instituição e o de ações afirmativas. Todos os três, bem como algumas de suas variações, serão usados de maneira reiterada no decorrer deste livro e, por conta disso, merecem uma dedicação introdutória quanto ao seu significado.

Racismo pode ser compreendido como um sistema de discriminação que tem a raça como fundamento. Ao observar o fenômeno, o sociólogo Clóvis Moura explica-o como um mecanismo de barragem étnica estabelecido historicamente contra o negro, que o impede de acessar patamares socialmente compensadores e o relega a viver situações de marginalização, pobreza e rejeição social. São exemplos de manifestação desse sistema os bloqueios estratégicos que dificultam o acesso à universidade, restrições no mercado de trabalho e no nível de salários em cada profissão, a discriminação velada ou manifesta em certos espaços de interação humana e a produção de estereótipos a respeito de negros como segmentos atípicos, exóticos, filhos de uma raça inferior, atavicamente criminosos, preguiçosos, ociosos e trapaceiros.[5]

O conceito de instituição, por seu turno, neste estudo, deve ser compreendido a partir de sua acepção como unidade organizacional, como sinônimo de agrupamento social, de caráter público ou privado, que produz normas, padrões e técnicas de controle que tutelam os comportamentos dos indivíduos.[6] Aqui, a proposta é compreender a

---

[5] Ver: MOURA, Clóvis. *Sociologia do negro brasileiro*. São Paulo: Editora Ática S.A., 1988, p. 8 e 12.
[6] Esta é uma das compreensões dadas por Silvio de Almeida ao conceito de "instituição". Ver: ALMEIDA, Silvio Luiz de. *Racismo estrutural*. São Paulo: Jandaíra, 2021, p. 39.

instituição como uma organização, um ente social personalizado, que cria sistemas de regras e que, sendo parte da sociedade, é diretamente afetada por ela.[7] São exemplos de instituições o Estado, as empresas, os sindicatos, as cortes, os parlamentos e as universidades.[8]

Ações afirmativas, finalmente, devem ser compreendidas como uma medida *institucional* que visa ao enfrentamento das assimetrias presentes em uma determinada sociedade.[9] Qualquer instituição tem condições de implementar uma ação afirmativa – muito embora seja mais comum em instituições estatais e empresariais –, e nem sempre o seu conteúdo estará circunscrito ao problema do racismo. O que há de comum, porém, a todas as ações afirmativas é o perfil de proteger ou favorecer alguma minoria socialmente vulnerável ou juridicamente desigualada[10] que, de uma maneira geral, foi prejudicada por algum acontecimento histórico de discriminação ou de desequiparação social.[11]

A definição de cotas raciais é produto desses três conceitos. Deve ser compreendida como uma modalidade de ação afirmativa[12] cujo propósito é combater o racismo presente nas instituições.

---

[7] Segundo Almeida: "As instituições, como parte da sociedade, também carregam em si os conflitos existentes na sociedade. Em outras palavras, as instituições também são atravessadas internamente por lutas entre indivíduos e grupos que querem assumir o controle da instituição". *Ibid.*, p. 39.

[8] Neste estudo, o propósito de conferir uma definição à palavra "instituição" é principalmente o de facilitar a compreensão do leitor quando da utilização dos termos "racismo institucional", "quadro institucional", "instituições implementadoras de cotas", "ambientes institucionais" etc. Não é a intenção do estudo produzir um exame analítico a respeito do conteúdo jurídico da palavra "instituição", como já fizeram Santi Romano (*L'Ordinamento Giuridico*. Firenze: Sansoni, 1962) e Maurice Hauriou (*La Teoría de la Institución y de la Fundación*. Buenos Aires: Abeledo-Perrot, 1968), pelo campo do Direito Administrativo. Para análise dessas interpretações, inclusive com enfoque na teoria jurídica das políticas públicas, ver: BUCCI, Maria Paula Dallari. *Fundamentos para uma teoria jurídica das políticas públicas*. São Paulo: Saraiva, 2013, p. 205 e seguintes.

[9] Não há nenhum preciosismo na palavra "assimetria" aqui empregada. Pode ser compreendida como sinônimo de disparidade ou desigualdade entre um grupo e outro.

[10] Segundo Rocha: "A expressão ação afirmativa, utilizada pela primeira vez numa ordem executiva federal norte-americana do mesmo ano de 1965, passou a significar, desde então, a exigência de favorecimento de algumas minorias socialmente inferiorizadas, vale dizer, juridicamente desigualadas, por preconceitos arraigados culturalmente e que persistem ser superados para que se atingisse a eficácia da igualdade preconizada e assegurada constitucionalmente na principiologia dos direitos fundamentais". *In:* ROCHA, Cármen Lúcia Antunes. Ação Afirmativa – o conteúdo democrático do princípio da igualdade jurídica. *Revista de Informação Legislativa do Senado Federal*, v. 33, n. 131, 1996, p. 285.

[11] São exemplos de ações afirmativas, além das cotas raciais, as medidas de proteção da mulher contra violências sexistas e as medidas de acessibilidade em favor de pessoas com deficiência.

[12] Lívia Sant'anna Vaz explica que as cotas raciais são uma espécie do gênero ações afirmativas e representam uma das poucas respostas dadas pelo Estado brasileiro à secular barbárie produzida contra corpos negros. Ver: VAZ, Lívia Sant'anna. *Cotas raciais*. São Paulo: Jandaíra, 2022, p. 22 e 25.

A configuração mais tradicional dessa medida é a que estabelece a criação de vagas afirmativas em favor de pessoas negras para composição de quadros institucionais ligados à Administração Pública ou ao Poder Judiciário (vagas em universidades ou relativas à composição de quadros funcionais do Poder Público e de tribunais brasileiros), onde o negro tende a estar sub-representado.

Em termos históricos, o Brasil ingressa relativamente tarde na adoção de ações afirmativas entre grupos vulnerabilizados. Antes dele, alguns países já tinham adotado medidas de favorecimento a grupos vulneráveis, a exemplo da Índia,[13] dos Estados Unidos,[14] da Nigéria[15] e da África do Sul.[16] No Brasil, por sua vez, as cotas raciais alcançaram o *status* de política pública, conquista que é fruto de uma articulação

---

[13] A Índia adota política de cotas no serviço público, na educação e em outras esferas estatais em favor das castas desprivilegiadas pelo menos desde 1950. A Constituição do país, em seu artigo 46, assim estabelece: *"The State shall promote with special care the educational and economic interests of the weaker sections of the people, and, in particular, of the Scheduled Castes and the Scheduled Tribes, and shall protect them from social injustice and all forms of exploitation"*. O artigo 330, no mesmo sentido, dispõe: *"Seats shall be reserved in the House of the People for (a) the Scheduled Castes; (b) the Scheduled Tribes except the Scheduled Tribes in the autonomous districts of Assam; and (c) the Scheduled Tribes in the autonomous districts of Assam"*. Ver: INDIA. Constitution (1950) *Constitution of India*, 1950. Disponível em: https://legislative.gov.in/sites/default/files/COI_English.pdf. Acesso em: 09 jan. 2023.

[14] Sem diminuir a importância de iniciativas ainda mais precursoras, a adoção de ações afirmativas pelos EUA ganha contornos mais estruturados com a publicação da Ordem Executiva nº 11.246, promulgada em 1965 pelo Presidente Lyndon B. Johnson. A norma estabeleceu que as empresas norte-americanas interessadas em contratar com o governo federal deveriam cessar as práticas discriminatórias no ambiente de trabalho e estabelecer políticas de incentivo à contratação de minorias étnico-raciais. Para aprofundamento na matéria, recomenda-se: MENEZES, Paulo Lucena de. *A ação afirmativa* (affirmative action) *no direito norte-americano*. São Paulo: Revista dos Tribunais, 2001.

[15] A Nigéria, sobretudo após conquistar sua independência política da Inglaterra (1960), revelou-se um país de extrema desigualdade educacional e profissional entre tribos e grupos étnicos localizados nas regiões do Norte e do Sul do país. Reconhecendo essas diferenças, a atual Constituição da Nigéria (1999), em seu capítulo II, seção 14, item 3, que trata dos objetivos fundamentais e dos princípios diretivos das políticas do Estado, estabeleceu a seguinte disposição: *"The composition of the Government of the Federation or any of its agencies and the conduct of its affairs shall be carried out in such a manner as to reflect the federal character of Nigeria and the need to promote national unity, and also to command national loyalty, thereby ensuring that there shall be no predominance of persons from a few State or from a few ethnic or other sectional groups in that Government or in any of its agencies"*. Ver: NIGERIA. Constitution (1999). *Constitution of the Federal Republic of Nigeria*, 1999. Disponível em: http://www.nigeria-law.org/ConstitutionOfTheFederalRepublicOfNigeria.htm. Acesso em: 10 jan. 2023.

[16] A adoção de ações afirmativas na África do Sul é contemporânea à superação do *apartheid*, regime de discriminação racial que figurou no país por quase meio século (1948-1994). Em muitas seções da Constituição Sul-Africana (1996), há menção à necessidade de o Estado assumir a responsabilidade pela correção de assimetrias sociais provocada pela *"past racial discrimination"* (uma referência ao *apartheid* legalizado no país), como ao tratar do direito de propriedade (Capítulo 2, seção 25, itens 6, 7 e 8); do direito à educação (Capítulo 2, seção 29, item 2-c); e da representatividade da Administração Pública Sul-Africana (Capítulo 10, Seção 195, item 1-i).

protagonizada pelo Movimento Negro desde a década de 1980 e que se confirmou com a criação das Leis 12.711/2012 e 12.990/2014. Essa circunstância decorre da interpretação do Estado brasileiro como um dos responsáveis pela criação das disparidades entre brancos e negros existentes no país, e hoje, portanto, incumbido da tarefa de atenuar os efeitos do racismo impregnado nas instituições. Em se tratando de uma política pública, o Estado brasileiro assume a coordenação dos meios que estão à sua disposição para realizar "objetivos socialmente relevantes e politicamente determinados",[17] criando regramentos e mobilizando as estruturas necessárias à promoção da inclusão do negro nos espaços institucionais.

Interessa ao presente estudo pormenorizar os propósitos das cotas raciais, bem como definir com maior clareza quem são os seus beneficiários. Adiante, também haverá uma dedicação para a análise do problema das fraudes na política de cotas e os meios de controle adequados para promover sua mitigação, sendo este justamente o foco do trabalho. Antes disso, contudo, serão apresentadas considerações sobre a origem das cotas raciais no Brasil e suas razões de natureza histórica e sociológica, que trazem elementos fundamentais ao estudo do problema proposto para o trabalho.

## 1.1 Razões históricas

No Brasil, o fenômeno histórico que existe por trás da criação das cotas raciais é bastante conhecido, embora raramente situado no campo jurídico. Desde o início do tráfico de africanos para o território brasileiro,[18] que desembocou no mais longo e tortuoso processo de escravização negra do mundo ocidental, desenvolveram-se privilégios no Brasil que colocaram os pretos africanos e seus descendentes em uma situação de intensa subalternidade. Na visão das autoridades portuguesas da época – responsáveis pela colonização do território brasileiro e, consequentemente, pelo tráfico negreiro –, os africanos tinham apenas uma utilidade: a força de trabalho. Seja na lavoura ou na

---

[17] BUCCI, Maria Paula Dallari. *Direito administrativo e políticas públicas*. 1. ed. 2 tir. São Paulo: Saraiva, 2006, p. 124.
[18] A história conta que os primeiros africanos começaram a chegar no Brasil a partir de 1533. Em 1587, calculava-se haver entre 4 e 5 mil africanos em Pernambuco e entre 3 e 4 mil na Bahia. In: PRIORE, Mary del. *Histórias da gente brasileira*: volume I: colônia. Rio de Janeiro: LeYa, 2016, p. 35.

produção comercial, eles eram tratados como objetos a serem vendidos, trocados, punidos e executados.[19]

Até o século XIX, a população negra era juridicamente retratada sob o *status* de "bens móveis", ao lado dos seres semoventes (como bovinos e suínos), e não como pessoas naturais, sujeitos de direito.[20] A visão do negro como propriedade do branco fez com que a figura do escravizado fosse enxergada sob um olhar de subjugação por parte de seu "proprietário" (o homem branco): figurava nos contratos de terras como bem acessório dos imóveis; podia ser alugado a condôminos ou terceiros; entrava para o acervo hereditário junto dos demais bens em partilha quando da morte de seu proprietário; seus filhos eram tratados como "fruto" ou "cria", ou mesmo como "acessão natural", dentre tantos outros exemplos de tratamento jurídico que colocaram o negro como inferior.

Importante lembrar que esse tratamento discriminatório era referendado pelo ordenamento jurídico da época. Se observadas, por exemplo, as normas editadas no século XIX, entram em cena o Código Criminal (1830), que instituiu como crime justificável o castigo dado pelos senhores a seus escravizados (art. 14, §6º), além de instituir o tipo penal da insurreição, para punir qualquer atividade consistente em ajudar, excitar ou aconselhar escravizados a se revoltarem (art. 113); o Código de Processo Criminal (1832), que proibiu o aceite de denúncias do escravizado contra o seu senhor, sob qualquer circunstância (art. 75, §2º) e inadmitiu o reconhecimento de escravizados como testemunhas de qualquer crime (art. 89); e a Lei de Terras (1850), que regulamentou o direito de propriedade no país por meio da compra ou concessão de terras e reafirmou a estrutura latifundiária no Brasil, excluindo a população negra desse processo pelo aspecto socioeconômico.[21]

---

[19] Sobre a origem do racismo no mundo, W.E.B. Du Bois explica: "*We must, then, look for the origin of modern color prejudice not to physical or cultural causes, but to historic facts. And we shall find the answer in modern Negro slavery and the slave trade*". In: DU BOIS, William Edward Burghardt. *The negro*. New York: Holt, 1915, p. 85.

[20] PRUDENTE, Eunice Aparecida de Jesus. O negro na ordem jurídica brasileira. *Revista da Faculdade de Direito*. Universidade de São Paulo, São Paulo, v. 83, jan-dez, 1988, p. 135.

[21] Sobre a contribuição do Direito para a manutenção do sistema escravista no Brasil, Luiz Felipe de Alencastro argumenta: "Tributado, julgado, comprado, vendido, herdado, hipotecado, o escravo precisava ser captado pela malha jurídica do Império. Por esse motivo, o Direito assume um caráter quase constitutivo do escravismo, e o enquadramento legal ganha uma importância decisiva na continuidade do sistema (...)". Ver: ALENCASTRO, Luiz Felipe de. *Histórias da vida privada no Brasil*: Império – a corte e a modernidade nacional. São Paulo: Companhia das Letras, 1997, p. 16.

Todas essas legislações foram editadas sob contexto normativo da Constituição do Império, de 1824, cuja redação contempla a exclusão de escravizados do rol de cidadãos brasileiros (art. 6). Consequentemente, proibiu-os de acessarem a educação primária (art. 179, XXXII), cargos públicos civis, políticos ou militares (art. 179, XIV), e de representarem, perante os Poderes Legislativo e Executivo, reclamações, queixas ou petições (art. 179, XXX). Este regime constitucional, ao mesmo tempo que coibiu a perseguição por motivo de religião, exigia um suposto "respeito" à religião do Estado (o Catolicismo) e proibia a manifestação religiosa que representasse ofensa à moral pública (art. 179, V), mais uma vez excluindo o negro africano, agora no contexto da manifestação das religiosidades de matriz africana.

No campo da educação, cumpre a menção à Lei nº 1 de 1837, editada por Paulino José Soares de Sousa, Presidente da Província do Rio de Janeiro (Primeira Lei de Educação). O artigo 3º dessa norma continha proibição expressa de que escravizados, pretos africanos, ainda que livres ou libertos, frequentassem escolas públicas. A Primeira Lei de Educação também possuía dispositivos excludentes direcionados às mulheres brancas (na norma, chamadas de "meninas"), para as quais, embora se admitisse frequentar escolas públicas, possibilitou-se somente o ensino da leitura, escrita, quatro operações aritméticas, frações ordinárias, princípios da Moral Cristã e da Religião do Estado, gramática da Língua Nacional e elementos de Geografia, além de coser, bordar e "os mais misteres próprios da educação doméstica". O ensino matemático dos decimais, proporções e de noções gerais de geometria teórica e prática era disciplina exclusiva aos homens brancos.[22]

O processo de formação da República no Brasil trouxe outros significados para a compreensão do negro enquanto sujeito de direitos. Dentre outras motivações, a superação do sistema escravista foi resultado de um processo de revoltas negras[23] que possibilitou a sua

---

[22] Sob os mesmos critérios, o Decreto nº 1.331-A, de 17 de fevereiro de 1854, também proibiu a admissão de escravizados negros em escolas públicas, colocando-os junto aos "meninos que padecerem moléstias contagiosas" e "os que não tiverem sido vacinados" (art. 69, §3º). Referida proibição foi modificada parcialmente a partir da edição do Decreto nº 7.031-A, de 06 de fevereiro de 1878, quando o Estado brasileiro passou a permitir a matrícula de todas as pessoas do sexo masculino, livres ou libertas, desde que maiores de 14 anos, somente em cursos noturnos das escolas urbanas (art. 5º).

[23] O processo que levou ao término da escravização de negros no Brasil é historicamente retratado ora como resultado de pressões internacionais para que o Brasil assinasse legislação que garantisse a emancipação de todos os negros em território nacional, ora como benesse concedida pelo Império, na figura da Princesa Isabel do Brasil. Ocorre, porém, que os movimentos nacionais abolicionistas, que contavam com presença expressiva de

desarticulação no Brasil, principalmente por meio da edição da Lei nº 3.353, de 13 de maio de 1888, que aboliu a escravização em definitivo.

A Lei de 1888 tornou o negro brasileiro um cidadão, titular de direitos e obrigações. No entanto, embora formalmente livres,[24] os negros não foram recebidos como cidadãos na sociedade brasileira.[25] Além de majoritariamente analfabetos e desprovidos de terras, não receberam do Estado brasileiro a garantia do trabalho ou qualquer indenização[26] correspondente aos séculos de escravização legalmente autorizada. Tendo passado a maior parte de sua existência no Brasil sem possibilidade de se educar, formar-se, adquirir terras e trabalhar dignamente, a comunidade afro-brasileira foi levada a ocupar os postos ainda hoje mais odiosos entre a sociedade: as favelas, as prisões e os baixos de viadutos.

Durante a maior parte do Século XX, pouco se preocupou o Estado brasileiro em promover uma atuação institucional relacionada ao tema da educação, em especial a educação pautada na concessão de oportunidades de instrução aos negros, privados de acessar esse bem por anos.[27] Em muitos momentos, mesmo não mais inserido em

---

negros libertos, fugidos ou escravizados, exerceram papel protagonista no processo de emancipação. Sobre o tema, destacam-se a Revolta dos Malês, na província baiana (1835), e a Balaiada, nas regiões do Piauí, Maranhão e Ceará (1838-1841), bem como a formação de organizações coletivas de refúgio de escravizados, tendo sido o mais conhecido o Quilombo dos Palmares, na então Capitania de Pernambuco. Também foi determinante a participação de lideranças negras em todo o processo, como Luiz Gama, André Rebouças e José do Patrocínio.

[24] PRUDENTE, Eunice Aparecida de Jesus. O negro na ordem jurídica brasileira. *Revista da Faculdade de Direito*. Universidade de São Paulo, São Paulo, v. 83, jan-dez, 1988, p 141

[25] Cidadania é entendida como a somatória dos direitos *civis* (os necessários à liberdade individual, como o de ir e vir, de pensamento e de fé), *políticos* (os que permitem a participação de um indivíduo no exercício do poder político, como o direito de voto) e *sociais* (os que permitem um mínimo de bem-estar econômico e o acesso aos serviços públicos de acordo com os padrões que prevalecem na sociedade, como os direitos à saúde, à educação e à moradia) Ver: MARSHALL, Thomas Humphrey. *Cidadania, classe social e status* (1967). Tradução de Meton Porto Gadelha. Rio de Janeiro: Zahar Editores, cap. 3, Cidadania e classe social, p. 57 114.

[26] Há uma tradição historiográfica que atribui ao jurista Rui Barbosa, Ministro da Fazenda do Governo provisório republicano, a responsabilidade pela incineração de documentos referentes à escravização africana no Brasil. Seu objetivo imediato era impossibilitar a cobrança de indenizações prometidas pelos republicanos aos senhores de escravizados, mas acabou por causar irreparável prejuízo à recuperação da memória nacional. Ver mais em: SIMONSEN, Roberto Cochrane. As consequências econômicas da abolição (Conferência Comemorativa do Cinquentenário da Abolição – I de Maio de 1938) In: *Ensaios Políticos e Econômicos*, São Paulo: Federação das Indústrias do Estado de S. Paulo, 1943, p. 23.

[27] Sônia M. Draibe e Manuel Riesgo explicam que, contrariamente ao que ocorreu em ex-colônias espanholas, em países de tradição e legado escravista (como o Brasil), a educação básica e a média foram sistematicamente relegadas às margens da política social, em geral restrita ao atendimento da elite e de setores médicos. Ver mais em: DRAIBE, Sônia Miriam;

um contexto monárquico e escravocrata, o Estado brasileiro legitimou processos educacionais pautados pela discriminação, a exemplo da previsão na Constituição de 1934 que trata da incumbência dos entes da Federação de estimularem uma "educação eugênica" (art. 138, "b").[28]

A preocupação por uma educação "igualitária" só viria a ser materializada com a Constituição de 1967, que, ainda muito timidamente, instituiu a *igualdade de oportunidade* como elemento a ser assegurado pelo Estado quando da oferta da educação (art. 168).[29]

A primeira lei de cotas no Brasil nasce em 1968, com a edição da Lei Federal nº 5.465, de 3 de julho de 1968, popularmente conhecida como a Lei do Boi. Essa lei, dentre outros objetivos, pretendia possibilitar o preenchimento de vagas nas escolas agrícolas do país e propunha incentivar o homem do campo a se formar nos cursos de agronomia, medicina veterinária e técnico agrícola, com o propósito de solucionar a demanda de produção no campo exigida pela Ditadura Militar. O deputado Ultimo de Carvalho, do PSD/ARENA-MG e responsável pelo projeto de lei, avaliou que a norma previa uma verdadeira *política de cotas*, voltada a conferir prerrogativas a moradores da zona rural que, em disputa com moradores da zona urbana, não eram aprovados para ingresso nas escolas.[30] O artigo 1º da Lei do Boi disciplinava que

---

RIEGO, Manuel. Estados de bem-estar social e estratégias de desenvolvimento na América Latina. Um novo desenvolvimentismo em gestação? *Sociologias (Dossiê)*, Porto Alegre, ano 13, n. 27, mai./ago. 2011, p. 240.

[28] A lógica de uma educação constitucionalmente excludente, ainda no Século XX, foi referenciada por declarações de alguns gestores públicos e disposições normativas infraconstitucionais da época. Cita-se como exemplo a fala proferida pelo Ministro da Educação da época, Gustavo Capanema, em 1942, durante um discurso na Confederação Nacional da Indústria, anunciando o ensino secundário como o "preparador da elite intelectual do país". No mesmo ano, foi editado o Decreto Lei 4.244/1942, apelidado como "Lei Orgânica do Ensino Secundário", que, em seu artigo 32, "c", instituía como condição à matrícula no curso ginasial a "aptidão intelectual para os estudos secundários".

[29] Importante salientar que, durante todo o regime militar, vigoraram normas com amplo elenco de liberdades públicas concretamente inexistentes. Explica o Ministro Roberto Barroso, do STF, que se buscava na Constituição "não o caminho, mas o desvio; não a verdade, mas o disfarce. A disfunção mais grave do constitucionalismo brasileiro, naquele final de regime militar, era a falta de efetividade das normas constitucionais. Indiferentes ao que prescrevia a Lei Maior, os estamentos perenemente dominantes construíam uma realidade de poder, refratárias a uma real democratização da sociedade e do Estado". Esse processo de distanciamento entre o ser e o dever-ser, naturalmente, não é recente na história constitucional do Brasil. Na própria Carta de 1824, por exemplo, estabelecia-se que "a lei será igual para todos", em contexto de pouca perplexidade institucional com os privilégios da nobreza, o voto censitário e o regime escravocrata. Para mais, ver: BARROSO, Luis Roberto. Vinte anos da constituição brasileira de 1988: o estado a que chegamos. *Cadernos da Escola de Direito*, v. 1, n. 8, 27 mar. 2017, p. 48.

[30] MAGALHÃES, Wallace Lucas. A lei do boi e a relação entre educação e propriedade: o caso da Universidade Federal do Rio de Janeiro. *Tempos Históricos*, v. 21, n. 2, 2017, p. 440.

(...) estabelecimentos de ensino médio agrícola e as escolas superiores de Agricultura e Medicina Veterinária, mantido pela União, reservarão, anualmente, de preferência, 50% (cinquenta por cento) de suas vagas a candidatos agricultores ou filhos destes, proprietários ou não de terras, que residam com suas famílias na zona rural, e 30% (trinta por cento) a agricultores ou filhos destes, proprietários ou não de terras, que residam em cidades ou vilas que não possuam estabelecimento de ensino médio.

Pesquisas voltadas ao estudo dos efeitos da Lei do Boi no ambiente universitário brasileiro demonstram que, em concreto, a legislação beneficiou em grande parte filhos de grandes proprietários e fazendeiros, os quais já teriam condições de ingressar em escolas agrícolas, mesmo sem a prerrogativa concedida pela lei.[31]

Note que, no fim da década de 1960, já havia uma preocupação no sentido de perceber que determinados setores da sociedade brasileira partiam de pontos de partida distintos entre si no que se refere à possibilidade de ingresso em ambientes públicos de ensino. Nesta ocasião, a preocupação esteve condicionada a um viés puramente econômico, e não reparatório, compreendendo que, uma vez que a população rural estivesse mais fortemente representada nas universidades, mais se poderia dela exigir a modernização de pontos de interesse do Governo Militar e o aumento da produtividade agrícola, sem discutir a fundo a alta concentração fundiária nas mãos de alguns poucos senhores de terra.

O negro não é retratado de nenhuma forma na Lei do Boi, revogada em dezembro de 1985, sob duros questionamentos quanto à sua efetividade.

Em 1988, o tema passa por uma importante reviravolta. Além de se tratar do Centenário da Abolição, é o ano da promulgação da Constituição da República Federativa do Brasil de 1988, o mais importante marco normativo atinente às demandas da população negra no Brasil. Embora a norma nao tenha abordado explicitamente a figura do negro como categoria subalternizada no Brasil, durante toda a década de 1980,

---

[31] Em levantamento realizado pelo pesquisador Wallace Lucas Magalhães, que verificou os efeitos da Lei do Boi no âmbito da Universidade Federal Rural do Rio de Janeiro, foi defendido que a legislação favoreceu setor agrário dominante e já economicamente influente na sociedade brasileira e serviu de subsídio para consolidar os interesses desse setor, em especial a manutenção da estrutura fundiária altamente concentrada. A pesquisa levou em consideração documentos de comprovação de posse e propriedade de imóveis rurais apresentados para inscrição em cursos promovidos pela universidade e, por consequência, aspectos socioeconômicos dos beneficiários da lei. Para saber mais, ver: MAGALHÃES, Wallace Lucas. A lei do boi e a relação entre educação e propriedade: o caso da Universidade Federal Rural do Rio de Janeiro. *Tempos Históricos*. Rio de Janeiro, vol. 21, p. 434-464, 2017.

organizações do Movimento Negro se mobilizaram para incluir suas demandas históricas de reparação do racismo no corpo da Assembleia Constituinte de 1988.[32] Como resultados concretos, destaca-se a inclusão do racismo como crime imprescritível e inafiançável (artigo 5º, XLII, da Constituição).

Especificamente sobre o tema da educação, para além da definição do instituto como direito de todos e dever do Estado (art. 205), a CRFB/88 é a primeira das constituições brasileiras a definir que a efetivação desse dever pelo Estado deverá se dar mediante a igualdade de condições para ingresso (art. 206, I) e a garantia de acesso aos níveis mais elevados de ensino (art. 208, V), previsões que mais tarde irão fundamentar uma série de demandas por ações afirmativas em universidades mantidas pelo Poder Público.

Importante reforçar, ainda, que a Constituição de 1988 é uma norma essencialmente garantista de direitos e enfrenta temas que contemplam as demandas sociais mais sensíveis à população negra, como o compromisso com a erradicação da pobreza, da marginalização e das desigualdades sociais e regionais (art. 3º, III); com a promoção do bem de todos, sem preconceitos de origem e raça (art. 3º, IV); e com a previsão de punição contra qualquer discriminação atentatória dos direitos e liberdades fundamentais (art. 5º, XLI).

A Constituição da República, nesse sentido, tem representado um verdadeiro divisor de águas para a discussão posta neste estudo. Ao estabelecer *status* constitucional para temas que afetam em maior grau a população negra no Brasil, a norma criou um ambiente de oportunidades para que se ampliassem as discussões institucionais em torno da exclusão do negro dos processos democráticos e do acesso a direitos sociais básicos.

Como se verá adiante, os problemas públicos que, mais tarde, irão fundamentar a adoção de cotas raciais pelos Poderes Públicos do país, não são embasados puramente na produção normativa no Brasil, que, historicamente, preserva uma perspectiva discriminatória antinegro. Trata-se de problemas de extrema complexidade, que atravessam a própria matéria jurídica e, portanto, merecem um destaque também com base em questões sociológicas. Mesmo com cotas raciais e outras iniciativas de ação afirmativa, muitas barreiras são colocadas diante das pessoas negras no Brasil, e a explicação desse fenômeno está

---

[32] Ver: HANCHARD, Michael *George. Orfeu e o poder*: o movimento negro no Rio de Janeiro e São Paulo (1945-1988). Tradução de Vera Ribeiro. Rio de Janeiro: EdUERJ, 2001.

diretamente relacionada à sustentação do racismo como parte da dinâmica institucional no país.

## 1.2 Razões sociológicas

"*Crânios muito alongados ou muito arredondados, (...) desproporção entre as duas metades da face, lábios volumosos, boca grande, dentes mal conformados (...), volta palatina assimétrica ou escondida, restrita; a campainha da garganta alongada e bífida; desigualdade das orelhas*". Em 1876, essa foi a definição dada por Cesare Lombroso para definir o *delinquente nato*, sujeito que, segundo ele, apresentava uma biologia tendenciosa ao comportamento desviante e criminoso.[33] Influenciado pelas teorias do darwinismo social que dominavam a Europa durante meados do século XIX, o autor passou a defender, com base em uma perspectiva científica, que a criminalidade é um fenômeno físico e hereditário, presente de forma predominante entre pessoas que possuíam as características supracitadas, além de um perfil psicológico que apontava a impulsividade, a vaidade, a preguiça e o gosto pela modificação corporal por meio de tatuagens.

Por meio do estudo intitulado "frenologia", Lombroso e outros pensadores da época[34] fundamentaram correlações entre raças, etnias e comportamentos humanos responsáveis por dividir a população mundial entre raças ditas superiores e inferiores. No Brasil, por óbvio, as raças "inferiores" passaram a ser representadas por pessoas marcadas pelas características não europeias, desembocando na construção de estereótipos e preconceitos a respeito dos pretos africanos e seus descendentes brasileiros no contexto da escravização negra.

Oliveira Viana é também um importante nome dentro da discussão. Em alguns escritos que remontam às décadas de 1920 e 1930, o jurista e sociólogo carioca que ficou conhecido como o primeiro a sistematizar as ciências sociais brasileiras, defendia explicitamente a relação entre *raça* e *civilidade, fecundidade, natalidade* e *mortalidade*. Dando um tom científico para as suas considerações, Viana defendia, por exemplo, que pessoas mestiças, por conta da miscigenação, eram menos *fecundas* do que as pessoas negras não miscigenadas, em uma evidente

---

[33] LOMBROSO, Cesare. *O homem delinquente*. Tradução de Sebastião José Roque. São Paulo: Ícone, 2007, p. 197.

[34] Cita-se, como exemplo, Ellsworth Huntington nos Estados Unidos, e no Brasil, os médicos Nina Rodrigues e Arnaldo Vieira de Carvalho, este último, o fundador da Sociedade de Eugenia do Brasil.

tentativa de confrontar relacionamentos interraciais.³⁵ O autor, por outro lado, enxergava a miscigenação como o meio adequado para promover o apagamento das fisionomias associadas aos africanos:

> Negras de raça "mina", as mais bem dotadas no ponto de vista da beleza plástica; a cor não tem o negro retinto de certas tribos, mas um matiz agradável (...) os traços da fisionomia são mais harmoniosos e puros. Por outro lado, quando eles têm que escolher entre a negra e a mulata, escolhem esta última, porque está mais próxima do seu tipo (...) Esta predileção dos colonos brancos pelas mulatas e caboclas, durante o período colonial e mesmo na atualidade, tem uma função superior na evolução da nossa raça, porque opera como um agente incomparável de aceleração no processo de clarificação do nosso tipo nacional.³⁶

Essas e outras teorias sobre raça, em discussão no mundo todo há mais de um século, foram as grandes responsáveis por instituir, no Brasil, uma cultura ideológica de condenação sumária à miscigenação entre os povos, para preservação dos tipos raciais "puros".³⁷ Embora pareça um argumento distante da realidade brasileira contemporânea, o país sofreu com a reprodução dos preconceitos criados a partir da tese do darwinismo social. Ainda durante o Governo Imperial, a miscigenação foi vendida como a verdadeira responsável pela degeneração da sociedade e atuava para, ideologicamente, impedir que pessoas da raça superior (brancas) mantivessem relações sexuais com sujeitos da raça inferior (negros e indígenas).³⁸

Com o avanço das movimentações abolicionistas e o consequente aumento da população negra livre, a visão dos teóricos de Estado a respeito da miscigenação dos povos sofreu uma mudança substancial. Para o país que se pretendia construir, fundamentado no modelo civilizatório europeu, parte da elite intelectual brasileira passou a entender a miscigenação como um processo necessário à formação dos *cidadãos brasileiros*, que, naquele momento, ainda guardavam consigo

---

[35] VIANA, Oliveira. *Evolução do povo brasileiro*. 3. ed. Rio de Janeiro: Companhia Editora Nacional, 1938, p. 202-205.

[36] *Ibidem*, p. 211.

[37] Também por conta do mito criado em torno da miscigenação e a potencial degeneração por ela causada, foi cunhado o termo "mulato", diminutivo para o termo espanhol *mulo*, a cria estéril de um cruzamento da égua com jumento. Ver: SCHUCMAN, Lia Vainer. *Entre o encardido, o branco e o branquíssimo*: branquitude, hierarquia e poder na cidade de São Paulo. 2. ed. São Paulo: Veneta, 2020, p. 83.

[38] SCHWARCZ, Lilia. Katri Moritz. Usos e abusos da mestiçagem e da raça no Brasil. *Afro-Ásia*, n. 18, 1996, p. 85.

a predominância do fenótipo africano[39] e, portanto, indesejado. Foi estabelecida a ideia de que o homem branco europeu representava o paradigma de beleza, saúde e competência civilizacional, em detrimento das demais "raças", cujas características precisavam ser apagadas por meio da mestiçagem.

João Baptista de Lacerda, antropólogo e médico do Rio de Janeiro, foi, entre os brasileiros, o mais conhecido expoente da chamada "tese do embranquecimento". Em 1911, representou o país no Congresso Universal das Raças, ocorrido na Universidade de Londres, um fórum internacional de discussão sobre as relações raciais no contexto do avanço do imperialismo europeu. Nessa oportunidade, o médico apresentou um artigo intitulado *"Sur les métis au Brésil"* (Sobre os mestiços do Brasil, em tradução livre), onde defendeu o seguinte argumento:

> Os preconceitos de raça e de cor, que nunca foram muito enraizados no Brasil, como sempre vimos entre as populações da América do Norte, perderam ainda mais força desde a Proclamação da República. A porta aberta por esse regime a todas as aptidões deixará penetrar muitos mulatos de talento até as mais altas corporações políticas do país. No Congresso Nacional, nos tribunais, na Instrução Superior, na carreira diplomática, nos corpos administrativos mais elevados, os mulatos ocupam hoje uma situação proeminente. Eles são uma grande influência sobre o governo do país. *As uniões matrimoniais entre os mestiços e os brancos não são mais repelidas, como já foram no passado, a partir do momento em que a posição elevada do mulato e suas qualidades morais provadas fazem esquecer o contraste evidente de suas qualidades físicas, e que sua origem negra se esvai pela aproximação das suas qualidades morais e intelectuais dos brancos.* O próprio mulato esforça-se por meio dessas uniões em fazer voltar seus descendentes ao tipo puro do branco. Já se viu, depois de três gerações, os filhos de mestiços apresentarem todas as características físicas da raça branca, por mais que em alguns persistam ainda alguns traços da raça negra devido à influência do atavismo. (Grifo nosso)

Esse congresso reuniu intelectuais do mundo todo para debater o tema da relação das raças com o progresso das civilizações, e por meio da participação supracitada o Brasil ficou internacionalmente

---

[39] Luiz Felipe de Alencastro estima que, da chegada dos colonos no Brasil até o ano de 1850, em cada 100 pessoas desembarcadas no Brasil, 86 eram escravos africanos e 14 eram colonos e imigrantes portugueses. Ver: ALENCASTRO, Luiz Felipe de. África, números do tráfico atlântico. *In*: SCHWARCZ, Lilia Katri Moritz; GOMES, Flávio (orgs.). *Dicionário da escravidão e liberdade*. São Paulo: Companhia das Letras, 2018, p. 57-63.

conhecido como o país que trabalhava para naturalizar a mistura entre os grupos raciais humanos, com a finalidade de permitir que, pouco a pouco, as características e qualidades de uma raça dita superior pudessem se manifestar positivamente para enxertar os atributos de uma raça dita inferior.

Entre idas e vindas das teorias arianistas, a mudança de direção em torno da pauta da miscigenação foi levada muito a sério por várias áreas do conhecimento em formação naquele momento da história do Brasil.[40] Em um contexto tão específico de pós-escravização e fortalecimento da República, as principais manifestações sobre o tema geravam consequências profundas na formação do novo Estado brasileiro, inspirando intelectuais e gestores públicos e, como efeito, infiltrando-se nas instituições brasileiras.[41]

Cabe, finalmente, a menção a Gilberto Freyre[42] como um dos principais expoentes no debate sobre a miscigenação brasileira. Foi autor do famoso "Casa-grande & senzala" (1933), obra que analisa o processo de formação do Estado brasileiro a partir de perspectiva harmônica entre as diferentes raças existentes no país. Freyre desenvolve em seus escritos uma ode à miscigenação, colocando-a como elemento central à manutenção da suposta democracia racial, a exemplo do que defende no seguinte trecho:

> (...) os europeus e seus descendentes tiveram (...) de transigir com índios e africanos quanto às relações genéticas e sociais. A escassez de mulheres brancas criou zonas de confraternização entre vencedores e vencidos, entre senhores e escravos. Sem deixarem de ser relações – a dos brancos com as mulheres de cor – de 'superiores' com 'inferiores'

---

[40] Até mesmo nas artes plásticas, a miscigenação foi colocada como representativa de um fenômeno positivo. Veja-se, por exemplo, o quadro intitulado "Redenção de Cam", de autoria do espanhol Modesto Brocos. A obra é um retrato de uma família brasileira marcado pelas distintas gradações de cor na pele de quatro personagens em contraste. De um lado, o homem branco português, bem-vestido e "civilizado". No exato oposto, uma senhora negra descalça, que louva aos céus pela *redenção* que acabara de receber em sua família. Bem ao centro, há uma mulher negra de pele clara, mestiça, segurando o quarto personagem da obra em seu colo, um bebê totalmente embranquecido, exemplificando com exatidão a louvação pelo embranquecimento da população brasileira em três gerações.

[41] Em termos de produção jurídico-normativa nesse sentido, importa menção ao já revogado Decreto-Lei nº 7.967, de 1945, que assim estabelecia: "Art. 2º Atender-se-á, na admissão dos imigrantes, à necessidade de preservar e desenvolver, na composição étnica da população, as características mais convenientes da sua ascendência européia, assim como a defesa do trabalhador nacional".

[42] Gilberto de Mello Freyre foi um sociólogo brasileiro nascido em 1900 na cidade de Recife (PE), autor de uma das mais importantes obras da sociologia nacional, intitulada "Casa-grande & senzala", publicada em 1933.

(...). A miscigenação que largamente se praticou aqui corrigiu a distância social que de outro modo se teria conservado enorme entre a casa-grande e a mata tropical; entre a casa-grande e a senzala. O que a monocultura latifundiária e escravocrata realizou no sentido de aristocratização, extremando a sociedade brasileira em senhores e escravos, com uma rala e insignificante lambujem de gente livre sanduichada entre os extremos antagônicos, foi em grande parte contrariado pelos efeitos sociais da miscigenação.[43]

A obra também apresenta narrativas controversas sobre a temática racial quando naturaliza as violências sexuais praticadas durante o período escravocrata no Brasil por parte dos proprietários de escravizados. Valendo-se de sua condição civilmente superior, esses homens sistematicamente faziam das mulheres negras verdadeiras vítimas de estupros, fenômeno que também levou ao país a descendência miscigenada. Veja-se, por exemplo, o trecho a seguir:

Trazemos quase todos a marca da influência negra. Da escrava ou sinhama que nos embalou. Que nos deu de mamar. Que nos deu de comer, ela própria amolengando na mão o bolão de comida. Da negra velha que nos contou as primeiras histórias de bicho e de mal-assombrado. Da mulata que nos tirou o primeiro bicho-de-pé de uma coceira tão boa. Da que nos iniciou no amor físico e nos transmitiu, ao ranger da cama de vento, a primeira sensação completa de homem.[44]

Além de sociólogo, Freyre foi um influente político brasileiro, tendo presidido a UDN – União Democrática Nacional em seu estado natal e contribuído ativamente na formação de perspectivas políticas em diversas gestões do país. É de se imaginar que suas contribuições influenciariam a forma como intelectuais e governantes poderiam encarar o fenômeno racial, às vezes até com certa indiferença, afinal, parte de seu legado na sociologia brasileira tem como fonte a negação de categorias raciais.[45] Mesmo atualmente, muito se ouve falar em "*sonho freyriano*" no meio acadêmico, em uma postura elogiosa ao quanto foi

---

[43] FREYRE, Gilberto. *Casa-grande & senzala*: formação da família brasileira sob o regime da economia patriarcal. São Paulo: Global, 2003, p. 33.

[44] FREYRE, Gilberto. *Casa-grande & senzala*: formação da família brasileira sob o regime da economia patriarcal. São Paulo: Global, 2003, p. 367.

[45] Na petição inicial apresentada ao STF pelo Partido Democratas que pleiteava o fim das cotas raciais na UnB, o partido apresenta a seguinte afirmação: "(...) no Brasil, felizmente conseguimos superar a vergonha da escravidão sem termos desenvolvido o ódio entre as raças. O ingresso, porém constante, do negro livre na sociedade preparou a população brasileira para a chegada destes no mercado de trabalho" (p. 45).

dito e disseminado pelo autor em suas obras. Crítica semelhante é feita por Souza, que argumenta que Gilberto Freyre

> (...) era prisioneiro do racismo científico. Tendo sido exposto, no entanto, nos anos 20 do século passado, ao culturalismo, à época de vanguarda, de Franz Boas, que influenciou decisivamente a antropologia e as ciências sociais americanas críticas do racismo científico, Freyre elaborou uma interpretação culturalista que procurou levar o culturalismo vira-lata ao seu limite lógico. Como não percebia o principal, que é a assimilação de pressupostos implicitamente racistas no coração do próprio culturalismo, Freyre lutou bravamente dentro do paradigma do culturalismo racista, para tornar ao menos ambígua e contraditória a condenação prévia das sociedades ditas periféricas em relação às virtudes reservadas aos americanos e europeus. Freyre procurou e conseguiu criar um sentimento de identidade nacional brasileiro que permitisse algum "orgulho nacional" como fonte de solidariedade interna. Foi nesse contexto que nasceu a ideia de uma cultura única no mundo, luso-brasileira, percebida como abertura cultural ao diferente e encontro de contrários. Daí também todas as virtudes dominadas, posto que associadas ao corpo e não ao espírito que singularizam o brasileiro para ele mesmo e para o estrangeiro: a sexualidade, a emotividade, o calor humano, a hospitalidade, etc. Antes de Freyre inexistia uma identidade nacional compartilhada por todos os brasileiros.[46]

A ideia de que há no Brasil uma coexistência harmônica entre as raças, levada adiante no contexto imediatamente posterior ao fim da escravização, levou a caracterizações que contribuíram em grande escala para que, em primeiro lugar, o Estado brasileiro deixasse de compreender a necessidade de pensar políticas públicas voltadas à população afro-brasileira. Afinal, se todos são *mestiços*, não há motivo para pensar programas setorizados a um ou outro grupo racial. Em segundo lugar, o mito da coexistência harmônica entre as raças no Brasil fez com que uma parcela expressiva da população brasileira, convencida da existência de um falso processo universal e democrático de miscigenação, deixasse de se compreender como negra e almejasse, cada vez mais, o afastamento deste estigma racial que a ligava à negritude.[47]

---

[46] SOUZA, Jessé. *A elite do atraso*. Da escravidão à Lava Jato. Rio de Janeiro: Leya, 2017, p. 21.
[47] Sobre o tema, argumenta Kabengele Munanga: "O mito da democracia racial (...) tem uma penetração muito profunda na sociedade brasileira: exalta a ideia de convivência harmoniosa entre os indivíduos de todas as camadas sociais e grupos étnicos, permitindo às elites dominantes dissimular as desigualdades e impedindo os membros das comunidades não-brancas de terem consciência dos sutis mecanismos de exclusão da qual são vítimas na sociedade. Ou seja, encobre os conflitos raciais, possibilitando a todos se reconhecerem

Entre argumentos sobre a mestiçagem que dividiram o país, ora sob o diagnóstico de mácula responsável pela falência nacional, ora como elemento positivo e cordial a ser incentivado pelo Estado, a verdade é que hoje o Brasil, embora pouco harmônico, é de fato um país mestiço. Entretanto, o modo como o Estado e a sociedade brasileira reagiram a essas teorias, absorvendo uma noção equivocada de que existe harmonia na convivência racial, contribuiu negativamente para a percepção das desigualdades raciais que perduram há anos no Brasil, bem como para a própria autopercepção dos negros como atores raciais, sujeitos a violência de diversas ordens.

Do ponto de vista institucional, essa perspectiva de *confusão* quanto à identidade racial dos brasileiros também é fruto da ausência de metodologias por parte do Estado para realização de estudos estatísticos referentes à cor e raça da população brasileira.

O primeiro censo no Brasil data de 1872, que categorizou os indivíduos entre "branco", "preto", "caboclo" (para se referir aos indígenas e mestiços de indígenas com brancos) e "pardo", sendo esta última uma categoria residual, abrangedora de todos os outros grupos étnico-raciais não contemplados nos conceitos anteriores, tendo a mestiçagem como ponto comum. Esse censo também qualificou as pessoas a partir de seu *status* de liberdade, na medida em que os "pretos" e "pardos" poderiam ser "livres" ou "escravos", e os "brancos" e "caboclos",[48] apenas "livres".

Oliveira Filho explica que, nos censos de 1900 e 1920, passou a ser predominante a orientação de que negros e indígenas eram igualmente cidadãos brasileiros e, portanto, que seria "juridicamente irrelevante e

---

como brasileiros e afastando das comunidades subalternas a tomada de consciência de suas características culturais que teriam contribuído para a construção e expressão de uma identidade própria". Ver: MUNANGA, Kabengele. *Rediscutindo a mestiçagem no Brasil*: identidade nacional *versus* identidade negra. Petrópolis: Vozes, 1999, p. 80.

[48] No Brasil, pouco é ensinado a respeito da escravização dos povos indígenas, o que leva à crença de que a mão de obra desse grupo foi integralmente substituída pelo trabalho africano em um dado momento da colonização portuguesa. Essa é uma visão hegemônica na historiografia brasileira, também muito motivada pelo fato de ter sido outorgada a Carta Régia de 1570, que proibiu, como regra, a prática escravista entre aquela população. No entanto, existiram diversas ocasiões ao longo da história do Brasil em que povos indígenas foram "recrutados" por invasores ligados à Coroa portuguesa e aos missionários, com o propósito de terem sua força de trabalho explorada. Como exemplo, importa mencionar o momento da intensificação das expedições sertanistas (bandeiras) ainda no Século XVI e a produção de trigo na região de São Paulo (1630-80). Para mais, ver: MONTEIRO, John Manuel. *Negros da terra*: índios e bandeiras nas origens de São Paulo. São Paulo: Companhia das Letras, 1994; e SUCHANEK, Márcia Gomes. Povos indígenas no Brasil: de escravos a tutelados, uma difícil reconquista da liberdade. *Confluências*, v. 12, n. 1, p. 240-274, 2012.

socialmente discriminatório distingui-los dos demais".[49] Em vista dessa leitura, todos os quesitos relativos à raça foram retirados da pesquisa.

O censo só voltou a operar com classificações atinentes à raça em 1940, por meio da inclusão da categoria "cor" na pesquisa. Nesse momento, o conceito de pardo foi reformulado para incluir, além dos mestiços de brancos e pretos, os caboclos e todos os demais tipos de mestiços.[50] Também nesse ano é criada a categoria "amarela", que surge para dar conta da população de origem asiática, principalmente japonesa, que crescia consideravelmente no país.

Somente em 1991 a categoria "indígena" voltou a ser introduzida na classificação do Censo Demográfico.

Ao longo dos anos, o termo "pardo" foi renomeado e ressignificado diversas vezes, ora usado como denominação genérica de caráter residual, ora como denominação específica, para incluir em uma única categoria todo o grupo de mestiços brasileiros; ora incluindo indígenas, ora para servir de elemento diferenciador desse grupo étnico. A evolução desse conceito permitiu aos estudiosos de relações raciais no Brasil a percepção da semelhança de uma série de aspectos relativos às pessoas categorizadas como pretas e pardas, o que levará, adiante, à construção de uma retórica de junção desses dois grupos étnico-raciais a uma única categoria – a dos negros.

A ideia do "negro" como categoria acopladora de pretos e pardos nasce a partir da identificação sociológica de semelhanças entre esses dois grupos. A principal semelhança guarda relação com os indicadores socioeconômicos percebidos entre eles. Pretos e pardos, desde o período da escravização, foram alvo de elevada mortalidade infantil e materna, baixa expectativa de vida, precária infraestrutura sanitária e social nos lugares em que residiam, além de serem as principais vítimas da ausência de acesso a bens e serviços públicos, tais como escolas, trabalho formal e sistema de saúde, mesmo depois da abolição em 1888.[51]

A manifestação do preconceito em face de pretos e pardos também passou a chamar a atenção de muitos pensadores do fenômeno racial. Abdias do Nascimento escreveu em 1978 a seguinte nota

---

[49] OLIVEIRA FILHO, João Pacheco de. Pardos, mestiços ou caboclos: os índios nos censos nacionais no Brasil (1872-1980). *Horizontes Antropológicos* (online), v. 3, n. 6, 1997, p. 79.

[50] OLIVEIRA FILHO, João Pacheco de. Pardos, mestiços ou caboclos: os índios nos censos nacionais no Brasil (1872-1980). *Horizontes Antropológicos* (online), v. 3, n. 6, 1997, p. 67.

[51] OLIVEIRA, Bruno Luciano Carneiro Alves; LUIZ, Ronir Raggio. Densidade racial e a situação socioeconômica, demográfica e de saúde nas cidades brasileiras em 2000 e 2010. *Revista Brasileira de Epidemiologia*, v. 22, 2019, p. 9.

comparativa entre pardos e pretos, a quem chama aqui de "mulato" e "negro", respectivamente:

> (...) a despeito de qualquer vantagem de *status* social como ponte étnica destinada à salvação da raça ariana, a posição do mulato essencialmente se equivale àquela do negro: ambas vítimas de igual desprezo, idêntico preconceito e discriminação, cercada pelo mesmo desdém da sociedade brasileira institucionalmente branca.[52]

Atualmente, o sistema classificatório empregado pelo Instituto Brasileiro de Geografia e Estatística (IBGE) se vale de dois elementos para classificar sujeitos a partir de estratos étnicos: o elemento *raça* e o elemento *cor*. A coleta dessas informações pelo Instituto se dá com base na autodeclaração, segmentada a partir das seguintes cores: branca, preta, parda, indígena ou amarela. Note que, na perspectiva do censo conduzido pelo IBGE, não existe a figura do "negro", embora uma série de relatórios divulgada pelo Instituto com base nas pesquisas sobre cor e raça utilizem esse termo para se referir à categoria racial que contempla tanto os pretos quanto os pardos.[53]

Somente com a Lei nº 12.288/2010 (Estatuto da Igualdade Racial), a proposta coletivizadora de "negro" foi traduzida para o cenário normativo brasileiro. No art. 1º, IV, a norma define "população negra" como "*o conjunto de pessoas que se autodeclaram pretas e pardas, conforme o quesito cor ou raça usado pela Fundação Instituto Brasileiro de Geografia e Estatística (IBGE), ou que adotam autodefinição análoga*". A partir dela, outras leis, decretos, decisões judiciais e atos normativos infralegais passaram a adotar a figura do negro como o conceito acoplador dos pretos e dos pardos brasileiros. Aos poucos, com o surgimento da construção sociológica do "negro", passou a ser frequente a percepção desse conceito enquanto grupo.

Hoje em dia, as dificuldades em se definir quem é negro no Brasil interferem diretamente no processo de criação de uma política pública focalizada em beneficiar o grupo. O Brasil enfrenta um tradicional cenário de confusão dos brasileiros quanto à sua identidade étnico-racial, que outrora era um verdadeiro tabu, mas que atualmente é considerado

---

[52] NASCIMENTO, Abdias do. *O genocídio do negro brasileiro*. Rio de Janeiro: Editora Paz e Terra. 1978, p. 69.
[53] Para mais, veja: PETRUCELLI, José Luiz. Autoidentificação, identidade étnico-raciais e heteroclassificação. In: PETRUCELLI, José Luiz; SABOIA, Ana Lucia (Orgs.). *Características étnico-raciais da população*: classificações e identidades. Rio de Janeiro: IBGE, 2013.

um dos critérios válidos para definir o grupo de beneficiários de uma ação afirmativa. Há muitos afro-brasileiros que sequer sabem que são negros e o que representa concretamente pertencer a esse grupo, ou porque nunca se questionaram sobre sua identidade racial, ou então porque, consciente ou inconscientemente, foram levados a implementar, ao longo de suas vidas, uma série de táticas para disfarçar aspectos de sua negritude, características socialmente lidas como negativas (como, por exemplo, por meio do alisamento e outros tratamentos químicos em cabelos crespos, muito comum na infância e adolescência de mulheres negras).

Não bastasse todo o esforço de convencimento e pressão para que, depois de longos séculos, o negro fosse o protagonista de uma política pública, hoje a sociedade brasileira também terá de enfrentar os empecilhos relacionados à caracterização dos beneficiários dessa iniciativa.

## 1.3 O perfil da política brasileira de cotas raciais

A quem se propõe discutir o perfil da política de cotas raciais cabe o cumprimento de três tarefas fundamentais. A primeira delas está relacionada à definição dos objetivos da medida, tendo como perspectiva administrar as expectativas criadas em torno da ação afirmativa, para que se compreenda o que pode ser esperado e o que não pode ser esperado das cotas raciais. A segunda tarefa é a de orientar adequadamente quem são os beneficiários da política (o seu público-alvo), sobretudo em um país de tamanha diversidade racial. A terceira e última, de compreender a base normativa e o desenho jurídico institucional das cotas raciais no Brasil. Esta etapa do trabalho planeja articular algumas considerações a respeito desses três pontos, apresentando, assim, o perfil geral da política brasileira de cotas raciais, utilizando-se, para tanto, alguns elementos da ferramenta metodológica intitulada "quadro de referências".[54]

---

[54] O quadro de referências é uma ferramenta metodológica de apoio didático e de análise jurídica de políticas públicas, criado por Maria Paula Dallari Bucci, que tem como propósito facilitar a demarcação de limites de um programa de ação. Para isso, o quadro apresenta os elementos principais de uma determinada política, que permitem compreender a sua organização interna, bases jurídicas e ligações com aspectos políticos, econômicos e de gestão. Ver: BUCCI, Maria Paula Dallari. Quadro de referência de uma Política Pública: primeiras linhas de uma visão jurídico-institucional. *Direito do Estado*, Colunistas, n. 122, 2016. Disponível em: http://www.direitodoestado.com.br/colunistas/maria-paula-dallari-bucci/quadro-de-referencia-de-uma-politica-publica-primeiras-linhas-de-uma-visao-juridico-institucional. Acesso em: 11 jan. 2023.

## 1.3.1 Objetivos das cotas raciais

Reafirmar os objetivos de uma política pública é tarefa fundamental para todo e qualquer estudioso do tema. Como ensina o método do quadro de referências, toda política pública necessita de um traço definidor, isto é, de parâmetros a partir dos quais seja possível dimensionar as expectativas a respeito de um programa de Estado. Esses parâmetros podem possuir diferentes configurações, como a definição de metas qualitativas ou quantitativas e a comparação com experiências passadas bem ou malsucedidas,[55] entretanto, sempre estarão conectados ao problema público que provocou a escolha da política como a melhor abordagem institucional.

No caso brasileiro das cotas raciais, as administrações públicas federais se sujeitam legalmente[56] a regras que preveem a inclusão de uma porcentagem predefinida de pessoas negras no ambiente universitário e nos cargos efetivos e empregos públicos da administração federal. As instituições reconhecem as regras e criam atuações que aspiram ao seu cumprimento. Contudo, não está expresso no texto das legislações que as porcentagens fixas, a reserva de vagas e os parâmetros bem definidos sobre a política têm um propósito único, que é o combate ao chamado *racismo institucional*.

Como se sabe, o racismo é um fenômeno conhecido e debatido internacionalmente ao longo da história. Já existiram diversos processos políticos, econômicos e sociais que motivaram nações ao redor do mundo a produzir e superar desigualdades entre diferentes raças, classes sociais, gêneros, religiões e sexualidades. O exemplo mais comum dessa discussão é a experiência do antissemitismo nazista, produzido na Alemanha da primeira metade do século XX, que atuou para perseguir, explorar e liquidar cerca de 6 milhões de judeus na Europa e no norte da África. As violações de direitos humanos praticadas pelo regime nazista, produzidas sob o argumento de preservação do perfil ariano em detrimento dos demais, foram o ponto de partida para que o mundo como um todo passasse a refletir sobre a necessidade de garantir igualdade entre os povos. Para Carlos Moore,

---

[55] SECCHI, Leonardo. *Políticas públicas*: conceitos, esquemas de análise, casos práticos. São Paulo: Cengage Learning, 2012, p. 51.
[56] Trata-se de referência às Leis nº 12.711/2012 e 12.990/2014, que serão aprofundadas na seção 1.3.3.

> (...) embora o embate hitleriano contra os judeus tenha encontrado ampla repulsa internacional, os desdobramentos da escravização dos africanos e as repercussões contemporâneas desse evento somente começaram a ser examinados seriamente após a Segunda Guerra Mundial. Entendia-se que o racismo, especificamente a partir do século XV, era a sistematização de ideias e valores do europeu acerca da diversidade racial e cultural dos diferentes povos no momento em que a Europa entrou, pela primeira vez, em contato com eles.[57]

Nas reminiscências históricas sobre o tema do racismo, no entanto, dificilmente são lembradas as violências praticadas contra as populações negra e indígena na América Latina, sobretudo pelas literaturas europeias. Mesmo tendo havido intensa subjugação social de uma raça (negra) pela outra (branca europeia), além de um também explícito genocídio provocado contra um grupo de pessoas que foram traficadas, exploradas e assassinadas, a escravização negra no Brasil é vista como um tópico lateral, menos grave do que, por exemplo, o que ocorreu em relação aos judeus durante o holocausto nazista. A visão distorcida a respeito do tema, que coloca o racismo à brasileira como um fenômeno menos grave do que efetivamente o é, compõe a gama de elementos que levam o brasileiro a desconhecer aspectos básicos sobre as relações raciais desenvolvidas no país.

O racismo no Brasil deve ser lido e interpretado a partir de sua *perspectiva estrutural*, isto é, um fenômeno a partir do qual as discriminações baseadas na raça ocorrem de maneira sistemática, por meio de práticas conscientes, mas também inconscientes, sendo que todas elas resultam em desvantagens ou privilégios para os indivíduos.[58]

Diz-se *estrutural* porque o fenômeno possui um enraizamento histórico relacionado à fundação do país tal como se conhece atualmente. O racismo no Brasil foi inicialmente forjado pela naturalização das falácias referentes às diferenças biológicas entre os seres humanos que, em dado momento, justificaram hierarquias e desigualdades materiais e simbólicas entre seres humanos, mas que hoje se reproduzem pelas percepções fenotípicas entre os indivíduos de distintos grupos sociais.[59]

---

[57] MOORE, Carlos. *Racismo e sociedade*: novas bases epistemológicas para entender o racismo. Belo Horizonte: Mazza Edições, 2007, p. 21.
[58] ALMEIDA, Silvio. *Racismo estrutural*. São Paulo: Editora Jandaíra, 2021, p. 32.
[59] SCHUCMAN, Lia Vainer. *Entre o encardido, o branco e o branquíssimo*: branquitude, hierarquia e poder na cidade de São Paulo. 2. ed. São Paulo: Veneta, 2020, p. 95.

Moura, por sua vez, argumenta que, no Brasil e no mundo,

> [o racismo] expressa uma ideologia de dominação, e somente assim pode-se explicar sua permanência como tendência de pensamento. Vê-lo como uma questão científica cuja última palavra seria dada pela ciência é plena ingenuidade, pois as conclusões da ciência condenam o racismo e nem por isso ele deixa de desempenhar um papel agressivo no contexto das relações locais, nacionais e internacionais. O racismo tem, portanto, em última instância, um conteúdo de dominação, não apenas étnico, mas também ideológico e político. É por isso ingenuidade, segundo pensamentos, combatê-lo apenas através do seu viés acadêmico e estritamente científico, uma vez que ele transcende as conclusões da ciência e funciona como mecanismo de sujeição e não explicação antropológica.[60]

O racismo manifestado no país produziu e segue produzindo traumas sociais absolutamente profundos na maneira como a sociedade se organiza e que se desdobram não só nas relações humanas interpessoais – onde se observa o *racismo individual* –, mas também no funcionamento das instituições – onde se observa o chamado *racismo institucional*, problema fundante das cotas raciais.

No caso do racismo individual, o fenômeno ganha espaço pela reprodução dos estereótipos que a sociedade brasileira segue alimentando a respeito do negro em sociedade (como preguiçoso, criminoso, reativo, desinteligente, sexualizado, animalizado).[61] Aqui, o que se destaca são os comportamentos pautados pela percepção cotidiana da raça negra, que faz, por exemplo, com que um segurança desconfie da presença de uma mulher negra em uma loja de grife, associando-a a uma criminosa; ou que membros de torcidas organizadas arremessem cascas de banana em direção ao jogador de futebol negro, associando-o a um macaco.

No segundo caso, o racismo se materializa na forma como cada instituição brasileira repercute as relações raciais. Perante as instituições, o racismo se faz presente para promover exclusões de grande escala, afastando a presença ou a participação desses sujeitos, sobretudo dos processos que envolvam tomada de decisão, produção científica, acesso à informação, compartilhamento de bens públicos e outras atividades que, supostamente, deveriam ser comuns a todos os brasileiros.

---

[60] MOURA, Clóvis. O racismo como arma ideológica de dominação. *Revista Princípios*, n. 34, p. 28 ago/out, 1994.
[61] SOUSA, Neusa Santos. *Tornar-se negro*: as vicissitudes da identidade do negro brasileiro em ascensão social. 1. ed. Rio de Janeiro: Edições Graal, 1983, p. 28-31.

O racismo aqui é caracterizado com a observação de que, mesmo figurando uma maioria populacional, pessoas negras estão sub-representadas em cargos eletivos, universidades, órgãos do Poder Judiciário e empregos de maior prestígio. O que explica todas essas "ausências" é a maneira pela qual o racismo foi absorvido pelas instituições brasileiras, criando, em um primeiro momento, uma cegueira em relação à falta de diversidade racial e, em um segundo momento, uma inércia perniciosa para desafiar o problema de maneira concreta.

Diante dessa contextualização, intui-se que as cotas raciais têm como objetivo enfrentar o chamado racismo institucional, que, embora seja um desdobramento de algo maior, é um fenômeno que repercute unicamente no ambiente das instituições brasileiras.

O preconceito que determinados indivíduos possuem e manifestam em face de pessoas negras não é algo a ser solucionado diretamente por meio das cotas raciais, afinal, a política não se propõe a guiar comportamentos humanos ou conscientizar e educar as pessoas sobre os males desse tão perverso fenômeno. Por meio da maior inclusão de negros na universidade, por exemplo, é natural que os indivíduos que constroem esse ambiente tenham maiores oportunidades para rever seus posicionamentos potencialmente racistas e se educar nesse sentido, pois a política contribui para promover mudanças de cultura nos meios onde se instalam. Entretanto, trata-se de uma consequência indireta.

O mesmo pode ser concluído a respeito do efeito das cotas sobre o *racismo estrutural*. Embora contribua ativamente para a superação absoluta das estruturas racistas, é impossível imaginar que a política de cotas provocará esta consequência isoladamente. Como antes visto, o racismo é uma forma sistemática de discriminação que repercute nas instituições, mas não se limita a elas. Por mais universal e bem-sucedida que seja a política de cotas, ela precisará de uma série de outras articulações de caráter antirracista para que seja possível visualizar um Brasil livre do racismo.

Nesse sentido, a referida ação afirmativa, por melhor que seja o seu empreendimento, não milita em prol do combate às expressões individualizadas do racismo, ou mesmo do combate de todo racismo presente em uma dada sociedade.

Dizer que as cotas raciais atuam para combater o racismo institucionalizado no Brasil ajuda a direcionar as expectativas criadas em torno da política para o crescimento da diversidade racial nos ambientes públicos e privados. Essa leitura permite entender a ação afirmativa como uma estratégia *institucional* que visa a superar as desigualdades de representação verificadas nos próprios espaços *institucionais*.

A tarefa de reafirmar o papel das cotas raciais enquanto abordagem de combate ao racismo institucional também é importante para rebater parte das críticas que recaem sobre a ação afirmativa, sobretudo aquelas que insistem em dizer que cotas raciais não são úteis porque não miram em um outro problema estrutural da sociedade brasileira – a educação de base. Apoiar a política de cotas raciais, porém, não significa ser contra o aumento do investimento no campo da educação básica. Ao contrário disso, defende-se que as cotas devem ser pensadas e implementadas de maneira conjunta a outras iniciativas de aprimoramento do sistema de educação, a fim de buscar gradualmente o alcance de um cenário "ideal", no qual são pequenas ou inexistentes as diferenças de acesso à educação por parte de diferentes grupos sociais e raciais.

Embora necessárias desde o primeiro momento que pessoas negras livres passaram a fazer parte da sociedade brasileira enquanto cidadãs, as ações afirmativas em favor desse grupo só se tornaram uma realidade a partir de uma recente percepção de que não estavam sendo produzidas reais oportunidades para que pessoas negras exercitassem seus direitos de maneira plena. As cotas, nesse sentido, surgem com o propósito de garantir igualdade material em favor daqueles que, por questões históricas, políticas e econômicas, encontram-se em situação de desvantagem social.

## 1.3.2 Público-alvo das cotas raciais no Brasil

A essa altura do estudo, já não é mais novidade dizer que as cotas se destinam às vítimas do racismo na sociedade brasileira. Mas ainda restam algumas perguntas não respondidas: Quem são essas vítimas? Como definir com objetividade quem é negro e quem não é negro no Brasil? Como identificar com assertividade e rigor quem é o público-alvo da política de cotas raciais?

Essas perguntas já foram objeto de alguns estudos brasileiros, e a conclusão alcançada é a de que vigora no país o chamado racismo "*de marca*" ou "*de cor*". Uma explicação mais descomplicada seria dizer: é negro quem parece negro.

"Parecer negro", entretanto, não é um fenômeno simples de compreender, considerando a diversidade racial existente no Brasil. Como anteriormente explicado, desde o século XVI, o país optou pela prática do tráfico negreiro advindo do continente africano, de modo a sujeitar os pretos africanos e seus descendentes afro-brasileiros ao que havia de pior a oferecer para um ser humano. Mesmo antes do término do período de escravização, o país sofreu com um intenso processo de miscigenação entre o seu povo, o que resultou em uma sociedade muito diversa na perspectiva racial e, ao mesmo tempo, vítima de abordagens institucionais e teóricas que apontavam o fenótipo negro – o cabelo, o nariz, os lábios, a cor da pele etc. – como algo a ser corrigido e atenuado.

Paralelamente, consolidou-se na sociedade brasileira a tese da democracia racial,[62] que ensinou a todos a ficção de que a diversidade racial existente no país foi capaz de abolir todo e qualquer conflito pautado pela raça. A ideia de democracia racial, no entanto, só foi capaz de apagar o "clima" de conflito entre as raças, que na prática seguiu um roteiro constante, mas silencioso, de violações de direitos contra a população negra.

O mito da democracia racial e o crescente ódio manifestado contra as características tradicionalmente associadas às pessoas negras fizeram com que o Brasil estruturasse a prática do racismo contra aqueles que não manipularam a sua fenotipia de modo a parecerem "menos negros". Embora exista uma gama bastante extensa de brasileiros que possuam uma relação consanguínea com os africanos, não é contra todos eles que o racismo à brasileira se manifesta, mas contra aqueles que, de alguma maneira, ainda preservam a *marca* considerada indesejada. Em outras palavras, é o fenótipo o aspecto utilizado socialmente para caracterizar uma pessoa como negra, e é a partir dele que se estabelecem as práticas discriminatórias contra este segmento da população.

Um importante teórico sobre o tema, sociólogo de formação, Oracy Nogueira foi o responsável por revelar ao país essa teoria:

> Na falta de expressões mais adequadas, o preconceito, tal como se apresenta no Brasil, foi designado por preconceito de marca (...). Quando o preconceito de raça se exerce em relação à aparência, isto é, quando toma por pretexto para as suas manifestações os traços físicos do indivíduo, a fisionomia, os gestos, o sotaque.[63]

O autor argumenta que, para os fins da manifestação do racismo no Brasil, pouco importa a sua ascendência ou nacionalidade, visto que é o fenótipo ou a aparência racial o fator que leva os brasileiros a

---

[62] A interpretação da "democracia racial" como um mito é de autoria de Florestan Fernandes. Ver: FERNANDES, Florestan. *A integração do negro na sociedade de classes*, vol. 1. 5. ed. São Paulo: Globo, 2008, p. 304 e seguintes.

[63] NOGUEIRA, Oracy. Preconceito racial de marca e preconceito racial de origem: sugestão de um quadro de referência para a interpretação do material sobre relações raciais no Brasil. *Tempo Social, Revista de sociologia da USP*, v. 19, n. 1, 2007, p. 292.

promoverem discriminações entre si, aspectos que são acentuados ou atenuados em função do grau de mestiçagem, da classe, da região do país etc.

Ainda que possuindo parentesco com indivíduos negros, o branco brasileiro será considerado branco por conta de seus traços caucasoides, a exemplo dos cabelos sedosos e loiros, pele alva, nariz afilado, lábios finos, olhos claros. A mesma lógica se aplica ao negro brasileiro, que, a despeito de ter um parente próximo caucasiano, será considerado negro se possuir a aparência racial pautada no conjunto de características negroides.

Carlos Moore traz contribuições relevantes a respeito das sociedades que levam a marca como fator definidor de preconceitos raciais:

> Em uma ordem pigmentocrática, são as diferenciações da cor da pele, da textura do cabelo, da forma dos lábios e da configuração do nariz que determinam o *status* coletivo e individual das pessoas na sociedade. Mudar o fenótipo do segmento subalternizado, sempre no sentido de uma maior concordância com as feições e a cor do segmento dominante, é um objetivo obsessivamente compulsivo neste tipo de sociedade. Neste tipo de formação, as diferenciações de fenótipo e de cor são obtidas mediante uma política deliberada de cruzamentos incessantes, de caráter eugênico, entre o segmento dominado e o segmento dominante.[64]

O racismo de marca não atua para identificar elementos fenotípicos isoladamente, de modo que, no Brasil, uma pessoa negra de cabelo liso não estará ilesa do racismo. O mesmo pode ser dito sobre, por exemplo, uma pessoa branca possuidora de cabelo crespo, que, embora possa vir a ser vítima de algum preconceito,[65] por ter herdado uma característica "desagradável" aos olhos dos brasileiros, nunca

---

[64] MOORE, Carlos. *Racismo e sociedade*: novas bases epistemológicas para entender o racismo. Belo Horizonte: Mazza Edições, 2007, p. 260.

[65] Para que não haja qualquer tipo de confusão entre os conceitos, cumpre explicar que, embora frequentemente equiparados, "preconceito" é um fenômeno distinto do "racismo". O primeiro pode ser descrito como "juízo baseado em estereótipos acerca de indivíduos que pertençam a um determinado grupo racializado, e que pode ou não resultar em práticas discriminatórias". Essa é a definição dada por Almeida, que a complementa com alguns exemplos: considerar pessoas negras como criminosas, judeus como avarentos e orientais como pessoas "naturalmente" preparadas para as ciências exatas. O racismo, como já explicado, é "uma forma sistemática de discriminação que tem a raça como fundamento, e que se manifesta por meio de práticas conscientes ou inconscientes que culminam em desvantagens ou privilégios para indivíduos". Ver: ALMEIDA, Silvio. *Racismo estrutural*. São Paulo: Editora Jandaíra, 2021, p. 32.

será considerada vítima do racismo que cerca a população negra. O fenômeno opera por meio de uma identificação conjugada de caracteres fenotípicos, e sua intensidade varia em proporções diretamente relacionadas à junção de traços negroides que determinado sujeito possui. A estética é o fator que determina a preterição entre as raças, e é por meio dela que se populariza a expectativa de que o fenótipo negro desapareça como um tipo racial,[66] pelo sucessivo cruzamento com pessoas possuidoras do fenótipo branco.

Importante notar que o racismo de marca se contrapõe ao chamado racismo *de origem*, fundamentado na ascendência e na identidade genética dos indivíduos. É esse o modelo manifestado nos Estados Unidos, por exemplo, que discrimina pessoas quase sem nenhuma fisionomia que as associe à negritude, mas que, por estarem socialmente localizadas em determinados bairros, por frequentarem determinados locais e, principalmente, por possuírem a gota de sangue negro,[67] são socialmente lidas como pessoas negras. Sobre essa caracterização, Nogueira comenta:

> (...) quando basta a suposição de que o indivíduo descende de certo grupo étnico para que sofra as consequências do preconceito, diz-se que é de origem. (...) Nos Estados Unidos, ao contrário, as restrições impostas ao grupo negro, em geral, se mantêm, independentemente de condições pessoais como a instrução, a ocupação etc. Tanto a um negro portador de PhD (doutor em filosofia, título altamente respeitado naquele país) como a um operário, será vedado residir fora da área de segregação, recorrer a certos hospitais, frequentar certas casas de diversões, permanecer em certas salas de espera, em estações, aeroportos etc., utilizar-se de certos aposentos sanitários, fontes de água etc. (...) Nos Estados Unidos, ao contrário, o branqueamento, pela miscigenação, por mais completo que seja, não implica incorporação do mestiço ao grupo branco (...) naquele país, o negro é definido oficialmente como "todo o indivíduo que, na sua comunidade, é conhecido como tal", sem qualquer referência a traços físicos.[68]

---

[66] NOGUEIRA, Oracy. Preconceito racial de marca e preconceito racial de origem: Sugestão de um quadro de referência para a interpretação do material sobre relações raciais no Brasil. *Tempo Social, Revista de sociologia da USP*, v. 19, n. 1, p. 207-308, 2007, p. 297.

[67] PIZA, Edith. Porta de vidro: entrada para a branquitude. *In*: BENTO, Maria Aparecida Silva; CARONE, Iray (Orgs.). *Psicologia social do racismo*: Estudos sobre branquitude e branqueamento no Brasil. Rio de Janeiro: Editora Vozes, 2016, p. 99.

[68] NOGUEIRA, Oracy. Preconceito racial de marca e preconceito racial de origem: sugestão de um quadro de referência para a interpretação do material sobre relações raciais no Brasil. *Tempo Social, Revista de sociologia da USP*, v. 19, n. 1, p. 207-308, p. 293-294, 2007.

Essa comparação entre os países é importante, pois os *racismos* produzidos nos Estados Unidos e no Brasil são recorrentemente equiparados, quase sempre com o propósito de argumentar que as violências raciais praticadas nos EUA são mais severas do que as experiências vivenciadas no Brasil. Dentre os países do continente americano, ambos têm em comum o fato de terem experimentado processos escravistas pautados pelo tráfico negreiro africano. Entre eles, no entanto, a superação da escravização teve perfis muito distintos. Os Estados Unidos colocaram fim ao período por meio de uma guerra sanguinária, que dividiu a população estadunidense entre aqueles que desejavam e os que não desejavam manter a economia do país sustentada pela submissão de pessoas negras.[69] No Brasil, como já visto, o término formal da escravização, diante da tensão também provocada pelas revoltas escravas ao longo do século XIX, contou com grande participação das negociações entre as elites brasileiras, que concordaram em pôr fim aos quase 400 anos de submissão negra assinando a Lei Áurea.

Nos EUA, não se percebe um longo e violento processo de incentivo à miscigenação de seu povo, com a finalidade de apagar os caracteres raciais associados à população negra. Ao contrário disso, foram fundados grupos extremistas irresignados com o fim da escravização, que pregavam a supremacia branca e atuavam por meio do terrorismo para assassinar pessoas negras.[70] Neste país, criou-se uma tensão fomentada pelo Estado para que as pessoas negras e brancas não se relacionassem, não frequentassem os mesmos espaços, não convivessem nos mesmos bairros, não bebessem do mesmo bebedouro, não se misturassem dentro do transporte público.[71] O fim da escravização nos EUA é marcado não por um sentimento de "democracia racial", como ocorre no Brasil, mas de tensão e guerra entre brancos e negros.

---

[69] Refere-se aqui à Guerra Civil dos Estados Unidos (1861-1865), também chamada Guerra de Secessão.

[70] Sobre o tema, Vladimir Miguel Rodrigues explica: "O branco sulista estava envergonhado pela sua submissão aos nortistas e não aceitaria jamais o *status* de cidadão do negro. Nesse contexto, surgiu uma organização secreta que lutava pela superioridade da raça branca. A Ku Klux Klan (KKK) começou a ser idealizada no Natal de 1865, inicialmente como um grupo de veteranos da Secessão que estavam interessados em se autoajudar socialmente por causa do flagelo que assolava o Sul após o fim da guerra. Para ser um membro da KKK, era necessário ser branco, americano e protestante. Em seus líderes, podia-se identificar uma ideologia evangélico-fundamentalista". In: *O X de Malcolm e a questão racial norte-americana*. São Paulo: Editora Unesp, 2013, p. 45.

[71] Mais tarde, essas condutas seriam institucionalizadas por meio da implementação do sistema Jim Crow nos EUA, que legitimou o sistema de discriminação racial pelo próprio Estado, a partir da doutrina do "separados mas iguais" (*separate but equal*), criada pela polêmica decisão da Suprema Corte no caso Plessy vs. Ferguson (163 U.S 537 1896).

Diferentemente dessa realidade observada nos EUA, portanto, no Brasil o racismo é considerado de marca, uma vez que exercido em relação à aparência dos indivíduos, tomando por pretexto para as suas manifestações os traços físicos e a fisionomia dos indivíduos. Sendo esse o aspecto levado em consideração para selecionar as potenciais vítimas das violências raciais no Brasil, é correto defender que a política de cotas raciais, bem como todas aquelas que objetivam *desinstitucionalizar* o racismo arraigado na sociedade brasileira, tem como público-alvo as pessoas socialmente compreendidas como negras, por possuírem a identificação conjugada de caracteres fenotípicos que apontam sua pertença racial nesse sentido.

### 1.3.3 Base normativa e desenho jurídico-institucional

O funcionamento das políticas brasileiras de cotas raciais se apoia em fontes jurídicas diversas, alcançando bases de ordem constitucional, legal, regulamentar e jurisprudencial, conforme demonstrado na tabela a seguir:[72]

---

[72] Na construção desse quadro normativo, mostra-se fundamental a menção ao Projeto de Lei nº 1.332/1983, de autoria do sociólogo e Deputado Federal Abdias do Nascimento. O projeto previa "ações compensatórias", propondo que o quadro de servidores públicos fosse preenchido com, pelo menos, 40% de negros (20% mulheres negras e 20% homens), em todas as funções de Estado – principalmente aquelas que exigem melhores qualificações e têm melhores remunerações – de todos os órgãos da administração pública, direta e indireta, de níveis federal, estadual e municipal, incluídos os Poderes Executivo, Legislativo e Judiciário. O projeto, mesmo diante das dificuldades de avançar nas casas legislativas no contexto pré-constitucional, serviu de inspiração para muitas demandas afirmativas apresentadas no Brasil nas décadas subsequentes.

## TABELA 1
Principais fontes jurídicas das políticas brasileiras de cotas raciais

(continua)

| # | Fontes jurídicas | Contexto |
|---|---|---|
| **Base Constitucional** | Art. 1º, inciso III, da CRFB/88 | Estabelece a dignidade humana como um dos fundamentos do Estado Democrático de Direito. |
| | Art. 3º, incisos I e III, da CRFB/88 | Estabelece a construção de uma sociedade justa e a redução das desigualdades sociais como objetivos fundamentais da República. |
| | Art. 5º, *caput*, da CRFB/88 | Estabelece o direito à igualdade como um preceito fundamental. |
| | Art. 6º, *caput*, da CRFB/88 | Estabelece os direitos à educação e ao trabalho como direitos sociais. |
| | Art. 208, inciso V, da CRFB/88 | Estabelece o dever do Estado brasileiro em efetivar o direito à educação por meio do acesso aos níveis mais elevados do ensino. |
| **Bases Legais** | Lei nº 12.288/2010 | Institui o Estatuto da Igualdade Racial, que contém uma série de disposições fundamentadoras da implementação de ações afirmativas para negros. |
| | Lei nº 12.711/2012 | Estabelece reserva de vagas para negros nas universidades federais e instituições federais de ensino técnico de nível médio. |
| | Lei nº 12.990/2014 | Estabelece reserva de vagas para negros nos concursos públicos para provimento de cargos efetivos e empregos públicos da Administração federal (direta e indireta). |

(conclusão)

| # | Fontes jurídicas | Contexto |
|---|---|---|
| Bases Regulamentares | Resolução CNJ nº 203/2015 | Estabelece reserva de vagas para negros nos concursos públicos para provimento de cargos efetivos nos órgãos do Poder Judiciário, inclusive de ingresso na magistratura. |
| | Resolução CNMP nº 170/2017 | Estabelece reserva de vagas para negros nos concursos públicos para provimento de cargos do Conselho Nacional do Ministério Público e do Ministério Público brasileiro. |
| | Decreto nº 11.443/2023 | Estabelece reserva de vagas para negros na composição de cargos em comissão e funções de confiança da Administração federal. |
| Bases Jurisprudenciais | ADPF 186 (2012) | Aprecia a constitucionalidade de programas de ação afirmativa para acesso de pessoas negras no ensino superior. |
| | ADC 41 (2017) | Aprecia a constitucionalidade da Lei nº 12.990/2014, que trata das cotas raciais no serviço público. |

As políticas de cotas raciais encontram fundamento jurídico direto na Constituição da República de 1988,[73] quando, por exemplo, estabelece-se a dignidade humana como um dos fundamentos do Estado Democrático de Direito (art. 1º, inciso III), a construção de uma sociedade justa e a redução das desigualdades sociais como objetivos fundamentais da República (art. 3º, incisos I e III), o direito à igualdade como um preceito fundamental (art. 5º, *caput*) e o direito à educação e ao trabalho como direitos sociais (art. 6º, *caput*). O artigo 208, inciso V, da CRFB/88 também reforça o dever do Estado brasileiro de efetivar

---

[73] MÓDOLO, Lucas de Santana; PEREZ, Marcos Augusto. Constitucionalização das ações afirmativas no Brasil: contribuições do STF e de Ricardo Lewandowski para a superação dos argumentos contra as cotas raciais. *In*: PRUDENTE, Eunice Aparecida de Jesus; BUCCI, Maria Paula Dallari; RANIERI, Nina Beatriz Stocco; TOJAL, Sebastião Botto de Barros (Coord.). *Teoria do Estado Contemporânea*: homenagens da academia ao Professor Ricardo Lewandowski. 1. ed. São Paulo: Quartier Latin, 2023, p. 767.

o direito à educação por meio do *"acesso aos níveis mais elevados do ensino, da pesquisa e da criação artística, segundo a capacidade de cada um"*, previsão que mais tarde fundamentaria discussões judiciais centradas na política de cotas.

Quanto às fontes de natureza legal, importa a menção ao Estatuto da Igualdade Racial (Lei nº 12.288/2010) e às Leis nº 12.711/2012 e 12.990/2014, que tratam, respectivamente, de reserva de vagas para pessoas negras nas instituições federais de ensino superior e nos concursos públicos, para provimento de cargos efetivos e empregos públicos no âmbito da Administração Pública federal direta e indireta.

O Estatuto da Igualdade Racial (EIR) é considerado por muitos como o grande precursor dos avanços institucionais antirracistas no Brasil, pelo fato de ter sido uma norma construída com grande colaboração do Movimento Negro e condensadora de muitas demandas apresentadas por este segmento perante os Poderes da República (educação, saúde, trabalho, cultura, moradia etc.). No artigo 2º da norma, por exemplo, o EIR estabelece como dever do Estado e da sociedade em geral garantir *igualdade de oportunidades* a todos os brasileiros, sem distinção de raça, especialmente nas atividades políticas, econômicas e educacionais. O art. 4º, por sua vez, dispõe que a participação da população negra na vida econômica, social, política e cultural do país deve ser promovida, prioritariamente, por meio de:

I – inclusão nas políticas públicas de desenvolvimento econômico e social;

II – adoção de medidas, programas e políticas de ação afirmativa;

III – modificação das estruturas institucionais do Estado para o adequado enfrentamento e a superação das desigualdades étnicas decorrentes do preconceito e da discriminação étnica;

IV – promoção de ajustes normativos para aperfeiçoar o combate à discriminação étnica e às desigualdades étnicas em todas as suas manifestações individuais, institucionais e estruturais;

V – eliminação dos obstáculos históricos, socioculturais e institucionais que impedem a representação da diversidade étnica nas esferas pública e privada;

VI – estímulo, apoio e fortalecimento de iniciativas oriundas da sociedade civil direcionadas à promoção da igualdade de oportunidades e ao combate às desigualdades étnicas, inclusive mediante a implementação de incentivos e critérios de condicionamento e prioridade no acesso aos recursos públicos;

VII – implementação de programas de ação afirmativa destinados ao enfrentamento das desigualdades étnicas no tocante à educação, cultura, esporte e lazer, saúde, segurança, trabalho, moradia, meios de comunicação de massa, financiamentos públicos, acesso à terra, à Justiça, e outros.

No parágrafo único do art. 4, o EIR estabelece ainda que *"os programas de ação afirmativa constituir-se-ão em políticas públicas destinadas a reparar as distorções e desigualdades sociais e demais práticas discriminatórias adotadas, nas esferas pública e privada, durante o processo de formação social do País"*. Finalmente, o EIR também cria o Sistema Nacional de Promoção da Igualdade Racial, uma estratégia institucional para organizar as políticas e serviços destinados a superar as desigualdades raciais existentes no país e que, entre os seus objetivos, consta a descentralização da implementação de ações afirmativas pelos governos estaduais, distrital e municipais e a garantia da eficácia dos meios e instrumentos criados para implementação de ações afirmativas e o cumprimento de metas a serem estabelecidas (art. 48, incisos III e V).

Relativamente às legislações federais que estabeleceram com maior especificidade a reserva de vagas para pessoas negras (Lei nº 12.711/2012 e Lei nº 12.990/2014), também cabem algumas considerações. Ambas as normas possuem um perfil *federal*, isto é, adstrito ao ambiente institucional da Administração federal (universidades federais e funções públicas da Administração federal direta e indireta). Entretanto, a existência das duas normas tem sido fundamental para a idealização e o fortalecimento de programas de cotas em administrações públicas (municipais, estaduais e distritais) de todo o país.

A criação e a manutenção dessas normas foram sustentadas por importantes decisões do Supremo Tribunal Federal. A primeira foi proferida no âmbito da Arguição de Descumprimento de Preceito Fundamental (ADPF) 186/DF, relatada pelo Ministro Ricardo Lewandowski e julgada em 2012, pela qual foi reconhecida a constitucionalidade dos programas de ação afirmativa que estabelecem um sistema de reserva de vagas com base em critério étnico-racial para acesso ao ensino superior. A segunda foi proferida no curso da Ação Declaratória de Constitucionalidade (ADC) 41/DF, relatada pelo Ministro Luís Roberto Barroso e julgada em 2017, que declarou a constitucionalidade da Lei nº 12.990/2014, destacada no parágrafo anterior.

Antes de compreender na minúcia o conteúdo dessas leis e da jurisprudência do Supremo, é relevante a compreensão de um importante fator histórico. Em 2002, foi criado no Brasil o "Programa Nacional de Ações Afirmativas", por meio do Decreto Federal nº 4.228/2002.

O programa, revogado pela gestão da Presidência da República em 2019, buscou criar um incentivo institucional em favor de três grupos vulnerabilizados no país: as mulheres, as pessoas negras (no decreto, referenciadas como "afrodescendentes") e as pessoas com deficiência (no decreto, referenciadas como "portadores de deficiência"). Os incentivos eram de distintas naturezas, mas se destacaram aqueles que determinavam metas para participação dos grupos no preenchimento de cargos em comissão da Administração Federal e aqueles que criavam benefícios em processos licitatórios em favor de empresas que adotassem políticas afirmativas com o mesmo teor.

Paralelamente ao Programa Nacional de Ações Afirmativas, inspiradas nos embates travados ao longo das décadas de 1980 e 1990 para maior inclusão do negro no ambiente institucional brasileiro, as universidades do país passaram a ser palco de reivindicações relacionadas à implementação de cotas raciais nos cursos de graduação. As primeiras universidades públicas do país a cederem à mobilização do Movimento Negro nesse campo, instituindo cotas em seus processos seletivos, foram a Universidade do Estado da Bahia (UNEB), em 2002, a Universidade Estadual do Rio de Janeiro (UERJ), em 2003, e a Universidade de Brasília (UnB), em 2004.

Na época, não havia uma legislação de âmbito nacional que referendasse as experiências de cotas em universidades e nem mesmo em órgãos e entidades públicos. Havia, no entanto, algo ainda mais intenso, e que tem sido até os dias atuais a força motriz para implementação de ações afirmativas em favor de pessoas negras no Brasil: a pressão de Movimentos Negros, que denunciam as injustiças institucionais e protestam pela maior diversificação racial nos ambientes públicos e privados marcados pelo racismo.

Por outro lado, no mesmo período em que se acentuavam as pressões do movimento negro em prol das cotas raciais, fortaleciam-se no Brasil os movimentos opositores às políticas, que reivindicavam, inclusive pelos meios judiciais, contra toda e qualquer iniciativa pautada pela reserva de vagas em favor de negros nas universidades. A experiência das cotas raciais na UnB, por exemplo, foi alvo de uma longa judicialização junto ao Supremo Tribunal Federal, por meio da ADPF 186, apresentada pelo partido Democratas (DEM).

A referida ação constitucional – apresentada em 2009 ao Supremo e julgada no ano de 2012 – representa um importante divisor de águas para o debate no Brasil, justamente porque, por meio dela, o STF avaliou se os programas de ação afirmativa que estabelecem um sistema de reserva de vagas com base em critério étnico-racial para acesso ao ensino superior estão ou não em consonância com a Constituição Federal – em outras palavras, se podem ser consideradas constitucionais as políticas públicas cujos beneficiários são escolhidos a partir do critério "raça".

O resultado do julgamento já é conhecido por parte expressiva da população brasileira: por unanimidade, o Supremo, aquele que exerce a função de guardião da Constituição Federal, definiu que cotas raciais são constitucionais, tomando partido diante de um embate político e intelectual que ainda hoje divide o Brasil, nos termos abaixo definidos:

> (...) 1. Não contraria – ao contrário, prestigia – o princípio da igualdade material, previsto no *caput* do art. 5º da Carta da República, a possibilidade de o Estado lançar mão seja de políticas de cunho universalista, que abrangem um número indeterminados de indivíduos, mediante ações de natureza estrutural, seja de ações afirmativas, que atingem grupos sociais determinados, de maneira pontual, atribuindo a estes certas vantagens, por um tempo limitado, de modo a permitir-lhes a superação de desigualdades decorrentes de situações históricas particulares.[74]

Foi tamanha a importância do julgamento pelo STF da ADPF 186 que, meses após a publicação do acórdão, promulgou-se a primeira lei federal sobre cotas étnico-raciais no Brasil. Datada de 29 de agosto de 2012, a Lei nº 12.711 destina-se à reserva de vagas em universidades federais e instituições federais de ensino técnico de nível médio.

A norma estabelece que as instituições federais de ensino superior devem reservar, por curso e turno, um mínimo de 50% de suas vagas para estudantes que tenham cursado integralmente o ensino médio em escolas públicas (art. 1º, *caput*) e, dentre esses, 50% das vagas deve ser reservada a estudantes oriundos de famílias com renda igual ou inferior a 1 salário-mínimo *per capita* (art. 1º, parágrafo único).[75] A perspectiva étnico-racial da norma se estabelece em seu artigo 3º, que dispõe:

> (...) Art. 3º Em cada instituição federal de ensino superior, as vagas de que trata o art. 1º desta Lei serão preenchidas, por curso e turno, por autodeclarados pretos, pardos, indígenas e quilombolas e por pessoas com deficiência, nos termos da legislação, em proporção ao total de vagas

---

[74] Trecho da ementa da decisão proferida na ADPF 186, Rel. Ministro Ricardo Lewandowski, j. 26.04.2012.

[75] Importante destacar que, até novembro de 2023, quando a Lei nº 12.711/2012 foi revisada, a regra da reserva de vagas fala em "estudantes oriundos de famílias com renda igual ou inferior a 1,5 salários-mínimos".

no mínimo igual à proporção respectiva de pretos, pardos, indígenas e quilombolas e de pessoas com deficiência na população da unidade da Federação onde está instalada a instituição, segundo o último censo da Fundação Instituto Brasileiro de Geografia e Estatística (IBGE).[76]

Inicialmente, ao criar a regra da reserva de vagas, a legislação atribuiu ao Ministério da Educação e à Fundação Nacional do Índio a tarefa de acompanhar e avaliar o andamento da política pública (art. 6º). Recentemente, por meio de um amplo processo de debates junto ao Congresso Nacional, a Lei nº 12.711/2012 foi alterada e passou a prever que, além dos órgãos supramencionados, também teriam competências relacionadas ao acompanhamento e à avaliação do programa os ministérios responsáveis pelas políticas de promoção da igualdade racial, de implementação da política indígena e indigenista, de promoção dos direitos humanos e da cidadania e de promoção de políticas públicas para a juventude.

Em 09 de junho de 2014, foi promulgada a Lei nº 12.990, também prevendo vagas afirmativas em favor da população negra, mas para concursos públicos, para provimento de cargos efetivos e empregos públicos no âmbito da Administração Pública federal direta e indireta, nos seguintes termos:

> Art. 1º Ficam reservadas aos negros 20% (vinte por cento) das vagas oferecidas nos concursos públicos para provimento de cargos efetivos e empregos públicos no âmbito da administração pública federal, das autarquias, das fundações públicas, das empresas públicas e das sociedades de economia mista controladas pela União, na forma desta Lei.

A tarefa de acompanhamento e avaliação da ação afirmativa estabelecida na Lei foi atribuída ao órgão responsável pela política de promoção da igualdade étnico-racial vinculado à Presidência da República. Destaca-se também que a Lei de Cotas no serviço público estabelece uma regra de *vigência resolutiva*, isto é, dispondo que a reserva de vagas nos concursos públicos da Administração federal "terá vigência pelo prazo de 10 (dez) anos" (art. 6º). Caso a Lei não venha a

---

[76] Muitos teóricos sobre ações afirmativas dizem que a Lei nº 12.711/2012 cria "subcotas raciais" (e não cotas raciais), já que a norma estabelece regras gerais focadas em "estudantes que tenham cursado integralmente o ensino médio em escolas públicas" e, dentro dessa categoria, cria subcategorias focadas em pessoas de baixa renda, negros, indígenas, pessoas com deficiência e, após a alteração promovida em 2023, pessoas quilombolas.

ser alterada, de modo a estender o seu período de vigência, será automaticamente revogada em junho de 2024.

A Lei nº 12.990/2014 foi objeto de uma ampla discussão jurisprudencial junto ao STF. Por meio da ADC 41, movimentos sociais e organizações da sociedade civil – com destaque para o Conselho Federal da Ordem dos Advogados do Brasil, que nela atuou na condição de requerente – juntaram-se para pleitear, perante o Supremo Tribunal Federal, a declaração de constitucionalidade da medida afirmativa. Reconhecendo a importância da norma para fortalecimento da atuação estatal no combate ao racismo no Brasil, em 2017 o STF se posicionou favoravelmente à ADC, nos seguintes termos:

> (...) 1.1. Em primeiro lugar, a desequiparação promovida pela política de ação afirmativa em questão está em consonância com o princípio da isonomia. Ela se funda na necessidade de superar o racismo estrutural e institucional ainda existente na sociedade brasileira, e garantir a igualdade material entre os cidadãos, por meio da distribuição mais equitativa de bens sociais e da promoção do reconhecimento da população afrodescendente.[77]

Tanto as Lei nº 12.711/2012 e 12.990/2014 quanto as duas decisões do Supremo Tribunal Federal sobre a matéria das cotas raciais (ADPF 186 e ADC 41) irão referendar, sob a perspectiva legislativa e jurisprudencial, uma série de programas que vinham sendo implementados no Brasil desde o início do século.[78] Os processos legislativos e judiciais que existiram por trás da formulação desses posicionamentos institucionais foram preenchidos por uma ampla participação da sociedade civil e dos Movimentos Negros nacionais, que trabalharam arduamente no processo de convencimento junto ao Congresso Nacional e aos ministros do órgão de cúpula do Poder Judiciário brasileiro.

Também como uma consequência dessas mobilizações nacionais em prol da implementação de cotas raciais, o Poder Judiciário se rendeu à iniciativa em 23 de junho de 2015, com a publicação da Resolução CNJ nº 203, de 23 de junho de 2015, assinada na ocasião pelo então presidente do Conselho Nacional de Justiça, o Ministro Ricardo Lewandowski. A

---

[77] Trecho da ementa da decisão proferida na ADC 41, Rel. Ministro Luís Roberto Barroso, j. 08.06.2017.

[78] A título de exemplo, em 2012, quando promulgada a Lei nº 12.711, 40 das 58 universidades federais já implementavam alguma modalidade de ação afirmativa. Ver: FERES JÚNIOR, João; CAMPOS, Luiz Augusto; DAFLON, Verônica Toste; VENTURINI, Anna Carolina. *Ação afirmativa*: conceito, história e debates. 1. ed. Rio de Janeiro: EdUERJ, 2018, p. 84.

norma dispõe sobre a reserva aos negros, no âmbito do Poder Judiciário, de 20% (vinte por cento) das vagas oferecidas nos concursos públicos para provimento de cargos efetivos e de ingresso na magistratura. A norma, além disso, incentiva a adoção de outros mecanismos de ação afirmativa com o objetivo de garantir o acesso de negros a cargos no Poder Judiciário, inclusive para preenchimento de cargos em comissão e vagas para estágio (art. 3º). Assim como a Lei nº 12.990, a Resolução do CNJ estabelece prazo de vigência até junho de 2024 (art. 9º).

Em 2017, foi a vez do Conselho Nacional do Ministério Público atuar no mesmo sentido, por meio da Resolução CNMP nº 170/2017, com aplicabilidade a todos os cargos efetivos e vitalícios nos órgãos do Ministério Público e do Conselho Nacional do Ministério Público.

Por fim, cabe menção ao recente Decreto Federal nº 11.443/2023, publicado em março de 2023 pelo governo federal. A norma surge para complementar as políticas de ação afirmativa na esfera federal, garantindo uma quantidade mínima de servidores negros nas funções comissionadas do Estado. Em suma, o decreto cria uma regra afirmativa a todos os Ministérios de Estado, autarquias e fundações públicas vinculadas ao Governo Federal, que deverão preencher seus cargos em comissão e funções de confiança com um percentual mínimo de 30% de servidores negros até a data de 31 de dezembro de 2025.

Atualmente, há dezenas de municípios e estados do Brasil que possuem regulações específicas para tratar da política de cotas raciais, nem sempre na forma de lei. As bases normativas descritas ao longo desta seção, bem como outros aspectos do desenho institucional do programa, embora não tenham aplicação direta sobre essas experiências locais e regionais, servem como inspiração normativa basilar à estruturação de programas de ação afirmativa em todo o país. Isso porque, como visto, a conquista das cotas raciais deve ser interpretada não apenas como um produto de decisões judiciais ou como matéria a ser retratada unicamente por meio da função legislativa do Estado, mas como resultado de uma intensa batalha de setores antirracistas, protagonizada por diversos movimentos sociais, entidades acadêmicas e alguns gestores públicos e parlamentares, e que perdura há muitos anos. Essa luta foi e tem sido preenchida por diversas etapas, sendo a primeira delas atribuída a contextos até mesmo anteriores à Constituição da República de 1988.[79]

---

[79] Lima defende que as cotas "são frutos de um amadurecimento de processos políticos vigentes desde os anos noventa e da participação dos movimentos sociais das organizações da sociedade civil. Os estudos que abordam a construção da temática racial na agenda

## 1.4 Conclusões parciais

As conclusões referentes ao primeiro capítulo estão relacionadas, primeiramente, à necessidade de intepretação das cotas raciais como uma modalidade de ação afirmativa e a partir de seu *status* de política pública, fruto da intensa mobilização dos movimentos negros atuantes no Brasil, sobretudo a partir da década de 1970. Essa característica da política de cotas é o que impõe ao Estado brasileiro deveres e responsabilidades relativos ao cumprimento dos objetivos concernentes à medida, tais como o zelo pela sua correta implementação e as ações de monitoramento e avaliação, necessárias ao desenvolvimento de diagnósticos frequentes sobre os impactos da política na vida de seus beneficiários e na sociedade brasileira de maneira geral.

Como visto, a referida política tem como problema público fundante o chamado *racismo institucional*, assim definido aquele materializado na forma como cada instituição repercute as relações raciais, promovendo exclusões de pessoas negras em grande escala e se abstendo de desafiá-las de maneira concreta. Esse conceito ganha contornos bastante expressivos na realidade brasileira, considerando o fato de as instituições propriamente nacionais terem sido moldadas sob um contexto em que ainda havia no país um amplo processo de escravização de pessoas negras como parte da sua dinâmica política e socioeconômica, encerrada formalmente apenas em 1888. Mesmo com a Lei da Abolição, o país permaneceu promovendo e fortalecendo processos estruturados de exclusão do povo negro, que foi relegado a ocupar os espaços de menor privilégio do país. Como consequência dessa política histórica de marginalização, tem sido possível notar que pessoas negras permanecem, ainda hoje, como representantes dos piores índices de desenvolvimento humano no Brasil e sem grandes oportunidades de se fazerem representadas no ambiente institucional.

Nesse âmbito, ainda, ganham destaque as menções realizadas no capítulo sobre a intensa participação de juristas e da ciência jurídica em si no papel de referendar as práticas de discriminação sistêmica contra pessoas negras no país. O capítulo apontou uma variedade de normas jurídicas e de seus formuladores responsáveis por promover, direta e indiretamente, a manutenção do conhecido sistema de desigualdade

---

das políticas públicas de âmbito federal tomam a Constituição de 1988 como um marco importante para as mudanças ocorridas no país acerca deste tema". *In:* LIMA, Márcia. Ações afirmativas e juventude negra no Brasil. *Cadernos Adenauer* (São Paulo), v. XVI, 2015, p. 35.

racial experienciado no país, o que justifica, na mesma medida, a necessidade de o Direito se posicionar de maneira mais ativa diante dos conflitos raciais contemporâneos.

A partir da apresentação de alguns fundamentos históricos e sociológicos, ficou também demonstrado que, no Brasil, o racismo opera pelo critério da aparência racial (o que Oracy Nogueira chama de *racismo de marca*). A partir dele, a presença do fenótipo africano se torna o principal elemento definidor do grau de discriminação a ser sofrido por cada um dos brasileiros, de modo que, quanto mais expressivas em um determinado indivíduo forem as características fenotípicas associadas à população africana, culturalmente desagradáveis aos olhos dos brasileiros, maiores as chances de sofrimento racial. Portanto, sendo as cotas raciais uma política que tem como destinatárias as vítimas do racismo, é correto dizer que a medida pretende alcançar aqueles socialmente compreendidos como negros, isto é, que possuem a identificação conjugada de caracteres fenotípicos que apontam sua pertença racial como pessoas negras.

CAPÍTULO 2

# O PROBLEMA DA FRAUDE

As ponderações feitas no capítulo anterior, mais do que conferir um contexto a respeito da política brasileira de cotas raciais, serviram para introduzir a análise do problema sob investigação no presente estudo: o problema da fraude. Como antes visto, o formato da implementação da política no país implica a reserva de vagas em favor de pessoas negras na composição de quadros institucionais. A prática da fraude desvirtua esse propósito, fazendo com que as vagas afirmativas não sejam efetivamente preenchidas pelos reais beneficiários da medida – as pessoas negras, vítimas do racismo na sociedade brasileira.

Ao longo do histórico da política pública de cotas, as fraudes se tornaram uma realidade bastante concreta, materializando-se em muitas experiências de sua implementação. Nem sempre o fenômeno esteve relacionado só ao aspecto étnico-racial conferido às vagas, mas também a experiências – que não serão aprofundadas neste estudo – de candidatos que falsificaram atestados de escolaridade em colégios públicos para ocupar de maneira irregular as vagas universitárias focadas em egressos do sistema público de ensino; ou de candidatos que disfarçaram sua renda familiar para ocupar cadeiras em universidades destinadas a candidatos de baixa renda.

Os próximos tópicos do estudo são destinados a explicar o conceito, os sujeitos e as fontes da fraude, delineando as principais nuances do problema.

## 2.1 Definição do problema

As fraudes tendem a ser associadas a uma conduta enganadora, praticada por alguém com o intuito de beneficiar a si próprio ou prejudicar terceiros. Diante dessa tendência, o sujeito que comete fraude é interpretado como alguém que tem a intenção de obter vantagens sobre as outras pessoas de maneira injusta, querendo fazer parecer real ou legal algo que efetivamente não é. No Direito brasileiro, o termo aparece de maneira mais qualificada. Veja-se, por exemplo, o tratamento dado pelas legislações civil e penal. O Código Civil, ao abordar o conceito, criou disposições sobre a chamada "fraude contra credores" nos seguintes termos:

> Art. 158. Os negócios de transmissão gratuita de bens ou remissão de dívida, se os praticar o devedor já insolvente, ou por eles reduzido à insolvência, ainda quando o ignore, poderão ser anulados pelos credores quirografários, como lesivos dos seus direitos.

O conceito trabalhado na legislação civil anuncia um dos vícios do negócio jurídico, consistente na conduta de um indivíduo que, em estado de insolvência ou na iminência de assim tornar-se, resolve alienar seu patrimônio (gratuitamente ou em valor inferior ao seu preço real), frustrando o cumprimento de uma obrigação assumida anteriormente. Trata-se de um comportamento que prejudica o crédito de um terceiro de boa-fé, que possui um direito legítimo de realizar a cobrança de uma obrigação em face de uma pessoa que, na prática, não tem qualquer intenção de cumpri-la. Trata-se de um ilícito civil que gera aos prejudicados o direito de requerer a sua anulação.

Importante notar também que a fraude contra credores, embora geralmente praticada por pessoas que possuem uma real intenção de prejudicar credores,[80] é caracterizada pela mera atuação prejudicial do devedor, que promove a diminuição patrimonial e, por conta disso, pratica um dano contra terceiros. A existência de boa-fé ou de má-fé do fraudador não é, a princípio, um elemento a ser colocado na balança para fins de caracterização desse ilícito.[81]

O Direito Penal, por sua vez, aborda a noção de fraude em pelo menos dois tipos penais – o de estelionato e o de falsidade ideológica. No primeiro, o crime é descrito como o ato de

---

[80] TARTUCE, Flávio. *Manual de direito civil*: volume único. 7. ed. rev. atual. e ampl. São Paulo: Método, 2017, p. 189.
[81] NEVES, José Roberto de Castro. Coação e fraude contra credores no Código Civil de 2002. In: TEPEDINO, Gustavo (Coord.). *O código civil na perspectiva civil-constitucional*. Rio de Janeiro: Renovar, 2013, p. 345.

(...) obter, para si ou para outrem, vantagem ilícita, em prejuízo alheio, induzindo ou mantendo alguém em erro, mediante artifício, ardil, ou qualquer outro meio fraudulento (art. 171, do Decreto-Lei nº 2.848/1940).

O estelionato tem a fraude como ponto central do delito, porque exige do infrator uma conduta inteiramente pautada pela obtenção de vantagem ilícita, por meio de indução ou manutenção da vítima em erro, e, para isso, vale-se de algum meio fraudulento. O delito, dessa forma, somente pode ser praticado dolosamente, a partir da real intenção do agente em causar prejuízo à vítima.[82]

A falsidade ideológica, por sua vez, é descrita pela legislação penal como o ato de

> (...) omitir, em documento público ou particular, declaração que dele devia constar, ou nele inserir ou fazer inserir declaração falsa ou diversa da que devia ser escrita, com o fim de prejudicar direito, criar obrigação ou alterar a verdade sobre fato juridicamente relevante (art. 299, do Decreto-Lei nº 2.848/1940).

A fraude é também elemento central desse delito, uma vez que sua caracterização demanda a prestação de informação fraudulenta, em documento público ou particular, com a finalidade de lesar algum direito, criar obrigações ou então disfarçar a verdade sobre fatos. Mais uma vez, trata-se de um delito que exige a presença de elemento subjetivo, o dolo, sem o qual a conduta criminosa não se materializa. Em outras palavras, o sujeito que, por erro, pratica as condutas descritas no tipo penal (por exemplo, supondo ser verdadeira uma declaração que na verdade é falsa) não responde pelo delito.[83]

Há outras disposições que abordam o tema da fraude em diferentes áreas do conhecimento jurídico, a exemplo daquelas constantes no Código de Defesa do Consumidor (art. 66, da Lei nº 8.078/1990), na legislação trabalhista (art. 9º, do Decreto-Lei nº 5.452/1943), na legislação anticorrupção (art. 5º, da Lei nº 12.846/2013) e na legislação de licitações e contratos administrativos (art. 155, da Lei nº 14.133/2021). O que há em comum em todas as abordagens trazidas pelo ordenamento brasileiro é que, independentemente da natureza da fraude, sua materialização

---

[82] GRECO, Rogério. *Curso de direito penal:* parte especial, volume III. 12. ed. Niterói: Impetus, 2015, p. 237-242.

[83] GRECO, Rogério. *Curso de direito penal:* parte especial, volume IV. 11. ed. Niterói: Impetus, 2015, p. 306.

sempre gerará um dano e, por conta disso, sempre haverá consequências ou responsabilizações contra aquele que a pratica.

No caso da fraude na política de cotas raciais, os fundamentos são bastante semelhantes aos exemplos demonstrados acima. De maneira simplificada, a fraude deve ser interpretada como um favorecimento indevido dos proveitos estabelecidos pelas cotas raciais em benefício de um sujeito que apresenta declaração racial inverídica ou incompatível com o modo como sua pertença étnico-racial é lida socialmente. A fraude é constatada a partir da confirmação de que uma pessoa foi indevidamente beneficiada pela ação afirmativa, em detrimento de outra, que, sendo a real destinatária da medida, restou prejudicada.

Sua configuração possui quatro atributos: (a) a conduta do candidato de apresentar declaração racial inverídica ou incompatível com o modo como sua pertença étnico-racial é lida socialmente; (b) a intenção do candidato de acessar o proveito afirmativo estabelecido pela política de cotas raciais; (c) a validação do comportamento fraudulento pela instituição implementadora da política, mediante a ausência ou o emprego inadequado de controles; e (d) a configuração de danos contra um real destinatário da medida, prejudicado pela confirmação da conduta pela instituição.

De modo mais ou menos igual, as instituições brasileiras implementadoras da política de cotas adotam o critério da "autodeclaração" como meio pelo qual um candidato se torna apto a concorrer em concurso ou vestibular na modalidade reservada ao grupo racial ao qual pertence a população negra. O requisito da autodeclaração, como o próprio nome indica, possui natureza subjetiva, uma vez que exprime o autorreconhecimento do candidato enquanto uma pessoa negra. A referida subjetividade, no entanto, nem sempre acompanha o critério objetivo do "fenótipo", que tem como pressuposto a existência de características físicas por meio das quais objetivamente é possível identificar determinado sujeito enquanto alguém negro. Em outros termos, nem sempre os traços fenotípicos próprios de pessoas negras estão presentes em quem se autodeclara como tal. A fraude é caracterizada neste limiar, que revela a incompatibilidade entre a autodeclaração e o fenótipo do candidato.

É importante notar que a intencionalidade não é um fator a ser medido para caracterização da fraude, ao menos não para fins de responsabilização do fraudador na esfera administrativa.[84]

---

[84] Este tema será aprofundado no Capítulo 4 deste trabalho, em seção específica sobre a responsabilização dos fraudadores da política de cotas raciais.

Um sujeito pode, intencionalmente, apresentar declaração inverídica para se beneficiar indevidamente das cotas, como também pode ter sido levado a acreditar que é um beneficiário legítimo da política. Esta nuance será aprofundada no tópico subsequente, mas é importante destacar que a fraude na política de cotas, havendo ou não a pretensão do agente em praticar o comportamento ilegítimo, gera danos concretos a um terceiro, que foi prejudicado pela confirmação da conduta fraudulenta por parte instituição implementadora da política. Este terceiro prejudicado trata-se de uma pessoa negra, parte de um grupo historicamente marginalizado e que, por conta dessa circunstância, tornou-se protagonista de uma política afirmativa no país.

Na prática, a fraude gera consequências tão profundas quanto aquelas produzidas pelo racismo na sociedade brasileira. Por meio dela, uma pessoa negra é impedida de acessar a universidade ou de ser empossada como servidora pública. Diante disso, o fenômeno merece ser abordado institucionalmente não apenas como um mero desvio no âmbito da política pública, mas como um *problema* a ser resolvido, relacionado à manutenção das desigualdades raciais no país.

## 2.2 Sujeitos da fraude

Os sujeitos da fraude se dividem entre o fraudador intencional e o fraudador não intencional. Ambas as categorias são compostas por pessoas que têm em vista a possibilidade de beneficiar-se da medida afirmativa, o que configura um dos atributos da fraude. Os conceitos podem ser compreendidos a partir da seguinte organização teórica:

TABELA 2

Sujeitos da fraude

| Sujeitos da fraude | Definição | Reprovabilidade |
|---|---|---|
| Fraudador intencional | Sujeito sobre o qual não recai nenhuma dúvida a respeito do seu não enquadramento enquanto beneficiário da política, por possuir características fenotípicas que jamais permitiriam a ele a identificação social como negro. | Má-fé presumida. Alta reprovabilidade e maior tendência de responsabilização. |
| Fraudador não intencional | Sujeito que possui uma dúvida razoável quanto ao seu enquadramento étnico-racial na sociedade brasileira e, por conta disso, se autodeclara como "pardo", ainda que não reúna o conjunto de características fenotípicas que permitam sua identificação social como negro. | Má-fé não presumida. Baixa reprovabilidade e menor tendência de responsabilização. |

O fraudador intencional é aquele que verdadeiramente deseja praticar a conduta ilegal. Seu protagonista é o sujeito que quer se beneficiar do proveito e, para isso, assume o risco de ver sua candidatura contestada, pois conhece a natureza ilegítima do ato. Diz-se estar diante de uma fraude intencional na situação de um sujeito que sob nenhuma hipótese é socialmente lido como uma pessoa negra na sociedade brasileira, e, mesmo assim, ocupa irregularmente uma vaga afirmativa destinada a esse grupo.

Em 2019, um homem tomou as manchetes do país por ter forjado características físicas com a intenção de parecer "mais negro" em concurso para ocupação do cargo de Técnico em Seguro Social do Instituto Nacional de Seguro Social (INSS) em Juiz de Fora. O caso foi apurado pelo INSS, pela Polícia Federal e pelo Ministério Público Federal, por meio da comparação das fotos de documentos oficiais apresentados pelo candidato no âmbito do concurso, além da análise fenotípica do candidato realizada presencialmente. A conclusão alcançada nos processos conduzidos pelas autoridades foi a de que o servidor efetivamente praticou fraude e, para isso, valeu-se de meios artificiais para escurecer sua pele, que apresentava divergência de tonalidades em regiões visíveis do corpo, além de ter utilizado lentes de contato para esconder seus olhos claros. A consequência para o comportamento do servidor foi a sua imediata exoneração do cargo no INSS.[85] Depois da polêmica, o servidor ainda aceitou conceder uma entrevista à Rede Globo, no programa *Fantástico*,[86] para a qual fez questão de aparecer nas filmagens de óculos escuros, alegando estar com conjuntivite, e na garagem do prédio onde morava, onde havia pouca luminosidade.

A escala de intencionalidade não é algo estático e nem tão simples de definir, mas há casos, como o citado acima, em que se torna impossível não cogitar a intencionalidade desse comportamento, como quando a fraude é praticada por pessoas sobre as quais não recai nenhuma dúvida a respeito do seu não enquadramento enquanto beneficiárias da política. Quando uma pessoa branca, de pele alva, olhos claros, cabelos lisos e louros, inscreve-se em um processo seletivo para disputar uma vaga afirmativa e, para tanto, autodeclara-se como pessoa negra, cria-se uma justa presunção de que a autodeclaração por ela prestada é intencionalmente fraudulenta. O comportamento fraudulento, nesse caso, indica uma posição muito definida por parte do candidato, que externaliza a sua vontade ou a assunção do risco de praticar a conduta que é reconhecidamente incorreta.

O fraudador não intencional, por seu turno, deve ser interpretado como o sujeito que possui uma dúvida razoável quanto ao seu enquadramento étnico-racial na sociedade brasileira e, por conta disso, não tem plena certeza da legitimidade de sua conduta. A fraude, nesse caso, é fruto de uma enganação, uma falta de conhecimento a respeito da natureza ilegítima daquele comportamento e está diretamente relacionado às complicações sociológicas relativas à definição do beneficiário da política de cotas raciais, tópico já explorado em seção anterior.

Uma característica da fraude não intencional diz respeito à tendência de o candidato, sob essa condição, quando confrontado, apresentar-se como "pardo", a despeito de não possuir o conjunto de características fenotípicas que o sujeitaria aos efeitos do racismo no Brasil. Embora possua, isoladamente, elementos fenotípicos

---

[85] A exoneração do servidor foi oficializada por meio da Portaria nº 1.322, de 7 de junho de 2019, do Instituto Nacional do Seguro Social, publicada em 10 de junho de 2019, edição 110, seção 2, página 22, do Diário Oficial da União.
[86] A entrevista foi veiculada pela Rede Globo, em 09 de junho de 2019, em matéria intitulada "Servidor é exonerado do INSS em MG por fraudar sistema de cotas em concurso público".

característicos às pessoas negras (como cabelo crespo, ou lábios grossos, ou nariz largo e achatado etc.), o candidato não é socialmente identificado como negro, não se submetendo, portanto, aos mesmos conflitos raciais que o país reserva a este grupo racial.

Naturalmente, a sociedade dedica distintas reprovações a cada uma dessas categorias de fraudador. O que age com intencionalidade tende a receber maior grau de reprovação por parte da comunidade onde está inserido, pois indica um desvio muito fora da curva em relação ao que se pretende com a implementação da política, além de traduzir um comportamento nocivo e irresponsável por parte de seu praticante. O fraudador não intencional, por outro lado, tende a receber um menor peso de reprovação, pois sua conduta quase sempre é justificada pela falta de conhecimento por parte da pessoa a respeito dos critérios para ocupação da vaga afirmativa, ou então pela inabilidade da instituição em desenhar corretamente esses mesmos critérios.

## 2.3 Fontes da fraude

Grande parte das experiências de combate às fraudes nas instituições é iniciada sem uma reflexão aprofundada sobre o porquê de as pessoas praticarem fraude ou sobre quais são os vácuos institucionais presentes na Administração que facilitam a prática do fenômeno. Nos tópicos seguintes, serão exploradas algumas das fontes da fraude na política de cotas raciais, que podem se dividir entre aquelas de responsabilidade do fraudador e de responsabilidade da Administração implementadora da política, a partir da seguinte organização teórica:

## TABELA 3
### Fontes da fraude

| Fontes | Contexto | Ônus |
|---|---|---|
| Incertezas quanto à identidade racial | Fenômeno decorrente das complexidades das relações raciais no Brasil, somada ao histórico de intensa miscigenação entre a sua população, que leva um número expressivo de brasileiros a se autodeclarar incorretamente como "pardo" para fins de fruição da política pública. | Candidato |
| Ressentimento entre grupos raciais | Reação política antagônica à ação afirmativa, que resulta na reclassificação racial por parte daqueles que possuem um desejo ilegítimo de buscar o insucesso da política, ou dela beneficiar-se inapropriadamente. | Candidato |
| Aspectos circunstanciais | A partir da teoria idealizada em 1953 pelo sociólogo Donald Cressey, a fraude é explicada como um produto da *racionalização, pressão, oportunidade, capacidade* e *disposição ao risco* apresentados pelo candidato, que reavalia sua percepção moral a respeito do objeto e do ambiente da fraude e avalia a vulnerabilidade dos controles impostos à situação. | Estado/ Candidato |
| Erros conceituais para definição do beneficiário | Editais de disputas públicas que contêm ação afirmativa para negros com disposições incorretas ou incompletas sobre o beneficiário da política, valendo-se de termos como "autodeclarados negros e pardos", "afrodescendentes", ou deixando de estabelecer critérios objetivos para fruição da política. | Estado |
| Ausência de balizas para realização do controle | Ausência de disposição nos editais (ou disposições muito vagas) que abordem a possibilidade de fiscalização da política, o que gera restrições à atuação controladora do Estado, a partir do princípio da vinculação ao instrumento convocatório. | Estado |

## 2.3.1 Incertezas quanto à identidade racial do candidato

A incerteza relacionada à identidade racial dos candidatos é o que, em geral, explica a figura do "fraudador não intencional", que, como já visto, possui uma natureza complexa e tende a ser menos reprovada. A discussão em torno desse fenômeno é sensível e deve ser feita com um excesso de cuidado, sobretudo pelo fato de as relações raciais no Brasil já serem demasiadamente complexas.

A percepção desse tipo de fraude implica reconhecer que o simples fato de um sujeito possuir cabelo crespo ou um nariz mais alargado, características tradicionalmente associadas ao povo negro, não necessariamente leva a ele o estigma de uma pessoa negra, muito menos todas as consequências da identificação social inerente aos pertencentes a este grupo racial.

Em outro momento deste estudo, já foi dito que a discriminação racial no Brasil é um fenômeno medido socialmente. A negritude, como explica Sansone,[87] não é uma entidade dada, mas um constructo que pode variar no espaço e no tempo. É um fenômeno relacional e contingente, e, no Brasil em especial, ser negro não é uma categoria racial fixada numa diferença biológica, mas uma identidade racial que pode basear-se numa multiplicidade de fatores, todos eles visíveis aos olhos dos brasileiros. Tem a ver com a maneira pela qual uma pessoa administra o seu fenótipo e é socialmente percebida por meio dele.

Incertezas quanto à identidade racial quase sempre levam as pessoas a se autodeclararem como "pardas", seja na pesquisa dos censos brasileiros, seja em processos seletivos que contêm ações afirmativas destinadas à população negra. Há um mito em desconstrução de que "pardo" equivale a toda e qualquer pessoa que não se enquadraria como "branca", nem com "preta", juntando num único grupo todas as pessoas que tenham sido fruto de miscigenação. Como no Brasil a miscigenação é a regra, não a exceção, um contingente enorme de pessoas acaba se sentindo pertencente à categoria "pardo" e, muitas vezes, gozando ilegitimamente de benefícios criados para repercutir de maneira positiva na vida das pessoas negras.

A noção de "pardo", como já visto, sofreu constantes modificações ao longo da história do Brasil[88] e, há algumas décadas, foi consolidado

---

[87] SANSONE, Livio. *Negritude sem etnicidade:* o local e o global nas relações raciais e na produção cultural negra do Brasil. Salvador: Edufba; Pallas, 2003, p. 24-25.
[88] OLIVEIRA FILHO, João Pacheco de. Pardos, mestiços ou caboclos: os índios nos censos nacionais no Brasil (1872-1980). *Horizontes Antropológicos* (*online*), v. 3, n. 6, 1997, p. 79.

o entendimento de que este segmento representa aqueles sujeitos que, mesmo de pele clara, fruto da miscigenação racial, são possuidores do fenotípico que confere à sua identidade as características "negativas" atribuídas às pessoas negras desde o processo de escravização.[89]

Para os fins da política de cotas, os pardos podem também ser considerados os "negros de pele clara", pois, embora não carreguem consigo todo o conjunto de características que possibilite considerá-los como "pretos" (negros de pele escura), estão suscetíveis, ainda que em menor grau, às violências racistas praticadas em sociedade.

A não intencionalidade do candidato que pratica fraude a partir da incerteza quanto à sua identidade racial possui uma conexão muito direta com o conceito de *culpa inconsciente* trabalhado no Direito. O fenômeno pode ser descrito como a situação em que o agente do dano é destituído da consciência de que o ato era ilícito e que poderia resultar em dano, embora objetivamente este fosse provável e, portanto, previsível. É um estado psicológico que se traduz no relaxamento ou diminuição do esforço de vontade para que sua atuação seja plenamente lícita.[90] Neste caso, o estado de relaxamento é provocado pela falsa percepção do candidato de que sua candidatura é legítima, conclusão alcançada a partir da *confusão* quanto à sua identidade racial, provocada, entre outros fatores, pela intensa miscigenação no Brasil e pela ausência de metodologias por parte do Estado para realização de estudos estatísticos referentes à cor e raça da população brasileira.

É importante dizer que a discussão em torno da fraude se relaciona com a existência de referências normativas que conduzem à fruição da política pública e à definição de seus beneficiários. Há critérios objetivos a serem cumpridos para que determinado candidato possa ser interpretado como beneficiário das cotas raciais e, uma vez desobedecidos esses critérios, a fraude pode ser caracterizada. Existe uma conduta desejada por parte dos candidatos à ação afirmativa, fomentada pela expectativa de que as informações por eles prestadas no momento da inscrição para o processo seletivo possam ser comprovadas e confirmadas sempre que necessário. A não comprovação ou confirmação das informações anuncia a prática de fraude.

Mesmo atestando a possibilidade de uma fraude ser decorrente da incerteza relativa à identidade racial, é forçoso dizer que o seu agente

---

[89] DEVULSKY, Alessandra. *Colorismo*. 1. ed. São Paulo: Jandaíra, 2021, p. 24.
[90] JORGE, Fernando Pessoa. *Ensaio sobre os pressupostos da responsabilidade civil*. Coimbra: Almedina, 1999, p. 322.

não cumpre na prática os requisitos objetivos exigidos para garantir a fruição da política. A diferença é que, pelo fato de o candidato ter sido levado a acreditar que seus caracteres possibilitariam o ingresso como cotista, por conta das dificuldades existentes no país relacionadas à autoidentificação racial, o grau de tolerabilidade social permite uma menor reprovação sobre a sua conduta.

### 2.3.2 Ressentimentos entre grupos raciais

Uma hipótese bastante razoável para explicar o motivo pelo qual pessoas em geral decidem praticar a fraude é a de que a institucionalização de ações afirmativas no Brasil gerou um considerável aumento do ressentimento manifestado por grupos raciais que, mesmo cientes de sua condição étnico-racial, pleiteiam vagas destinadas exclusivamente a pessoas negras sob um desejo ilegítimo de buscar o insucesso da política, ou de dela beneficiar-se inapropriadamente.

O economista estadunidense Thomas Sowell[91] já investigou esse fenômeno em outras experiências de implantação de ações afirmativas ao redor do mundo. Em uma contraditória obra que se tornou um *bestseller* mundial, justamente por se posicionar contrariamente à adoção de políticas de ação afirmativa,[92] o autor argumenta que a criação de cotas de diferentes naturezas provoca um movimento natural de criação de ressentimentos por parte dos grupos supostamente "prejudicados" pela iniciativa. O argumento trabalhado na obra é o de que esses ressentimentos não são produzidos simplesmente pela transferência de benefícios (de um grupo em favor de outro). É um fenômeno que contempla uma reação emocional de pessoas aborrecidas por perderem parcela de seus privilégios e também uma forte reação política antagônica à ação afirmativa, que resulta, muitas vezes, na reclassificação proposital por parte de algumas pessoas que desejam participar do "grupo preferencial" gerado pela política pública.

Para exemplificar sua assertiva, Sowell expõe dois interessantes exemplos. No primeiro, aduz que, durante a era das Leis Jim Crow nos

---

[91] SOWELL, Thomas. *Ação afirmativa ao redor do mundo*: um estudo empírico sobre cotas e grupos preferenciais. 1ª Ed. São Paulo: Editora É Realizações, 2016, p. 32.
[92] Anota-se que, para além da contribuição acadêmica desenvolvida por Thomas Sowell no que diz respeito à análise de experiências empíricas de ações afirmativas ao redor do mundo, este estudo não possui qualquer alinhamento ou concordância com as premissas e com parte dos argumentos apresentados pelo autor em sua obra, que defende explicitamente a incapacidade das cotas raciais como instrumento de correção de assimetrias sociais.

Estados Unidos, que impôs, sobretudo no sul do país, a segregação racial em escolas, transportes públicos, banheiros, restaurantes, bebedouros, muitas pessoas negras de pele mais clara "se passaram"[93] por brancos para escapar das desvantagens legais associadas à vida afro-americana. A reclassificação racial por parte de afro-americanos tratava-se praticamente de uma questão de vida ou morte, já que, se descobertos, poderiam sofrer violentas represálias e tornariam a se submeter às piores condições de vida ofertadas às pessoas negras do país.

No segundo exemplo, o autor menciona o aumento do número de autodeclarações de povos ameríndios nos primeiros anos de ações afirmativas nos EUA, cuja responsabilidade é atribuída pelo autor às pessoas brancas com traços fisionômicos de indígenas americanos, que se aproveitaram da criação de ações afirmativas para usufruir das políticas voltadas aos grupos em desvantagem.[94] Aqui, a reclassificação social por parte de pessoas brancas no contexto das ações afirmativas norte-americanas tinha um propósito nem um pouco nobre. Muitos estadunidenses loiros e de olhos azuis se apresentavam como indígenas em documentos oficiais, a fim de demonstrar a existência de algum antepassado nativo-americano, com o único objetivo de se aproveitar inapropriadamente de políticas preferenciais voltadas aos grupos em desvantagem e, assim, reproduzir os comportamentos legitimadores de privilégios raciais historicamente preservados nos EUA.

O estudo de Sowell a respeito da implementação de ações afirmativas em vários países do mundo possui um valor bastante substancial, na medida em que atesta a criação de uma evitável polarização entre grupos raciais, traduzida na formação de ressentimentos por parte de membros de grupos preteridos em relação às políticas preferenciais. Em dado momento, o autor narra a existência de um motim na Índia contra a reserva de vagas em escolas de medicina, que acabou resultando na morte de 42 pessoas.[95] Em outro momento, relata um processo judicial

---

[93] No contexto do estudo, *"passing"* ou *"passabilidade"* deve ser interpretada como uma estratégia de disfarce que permite que uma pessoa adote certas personagens e identidades raciais, a fim de beneficiar-se, geralmente por meio da fuga de desvantagens institucionais criadas contra a raça na qual ela efetivamente pertence. Nos EUA, era comum que negros claros, empreendendo alguns disfarces, maquiagens e penteados, fossem confundidos e assimilados como pessoas brancas, acessando as vantagens institucionais concedidas pela sociedade aos indivíduos brancos por meio das Leis Jim Crow. Embora com pele clara, esses sujeitos também tinham que ocultar outros aspectos da vida afro-americana, a fim de encobrir a presença de pessoas negras em suas famílias, o consumo de determinados elementos de sua cultura e outros aspectos comuns da vida civil estadunidense.

[94] SOWELL, *ibidem*, p. 22.

[95] SOWELL, *ibidem*, p. 35.

de 1978, apresentado por um estudante branco que não conseguiu ingressar na Faculdade de Medicina da Universidade da Califórnia por conta das ações afirmativas recém-implementadas na instituição.[96]

Parecem absurdas, mas histórias como essas foram muito comuns nos primeiros anos de implementação de cotas raciais no Brasil. Em 2005, três candidatas ao curso de Direito da Universidade Federal da Bahia impetraram mandado de segurança em face da Reitoria da UFBA, por terem conseguido desempenho no vestibular que as habilitava para ingressar no curso, mas alegaram terem sido "prejudicadas" com a adoção do sistema de cotas.[97] O mesmo ocorreu no Maranhão, onde um candidato branco alegou estar habilitado para ingressar no curso de Medicina da Universidade Federal do estado (UFMA), mas teria sido prejudicado por conta da reserva de vagas a candidatos negros.[98] Em muitas dessas atuações judiciais, candidatos ressentidos com a existência da política afirmativa conseguiram garantir acesso às vagas destinadas aos grupos preferenciais.

Com isso, a leitura da fraude em programas brasileiros de cotas raciais como efeito do ressentimento entre grupos raciais não é uma mera especulação. O ressentimento parece ser uma consequência natural em sociedades que não trabalham coletivamente para garantir o amplo entendimento a respeito da necessidade dessa política em determinadas circunstâncias.

O ressentimento já se manifestou contra legislações criadoras de injustas desigualdades, como foram os movimentos de direitos civis para destruição das Leis do Jim Crow, e hoje se desdobra em um ódio considerável contra ações afirmativas instituídas com a finalidade de corrigir assimetrias estruturalmente arraigadas na sociedade. O diferencial está no modo como cada um desses ressentimentos é retratado e reprimido. No Brasil, parte desse ressentimento parece se traduzir nas experiências de autodeclarações raciais fraudulentas apresentadas por candidatos socialmente lidos como brancos, como uma forma de resistência às ações afirmativas.

---

[96] SOWELL, *ibidem*, p. 34.
[97] Ver: Tribunal Regional Federal – 1ª Região, Sexta Turma. Apelação em Mandado de Segurança nº 2005.33.00.004296-4/BA, rel. Daniel Paes Ribeiro, j. 12 de novembro de 2007.
[98] Ver: Tribunal de Justiça do Estado do Maranhão (5ª Vara Federal de São Luís). Ação Cautelar nº 2007.37.00.003059/9-MA, julgado por José Carlos do Vale Madeira, j. 22 de junho de 2007.

## 2.3.3 Aspectos circunstanciais

Alguns aspectos circunstanciais também figuram como uma das principais explicações para a prática de fraudes no Brasil. Há, por exemplo, alguns elementos teóricos que justificam a existência de grupos que praticam a fraude intencional, retratados no chamado "pentágono da fraude", teoria idealizada em 1953 pelo sociólogo norte-americano Donald Cressey,[99] mas renovada e complementada nos anos seguintes por diversas áreas do conhecimento dedicadas ao estudo das fraudes nos setores público e privado. Trata-se de um modelo de compreensão do fenômeno concebido ao longo do tempo e que anuncia a existência de cinco elementos para configuração da fraude.

O primeiro desses elementos é o da *racionalização*. Explica-se, por meio dele, que a fraude é fruto de um discernimento por parte do indivíduo de que o comportamento por ele praticado será lido como errado, caso descoberto. Trata-se de uma percepção moral que emerge quando se depara com dilemas éticos que pautarão suas atitudes. A racionalização implica ao fraudador refletir sobre os seus atos e dedicar tempo para justificar para si e para as pessoas que com ele convivem que determinada ação não é tão errada assim, por meio da flexibilização dos padrões éticos aos quais está submetido.

No caso das fraudes praticadas em cotas raciais, esse elemento quase sempre se justifica com os argumentos associados à teoria da democracia racial e à alta miscigenação ainda presente no país. É fácil e convincente a manipulação da narrativa de que, dado o contexto racial no Brasil, "todos os brasileiros são negros", o que teoricamente permitiria ao fraudador também disputar a vaga afirmativa na condição de cotista. Para esse caso, o fraudador simplesmente escolhe não refletir sobre os propósitos daquela iniciativa e deixa de avaliar, deliberadamente, que ele não se trata de uma vítima do racismo na sociedade.

O segundo elemento do pentágono da fraude é a *pressão* à qual o indivíduo com intenção de fraudar está submetido. Pressões de diversas naturezas recaem sobre os indivíduos em sociedade, sejam de ordem financeira, sejam de ordem social e política, sejam de outras ordens. Não há, até o momento, nenhuma pesquisa que trace o perfil de vida de fraudadores de programas de cotas raciais, mas não seria nenhuma surpresa se o resultado dessa coleta apontasse que essa prática é

---

[99] CRESSEY, Donald Ray. *Other people's money*: a study in the social psychology of embezzlement. Glencoe, Ill.: Free Press, 1953.

protagonizada por sujeitos que já vivenciaram uma ou mais frustrações em concursos públicos, ou mesmo que tenham uma baixa condição socioeconômica.[100] Afinal de contas, são conhecidas as dificuldades sofridas pelas pessoas que criam expectativas em torno de concursos públicos e vestibulares universitários, dedicando vidas acadêmicas e trajetórias profissionais em torno de uma aprovação. Naturalmente, essas expectativas estão diretamente relacionadas ao *status* e à estabilidade financeira e social ocasionadas pela aprovação em disputas públicas dessa natureza.

O terceiro elemento do pentágono é a *oportunidade* e tem relação com a noção desenvolvida pelo potencial fraudador de que o objeto por ele desejado está vulnerável, pela inexistência de controles que poderão detectar o seu comportamento fraudulento ou então pela existência de culturas institucionais que estimulam condutas ilegais. A oportunidade é um elemento de fácil manipulação, por conta de sua característica dinâmica e por depender de uma série de aspectos situacionais.

Em ambientes pouco ou não regulados, onde não há sistemas eficazes de detecção de fraudes, são amplificadas as oportunidades para essa prática. Esse aspecto, por si só, já explica a necessidade da implantação de diferentes configurações de controles no âmbito das instituições com cotas raciais. É também uma constatação de que as instituições mais atentas à fiscalização da política estão menos sujeitas às fraudes, porque tendem a implementar mecanismos antifraude combinados, focados na prevenção, detecção e repressão do fenômeno.

O quarto elemento é a *capacidade*. Este se refere à habilidade do indivíduo de operar os instrumentos por meio dos quais a prática da fraude se torna possível. A depender da natureza da fraude, varia o critério da capacidade, que pode ter ligação com a aptidão do sujeito para entender e operar as fragilidades presentes, com uma eventual posição de autoridade no espaço onde a fraude será praticada ou mesmo com a certeza de que a fraude não será descoberta ou reprimida. Em grande parte das instituições que convivem com a fraude no âmbito da política de cotas, a autodeclaração é a única exigência para o candidato disputar espaço pela vaga afirmativa. Nesse caso, para o candidato sentir-se capaz de fraudar, basta o conhecimento da existência de uma

---

[100] A condição socioeconômica dos fraudadores em universidades seria ainda mais simples de investigar, considerando que cotas raciais nesses ambientes quase sempre estão associadas ao critério de renda ou então à trajetória escolar do candidato em instituições públicas de ensino.

fragilidade na implantação do controle da política e de que somente a autodeclaração será avaliada para gozo da ação afirmativa.

O quinto e último elemento do pentágono é justamente a *disposição ao risco*. Trata-se da observação feita pelo pretenso fraudador a respeito dos custos e dos benefícios atinentes à decisão pelo cometimento da fraude, o que, no caso das cotas raciais, consiste em medir as possibilidades e os atores de represálias que podem advir na hipótese de a fraude ser descoberta. Ser taxado de fraudador e sofrer uma punição por conta disso, por óbvio, representa um constrangimento imenso ao autor da fraude. Mas esse receio do constrangimento pode ser facilmente contornado se o programa de cotas raciais não prever qualquer consequência para a constatação de autodeclarações raciais fraudulentas, ou mesmo se sequer trabalhar com a possibilidade de fraude em seus documentos oficiais (editais e outras normas sobre o concurso público).

### 2.3.4 Erros conceituais para definição do beneficiário da política

Além das legislações construídas ao longo da última década, a política de cotas se vale dos editais como fonte dos parâmetros de sua condução. É o edital o ato normativo confeccionado pela Administração Pública para disciplinar o processamento de uma competição pública, garantindo publicidade ao certame, delimitando os requisitos exigidos para participação dos candidatos e regulando os termos segundo os quais esses mesmos candidatos serão avaliados.

A doutrina sobre o tema explica que, abaixo da legislação pertinente à matéria, é o edital que estabelece as regras específicas para cada disputa de caráter administrativo e o que vincula a Administração às normas e condições estabelecidas, das quais não pode se afastar,[101] devendo adotá-las como parâmetros para a realização de exigências dos competidores envolvidos e para a tomada de decisão.

Além das normas orientadoras da política (como a Lei nº 12.711/2012 e a nº 12.990/2014), há dezenas de experiências Brasil afora por onde as instituições públicas podem se basear para preparar um edital que preveja ação afirmativa. Antes da construção de todo o histórico sobre cotas raciais no país, as instituições interessadas na

---

[101] BANDEIRA DE MELLO, Celso Antônio. *Curso de direito administrativo*. 19. ed., São Paulo: Malheiros Editores, 2005, p. 546.

medida enfrentavam maiores dificuldades para preparar um texto de edital suficientemente adequado, ficando reféns da criatividade da instituição e de opiniões jurídico-legislativas isoladas, que vez ou outra deixavam de apresentar reflexões maduras a respeito das técnicas de escrita para descrição das cotas nos editais de concurso. Como consequência, os editais se sujeitavam a uma série de vícios que comprometem a efetividade do certame.

Não há uma relação exaustiva de vícios que podem se apresentar no âmbito de editais com esse perfil. Concretamente, qualquer disposição em edital que contrarie a legislação ou outras normas orientadoras do certame pode acarretar a sua ilicitude.[102] No entanto, um vício muito comum e que pode comprometer por completo o sucesso da política pública, representando uma das fontes da fraude, diz respeito à maneira pela qual o beneficiário da política é retratado.

São inúmeros os exemplos de editais que apontam incorretamente a quem servem as cotas. Um dos mais comuns é aquele que menciona que as cotas são destinadas aos "autodeclarados *negros* e *pardos*". Sob olhos mais inexperientes, a descrição não parece apresentar qualquer erro, mas ao separar os *pardos* da categoria coletiva de *negros*, o edital indiretamente autoriza a participação de toda e qualquer pessoa que se autodeclara como alguém de pele parda, independentemente de ser ou não uma pessoa negra.

Como já visto, o "negro" configura atualmente uma categoria jurídica que contempla pessoas pretas e pardas, nos termos do Estatuto da Igualdade Racial. Entretanto, é preciso chamar atenção para a existência de alguns grupos étnicos presentes no Brasil que são possuidores de pele parda, mas que definitivamente não figuram como potenciais beneficiários da política, por não serem as vítimas do racismo brasileiro. Cita-se, por exemplo, as pessoas que são socialmente lidas como brancas, mas que se autoproclamam como "caiçaras", ou mesmo as pessoas que guardam uma relação de ascendência com a população asiática. Embora não possuam pele alva, quase sempre carregam consigo uma maioria de caracteres fenotípicos que lhes possibilita a identificação social enquanto pessoas brancas. Em regra, não se submetem às discriminações que são próprias do racismo à brasileira, a despeito de possuírem pele parda. Trata-se de um erro simples, mas que abre margem para uma dimensão de fraude bastante comum.[103]

---

[102] BANDEIRA DE MELLO, *ibidem*, p. 548.
[103] Esse equívoco é cometido inclusive em alguns momentos do julgamento da ADPF 186, pelo

O mesmo pode ser dito sobre editais que insistem na utilização dos termos "mestiços" ou "afrodescendentes" para se referir a potenciais beneficiários da ação afirmativa. Como já amplamente debatido, a mestiçagem ou a ascendência com o continente africano em nada representa a sujeição dos brasileiros ao racismo. O uso dos termos leva ao entendimento de que a mera existência de um ancestral negro em algum grau de parentesco do candidato faz dele um beneficiário direto da política, ainda que não seja uma vítima do racismo em sociedade.

Assim o fez, por exemplo, a Lei Municipal nº 15.939/2013, do Município de São Paulo, que dispõe sobre a reserva mínima de 20% (vinte por cento) dos cargos do serviço público municipal para os "negros, negras e afrodescendentes". A norma paulistana ainda ousou em explicar que, para os fins da lei, afrodescendentes seriam todas as pessoas que se enquadram como pretos, pardos ou "denominações equivalentes", removendo todo e qualquer elemento de objetividade para definir o beneficiário da política de cotas nela estabelecida.

A experiência de implementação das cotas no Município de São Paulo foi objeto de estudo por Najara Costa, que documentou a sua experiência na gestão da política de cotas na Prefeitura de São Paulo, em um momento decisivo em que o programa era vitrine para outras administrações do país. Em sua visão, a política na Administração paulistana enfrentou grandes problemas em razão do fato de as referências à identificação dos beneficiários serem demasiadamente abrangentes e permitirem a candidatos não negros o ingresso no serviço público via lei de cotas:

> Ao definir "negros, negras ou afrodescendentes" como público-alvo, o decreto regulamentador da referida ação afirmativa ampliou as categorias de classificação racial utilizadas pelo Instituto Brasileiro de Geografia e Estatística (IBGE) (...) Essas controvérsias implicaram na elaboração de longos relatórios sobre casos de fraude, aberturas de processos administrativos para anulação de posse, além de enorme desperdício de tempo com as demandas burocráticas ocasionadas pela ausência de um maior pragmatismo na execução dessas tarefas.[104]

---

Supremo Tribunal Federal, como no trecho destacado a seguir: "Como é de conhecimento geral, o reduzido número de *negros e pardos* que exercem cargos ou funções de relevo em nossa sociedade, seja na esfera pública, seja na privada, resulta da discriminação histórica que as sucessivas gerações de pessoas pertencentes a esses grupos têm sofrido (...)". Ver: Supremo Tribunal Federal, ADPF 186, Rel. Ministro Ricardo Lewandowski, j. 26/04/2012, p. 21 do acórdão, grifos nossos.

[104] COSTA, Najara Lima. *Quem é negro no Brasil*: cotas raciais e comissões de heteroidentificação na Prefeitura de São Paulo. São Paulo: Dandara, 2020, p. 85-86.

Por óbvio, muitos candidatos aos concursos públicos do serviço público paulistano se valeram dessa "falta de cuidado" do legislador para invocar ancestrais negros muito distantes em sua linhagem genealógica, a fim de pleitear as vagas afirmativas ofertadas pela Prefeitura de São Paulo. Como resultado, a gestão da política precisou contar com a participação ativa do Poder Judiciário para solucionar casos de fraude de diferentes naturezas, a exemplo do caso abaixo destacado:

> (...) esquece o verdadeiro sentido da política afirmativa: não traz aos autos evidências concretas de vulnerabilidade social atual que possa permitir concluir estar submetida ao quadro discriminatório abrangido pela política contra desigualdade étnica. Destaca-se ainda que a impetrante possui claramente pele "branca", estando ausentes quaisquer traços de antepassados negros (...) A reserva de vagas para estudantes negros, negras e afrodescendentes, ou mesmo outros grupos, entre os quais indígenas, está pautada em critério histórico-social que permita concluir por persistir uma desigualdade histórico-social a viabilizar o sistema de cotas. Assim, ao juízo, o fato de apenas e tão-somente de possuir antepassados negros não permite automática e necessariamente fazer jus a benesse do sistema de cotas pois, ainda é necessário que a discriminação tenha persistência, no tempo, do quadro de exclusão social que lhes deu origem, o que, por ora, não indica ser o caso da impetrante.[105]

A Prefeitura de São Paulo só passa a ter uma experiência mais bem-sucedida de implementação da política com a edição do Decreto nº 57.557/2016, que contribuiu para a configuração de um novo desenho institucional do programa. O maior exemplo disso é o artigo 3º da referida norma:

> Art. 3º Para os efeitos deste decreto, negros, negras ou afrodescendentes são as pessoas que se enquadram como pretos, pardos ou denominação equivalente, conforme estabelecido pelo Instituto Brasileiro de Geografia e Estatística – IBGE, considerando-se a autodeclaração.
> §1º A autodeclaração não dispensa a efetiva correspondência da identidade fenotípica do candidato com a de pessoas identificadas socialmente como negras.

---

[105] Ver: Tribunal de Justiça do Estado de São Paulo (11ª Vara da Fazenda Pública). Mandado de Segurança Cível nº 1000628-85.2015.8.26.0053, julgado por Kenichi Koyama, j. 07 de abril de 2015.

§2º O vocábulo "afrodescendente" deve ser interpretado como sinônimo de negro ou negra.

§3º A expressão "denominação equivalente" a que se refere o *caput* deste artigo abrange a pessoa preta ou parda, ou seja, apenas será considerada quando sua fenotipia a identifique socialmente como negra.

Para Costa,[106] o decreto serviu principalmente para referendar, no âmbito local, o critério fenotípico como elemento norteador da política de cotas da Prefeitura de São Paulo. Como se observa pelo texto do art. 3º do Decreto, foi solucionado tudo o que havia de problemático na Lei Municipal nº 15.939/2013 relacionado à ampliação do contingente de beneficiários da política, na medida em que o Decreto passa a considerar "afrodescendente" como um sinônimo das palavras "negro" e "negra" e a explicar exatamente o que quer dizer com "denominação equivalente", restringindo seu escopo aos sujeitos que são socialmente identificados como negros.

O edital que prevê uma iniciativa afirmativa deve descrever detalhadamente o sujeito que dela pode usufruir, sob pena de criar um espaço favorável para a prática de fraudes e, consequentemente, fomentar conflitos entre os interessados em participar do certame. Nesse sentido, o desenho do programa de cotas deve perpassar o estabelecimento correto dos elementos objetivos a serem levados em consideração para definir o beneficiário do programa de cotas, a fim de que não reste nenhuma dúvida quanto ao grupo que a política pretende amparar.

### 2.3.5 Ausência de balizas para realização do controle antifraude

Um vício ainda muito corriqueiro na gestão de ações afirmativas para pessoas negras está relacionado à ausência de balizas para conferir algum controle sobre a política. Há programas de cotas que, embora estruturados de maneira adequada, apostam em um método de implementação que desconsidera a necessidade do controle para contenção da fraude, ou então em meios pouco ou nada detalhados para proceder à fiscalização da política, gerando inseguranças institucionais e possibilitando um ambiente favorável para a prática de fraudes.

---

[106] COSTA, Najara Lima. *Quem é negro no Brasil:* cotas raciais e comissões de heteroidentificação na Prefeitura de São Paulo. São Paulo: Dandara, 2020, p. 86.

Ao não estabelecer balizas normativas para realizar o controle antifraude da política, as administrações permanecem sendo desafiadas a enfrentar o problema, mas não encontram os meios adequados para agir, pois sua normativa (em especial, o edital) é omissa quanto à possibilidade de investigar e punir casos de fraude.

Há uma série de decisões judiciais proferidas por diferentes órgãos jurisdicionais do país que evocam o *princípio da vinculação ao instrumento convocatório* no contexto da análise de situações de fraude na política de cotas. O princípio tem se apresentado como corolário do combate às decisões arbitrárias do Poder Público no âmbito de procedimentos que demandam edital, como é o caso das licitações e, claro, dos concursos públicos e vestibulares universitários. Em resumo, o princípio se fundamenta na ampla transparência que deve ser dada ao certame público, de modo a evitar decisões que criem regras antes não previstas em edital, surpreendendo negativamente as expectativas dos candidatos.

Di Pietro[107] defende se tratar de um princípio essencial, que vincula tanto a Administração quanto os administrados potencialmente interessados em participar do certame público, que sofrerão as consequências administrativas caso deixem de apresentar a documentação exigida em edital ou de atender às exigências previstas na norma. Nesse cenário, o princípio da vinculação ao instrumento convocatório representa uma extensão do princípio da legalidade, porque sujeita a Administração Pública a respeitar aquilo que foi estabelecido em norma, no caso, no diploma editalício, impedindo que ela se esquive de regras preliminarmente estabelecidas ou que crie regras adicionais que possam vir a frustrar os candidatos.

No âmbito da política de cotas, a discussão se faz presente nas atuações dos Poderes Públicos que, ao perceberem a ocorrência de fraudes, pretendem agir para combatê-las, mesmo não havendo menção alguma dessa natureza no instrumento de convocação dos candidatos.

Cita-se como exemplo a experiência da Universidade Federal de Uberlândia (UFU). Em 2015, uma estudante do curso de Medicina ingressou na instituição por meio de cotas raciais. Quando estava prestes a se formar, a aluna foi vítima de denúncia que a acusava de ter fraudado o certame público pelo qual ingressou, por não se tratar de uma pessoa negra. Após regular processo administrativo, que a submeteu

---

[107] DI PIETRO, Maria Sylvia Zanella. *Direito administrativo*. 33. ed. Rio de Janeiro: Forense, 2020, p. 786.

a uma comissão verificadora de sua pertença étnico-racial, a aluna teve sua autodeclaração invalidada, atestando, pela via administrativa, a prática de fraude. A instituição, então, promoveu o desligamento da estudante, que levou a situação ao Poder Judiciário. Nas duas instâncias por onde a demanda tramitou, os magistrados concluíram como ilegal a implantação da medida sancionatória, pois, à época em que a candidata prestou o vestibular, o edital não fazia menção à possibilidade de a autodeclaração dos candidatos ser submetida a algum controle:

> Na espécie, o edital regrador do certame (Edital UFU/PROGRAD/DIRPS nº 01/2016, de 08 de janeiro de 2016 Edição 2016/1 SISU) padece de indicação de avaliação heteroidentificadora fenotípica durante o processo seletivo, prevendo unicamente a autodeclaração como exigência para a concorrência nas modalidades de reserva de vagas para Pretos, Pardos ou Indígenas (PPI), na forma do item 3.12 do edital. 5. *Inexistindo previsão editalícia e regulamentar pelo procedimento de heteroidentificação complementar, sem também a presença de quaisquer critérios objetivos prévios que possam embasar a investigação de eventual fraude, a reavaliação não poderia ser realizada, em momento posterior ao processo seletivo, com o fim ordinário de validar a autodeclaração*. Nesse sentido, também o precedente: AMS 1005914-72.2020.4.01.4200, Rel. Desembargador Federal Souza Prudente, TRF1 – Quinta Turma, PJe 28/06/2021. 6. Não fosse o bastante, a decisão administrativa impugnada, além de não resguardar a segurança jurídica, posto que introduziu ao processo seletivo fase de confirmação de autodeclaração não prevista no edital, violou ainda o princípio da razoabilidade, haja vista a eliminação da estudante no estado em que se encontrava, na metade do curso de Medicina, evidentemente avançado na grade curricular do curso superior.[108]

Situação semelhante ocorreu na Universidade Federal de Roraima:

> *Embora se reconheça a legalidade do procedimento de heteroidentificação para verificação da veracidade da autodeclaração dos candidatos, a sua utilização requer expressa previsão em edital, por força do princípio da vinculação ao instrumento convocatório*, não sendo legítima a submissão dos candidatos à comissão de verificação quando o edital estabeleceu, como critério para o ingresso na instituição de ensino por meio das cotas raciais, apenas a autodeclaração dos candidatos. Precedente. II Além disso, decorridos seis anos do seu ingresso na Universidade Federal de Roraima, já

---

[108] Ver: Tribunal Regional Federal – 1ª Região, Quinta Turma. Apelação Cível nº 1000988-46.2018.4.01.3803, rel. Desembargadora Federal Daniele Maranhão Costa, j. 29 de junho de 2022, grifos nossos.

tendo inclusive, obtido o respectivo diploma, não se mostra razoável o ato de cancelamento da matrícula da impetrante, revelando-se mais pertinente a manutenção da aluna no curso de Medicina, tendo em vista todo o esforço despendido durante esse tempo e os recursos financeiros empregados na formação da estudante. III Apelação e remessa oficial desprovidas.[109]

Na região sul do país, também há registros de intervenção do Poder Judiciário em face de medidas antifraude não previstas em editais de disputas públicas que contêm cotas raciais. Em concurso público promovido pelo Tribunal de Contas do Estado do Rio Grande do Sul, no ano de 2013,[110] uma candidata teve sua inscrição no concurso cancelada sob o fundamento de que não preenchia os requisitos necessários para concorrer às vagas destinadas às pessoas negras. O edital em questão estabelecia que a simples declaração do candidato o habilitaria para concorrer nas vagas afirmativas e deixou de fixar critérios para aferição dessa condição. A situação, que chegou até o Superior Tribunal de Justiça, foi decidida inteiramente com base no princípio da vinculação ao instrumento convocatório, conforme seguinte excerto:

> Não pode a Administração, posteriormente, *sem respaldo legal ou no edital do certame, estabelecer novos critérios ou exigências adicionais, sob pena de afronta ao princípio da vinculação ao edital*, além de se tratar de criteriologia arbitrária, preconcebida e tendente a produzir o resultado previamente escolhido. A jurisprudência deste Superior Tribunal de Justiça é rigorosamente torrencial e uniforme quanto à obrigatoriedade de seguir-se fielmente as disposições editalícias como garantia do princípio da igualdade, e sem que isso signifique qualquer submissão a exigências de ordem meramente positivistas.[111]

Finalmente, é importante notar que este mesmo princípio tem sido invocado pelos órgãos jurisdicionais para referendar a atuação do Poder Público em prol do controle antifraude. Este foi o posicionamento do STJ em caso envolvendo cotas raciais implementadas pela Administração paraibana, conforme:

---

[109] Ver: Tribunal Regional Federal – 1ª Região, Quinta Turma. Apelação em Mandado de Segurança nº 1006241-17.2020.4.01.4200, rel. Desembargador Federal Antonio de Souza Prudente, j. 06 de outubro de 2021, grifos nossos.

[110] Ver: Concurso público para o cargo de Oficial de Controle Externo, Classe II, do Tribunal de Contas do Estado do Rio Grande do Sul (Edital 002/2013).

[111] Ver: Superior Tribunal de Justiça. Agravo Regimental no Recurso em Mandado de Segurança nº 48.805/RS, rel. Ministro Napoleão Nunes Maia Filho, j. 18 de abril de 2017, grifos nossos.

A atuação do Poder Judiciário em concursos públicos deve se restringir à verificação da observância dos princípios da legalidade e da vinculação ao edital, em razão da discricionariedade da Administração Pública. Precedentes do STJ.2. *In casu*, ficou constatado pelo acórdão recorrido que não há direito líquido e certo a ser protegido, pois há obediência pela Banca Examinadora dos critérios de avaliação da condição de afrodescendente do candidato, previstos no edital do concurso, bem como dos princípios constitucionais da legalidade e da igualdade. 3. Agravo Regimental não provido.[112]

Como se vê, o princípio da vinculação ao instrumento convocatório tem servido como um poderoso fundamento para impedir ou autorizar a atuação de controle antifraude junto às instituições públicas. Especialmente para as cotas raciais, o princípio também tem sua utilidade, porque evita que as gestões implementadoras do programa realizem análises arbitrárias e subjetivas para definir quem é o beneficiário da vaga afirmativa. Por conta disso, torna-se recomendada a previsão em edital do conteúdo da ação afirmativa, da natureza do beneficiário do programa e dos instrumentos de controle e fiscalização que serão implementados para garantir a legitimidade das vagas afirmativas.

Por mais importante que seja a instituição de mecanismos de controle para contenção de fraudes no programa de cotas, as experiências de implementação têm chamado a atenção para a necessidade de as normas editalícias ao menos desenharem os contornos de ações que podem vir a ser empreendidas para garantir a completa lisura para preenchimento de vagas afirmativas. É preciso mencionar ao menos a possibilidade de o Poder Público instituir iniciativas concretas de controle e fiscalização da política, expondo expressamente qual é o público-alvo da medida, o que pode vir a configurar uma fraude e quais controles podem ser instituídos para constatação do fenômeno. Em outras palavras, é importante que o órgão ou entidade implementadora da política desenhe balizas mínimas para promover o controle da iniciativa.

Veja-se, por exemplo, o que fez a Universidade de São Paulo. Desde 2018, a instituição mantém ações afirmativas para pessoas pretas, pardas e indígenas, reservando a elas um número mínimo de vagas a serem preenchidas para composição do corpo discente. Durante os primeiros anos de implementação da política, a instituição se valeu exclusivamente do critério subjetivo da autodeclaração para determinar

---

[112] Ver: Superior Tribunal de Justiça. Agravo Regimental no Recurso em Mandado de Segurança nº 33.654/PR, Rel. Ministro Herman Benjamin, j. 14 de agosto de 2012, grifos nossos.

o ingresso de candidatos cotistas, o que, como já visto, representa uma porta de entrada para a configuração de fraudes na política pública.[113] Na eventualidade de os gestores da instituição decidirem avaliar casos de fraude de estudantes já matriculados nos cursos de graduação, entende-se que a USP não terá problemas com o princípio da vinculação ao instrumento convocatório, por não ter sido completamente omissa nos editais quanto à possibilidade de fiscalizar eventuais desvios na ocupação das vagas afirmativas.

Assim prescrevem os editais da instituição: "*Constatada, a qualquer tempo, a não veracidade das informações apresentadas, sujeitar-se-á o candidato às penalidades previstas na legislação civil e penal, bem como à perda da vaga*". Embora a regra não estabeleça um controle antifraude explícito, reserva à Administração universitária o direito de, a qualquer tempo, constatar e punir fraudes praticadas por candidatos, inclusive com a perda da vaga.

Importante notar que, a depender da vagueza da cláusula com um conteúdo mais genérico de controle, será muito difícil o Poder Público sustentar que esta será a norma que dará conta de justificar a sua competência para instituir meios mais complexos de controle da política. Nesse sentido, é preciso fomentar editais que desenhem balizas coerentes para controle da ação afirmativa, de modo a investir em técnicas precisas, que combatam critérios vagos e subjetivismos desnecessários no contexto da avaliação da idoneidade das candidaturas para o processo seletivo.

## 2.4 Conclusões parciais

Este capítulo teve como propósito apresentar o leitor ao problema da fraude verificada na política brasileira de cotas raciais, prática que tem desvirtuado severamente o propósito de diversificar a composição dos quadros institucionais do país por meio de ações afirmativas.

Os apontamentos apresentados levam à interpretação jurídica que descreve a fraude como um favorecimento indevido dos proveitos estabelecidos pelas cotas raciais, em benefício de um sujeito que apresenta declaração racial inverídica ou incompatível com o modo

---

[113] Essa situação foi mudada recentemente com a adoção, pela Universidade de São Paulo, de mecanismos de controles preventivos de fraude, tema analisado em trabalho anterior, cf.: MÓDOLO, Lucas de Santana. Cotas étnico-raciais na Universidade de São Paulo: da implementação à necessidade do controle antifraude. *Revista da Defensoria Pública do Estado de São Paulo*, São Paulo, v. 4, n. 1, p. 9-32, jan./jun. 2022.

como sua pertença étnico-racial é lida socialmente. Sua constatação parte da confirmação de que uma pessoa foi indevidamente beneficiada pela ação afirmativa, em detrimento de outra, que, sendo a real destinatária da medida, restou prejudicada.

Também demonstrou-se que a fraude tem quatro atributos nucleares: (a) a conduta do candidato de apresentar declaração racial inverídica ou incompatível com o modo como sua pertença étnico-racial é lida socialmente; (b) a intenção do candidato de acessar o proveito afirmativo estabelecido pela política de cotas raciais; (c) a validação do comportamento fraudulento pela instituição implementadora da política, mediante a ausência ou o emprego inadequado de controles; e (d) a configuração de danos contra um real destinatário da medida, prejudicado pela confirmação da conduta ilegítima por parte da instituição.

Para fins de configuração da fraude, a existência de intencionalidade, embora contribua para uma responsabilização mais severa contra aquele que a manifesta, não configura um fator a ser medido para caracterização do desvio. Em outras palavras, comete fraude tanto aquele que tem a intenção de fraudar, a quem o estudo nomeou como "fraudador intencional" (um sujeito que sob nenhuma hipótese é socialmente lido como uma pessoa negra na sociedade brasileira, e, mesmo assim, busca ocupar irregularmente uma vaga afirmativa destinada a esse grupo) quanto aquele que não tem intenção de fraudar, a quem o estudo nomeou como "fraudador não intencional" (sujeito que possui uma dúvida razoável quanto ao seu enquadramento étnico-racial na sociedade brasileira e, por conta disso, não tem plena certeza da legitimidade de sua conduta). Este último, em geral, tende a ser socialmente identificado como pessoa branca no Brasil, a despeito de possuir uma ou outra característica fenotípica que possa associá-lo à negritude.

A diferença entre ambos os perfis de fraude se manifesta em relação à responsabilização do fraudador – a conduta fraudulenta receberá menor reprovação se não for possível presumir que a autodeclaração prestada pelo candidato foi intencionalmente fraudulenta, como quando ocorre em relação a candidatos que apresentam fisionomia evidentemente não negra.

No que se refere às possíveis motivações para a prática da fraude, o estudo enumerou cinco fontes de absoluta importância. São elas: (a) incertezas quanto à identidade racial, fenômeno que explica a figura do "fraudador não intencional", cuja conduta é motivada por um estado de relaxamento psicológico que o leva a não refletir objetivamente sobre a licitude da conduta que está praticando; (b) ressentimentos entre grupos raciais, como atuam aqueles que possuem um desejo ilegítimo de buscar o insucesso da política, ou dela beneficiar-se inapropriadamente; (c) aspectos circunstanciais, que levam o candidato a reavaliar sua percepção moral a respeito do objeto e do ambiente da fraude e avalia a vulnerabilidade dos controles impostos à situação; (d) erros conceituais para descrição do beneficiário da política, característica que abre espaço para que pessoas que não são as reais beneficiárias aleguem pertencer ao grupo descrito equivocadamente no edital para a disputa pública, a exemplo do uso de termos vagos e imprecisos como "mestiços", "afrodescendentes" ou "negros e pardos"; e (e) ausência de balizas para realização do controle antifraude, que é um problema verificado em programas de cotas que, embora estruturados de maneira adequada, apostam em um método de implementação que desconsidera a necessidade do controle para contenção da fraude, ou então em meios pouco ou nada detalhados para proceder à fiscalização da política, gerando inseguranças institucionais e possibilitando um ambiente favorável para a prática de fraudes. Tanto o Estado quanto o candidato, portanto, possuem responsabilidades a serem observadas para que a fraude não se torne uma realidade.

CAPÍTULO 3

# MÉTODOS DE CONTROLE ANTIFRAUDE

As políticas públicas se definem como programas de ação governamental, que visam à coordenação dos meios à disposição do Estado e das atividades privadas para realização de objetivos socialmente relevantes e politicamente determinados.[114] Toda política tem como propósito a realização de objetivos definidos, expressando a seleção de prioridades, a reserva de meios necessários à sua consecução e o intervalo de tempo em que se espera o atingimento dos resultados.[115]

Como parte da atividade estatal, esses programas de ação ficam sujeitos a controles diversos, que atuam para verificar se as ações desempenhadas nesse âmbito estão de acordo com as regras e os princípios que lhes são impostos pelo ordenamento jurídico, bem como para compreender se os objetivos pretendidos pela política pública estão sendo devidamente alcançados.[116] Para isso, o controle promove fiscalizações, avaliações, detecção de falhas e responsabilizações relacionadas à implementação das políticas públicas.

No que se refere a este trabalho, importa saber que a política de cotas raciais é também atravessada por controles de diferentes naturezas. Incide sobre ela, por exemplo, o *controle interno*, aquele exercido

---

[114] Essa é a definição dada por Maria Paula Dallari Bucci em sua obra *Direito administrativo e políticas públicas*, São Paulo: Saraiva, 2006, p. 124.
[115] BUCCI, Maria Paula Dallari. O conceito de política pública em direito. In: BUCCI, Maria Paula Dallari (Org.). *Políticas públicas*: reflexões sobre o conceito jurídico. 1. ed. São Paulo: Saraiva, 2006, v. 1, p. 39
[116] Sobre o tema, ver notas sobre *"controle de eficiência, controle de eficácia e controle de economicidade"* em MEDAUAR, Odete. *Controle da administração pública*. 3. ed. rev., atual. e ampl. São Paulo: Revista dos Tribunais, 2014, p. 78 e seguintes.

pelo próprio ente responsável pela implementação da política.[117] Nesta categoria, a Administração exerce a função controladora para evitar a ocorrência de irregularidades no curso do programa estatal, ajustando ou revogando atos administrativos que se revelam inoportunos à implementação da política. Há também incidência na política de cotas por meio do *controle externo*, aquele praticado por instituições que não integram a estrutura do órgão controlado.[118] No caso do controle das políticas públicas, o controle externo é geralmente praticado pelo Poder Judiciário, pelo Ministério Público, pelos tribunais de contas e pela sociedade de uma maneira geral (*controle social*),[119] com a finalidade de promover fiscalizações e garantir os direitos das pessoas diretamente afetadas pela atividade administrativa.

Neste capítulo, ao falar em "controle antifraude", o trabalho se propõe a abordar com maior profundidade aquele exercido pela Administração responsável pela implementação da política. Trata-se, portanto, de um controle de natureza interna à Administração Pública. Embora muitas vezes repercuta na esfera judiciária, o controle antifraude está preocupado em assegurar a conformidade dos atos de Administração Pública no âmbito da política de cotas raciais, implementando recursos para que os objetivos e metas estabelecidos pelo programa sejam alcançados de maneira plena. Em concreto, os controles antifraude são instituídos por administrações que reconhecem a fraude como um risco ao sucesso da política de cotas raciais.

Este capítulo se destina a apresentar diretrizes para construção de métodos de controle antifraude, no contexto das ações afirmativas para negros no Brasil, notadamente a partir das experiências das bancas de heteroidentificação, instrumento que vem sendo aplicado por administrações de todo o país para conter a prática de fraudes na política.

---

[117] MILESKI, Helio Saul. *O controle da gestão pública*. São Paulo: Revista dos Tribunais, 2003, p. 140.
[118] MILESKI, *ibidem*, p. 141.
[119] Odete Medauar conceitua controle social como um instrumento pensado pelo ordenamento brasileiro para permitir que a sociedade possa participar do controle da atividade administrativa, por meio de mecanismos formais, como as consultas públicas, audiências públicas, acompanhamento de informações sobre a execução orçamentária e financeira, realização de denúncias de irregularidades administrativas aos órgãos de controle externo etc. Ver: MEDAUAR, Odete. *Controle da administração pública*. 3. ed. rev., atual. e ampl. São Paulo: Revista dos Tribunais, 2014. p. 187.

Aqui, o uso do termo "método" se refere à perspectiva trabalhada por Bucci,[120] que remete à ideia de "caminho" ou "percurso", sem o qual o desenvolvimento de um campo ou abordagem teórica pode restar comprometido. A autora apresenta o termo como uma "condição necessária para o trabalho sistemático e estruturado de análise jurídica de políticas públicas, (...) resultando em conhecimento em profundidade e densidade".[121]

É fato que muitas Administrações brasileiras já iniciaram processos de implantação de controles visando impedir a concretização de fraudes na política de cotas. Muitas delas, no entanto, assim atuaram de maneira a não refletir sobre a qualidade de suas estruturas de controle e incorrem em erros que podem vir a afetar o sucesso da política. A proposta de apresentar e debater elementos e diretrizes que contribuem para a criação de métodos de controle antifraude também tem serventia a órgãos e entidades públicas ainda não convencidas da necessidade de monitorar os efeitos concretos da política e a legitimidade das vagas ocupadas. Espera-se que o conhecimento exposto a seguir, construído com base no histórico brasileiro de implementação da política, além da própria experiência deste autor como ativista e pesquisador da temática, possa ser apreendido e aplicado por administrações de todos os gêneros.

## 3.1 Autodeclaração

A autodeclaração racial deve ser compreendida como uma postura subjetiva, por meio da qual indivíduos informam como se autorreconhecem racialmente, seja para si próprios ou perante terceiros. É uma classificação individual, subjetiva e autoatribuída, geralmente veiculada a partir de uma provocação oficial, como nas entrevistas para realização dos censos demográficos e em processos seletivos que possuem ações afirmativas pautadas em critérios étnico-raciais.

A autodeclaração não é um método de controle antifraude, mas o seu ponto de partida. Como já visto, as instituições brasileiras implementadoras da política de cotas adotam esse critério como meio pelo qual um candidato torna-se apto a concorrer em concurso ou vestibular na modalidade reservada ao grupo racial ao qual pertence a população negra. A não veracidade ou a incompatibilidade dessa autodeclaração com o modo como sua pertença étnico-racial é lida

---

[120] BUCCI, Maria Paula Dallari. *Fundamentos para uma teoria jurídica das políticas públicas*. São Paulo: Saraiva, 2013, p. 289.
[121] BUCCI, *ibidem*, p. 289.

socialmente é um dos elementos caracterizadores da fraude e que anunciam uma atuação controladora do Poder Público.

Ao longo da história, a autodeclaração se construiu como um conceito de extrema relevância política. Até 2002, o Instituto Brasileiro de Geografia e Estatística (IBGE) utilizava a heteroclassificação como método de coleta de informações dos entrevistados. Em outros termos, a metodologia antiga levava em conta que os próprios recenseadores registrariam a sua percepção da identidade racial dos cidadãos brasileiros entrevistados, no contexto de coleta das informações para o censo demográfico, sem questioná-los quanto à sua autodeclaração.

A situação divisora de águas foi a III Conferência Mundial contra o Racismo, a Discriminação Racial, a Xenofobia e as Formas Conexas de Intolerância, realizada em Durban, na África do Sul, em setembro de 2001, onde foi produzido um relatório com uma série de recomendações aos Estados participantes da Conferência. Dentre as recomendações, constava a que orientava os Estados a realizarem coleta periódica de dados sobre a situação de vítimas do racismo em sociedade, utilizando, para tanto, o critério da autodeclaração:

> (...) Insta os Estados a coletarem, compilarem, analisarem, disseminarem e a publicarem dados estatísticos confiáveis em níveis local e nacional e a tomarem todas as outras medidas necessárias para avaliarem periodicamente a situação de indivíduos e grupos que são vítimas de racismo, discriminação racial, xenofobia e intolerância correlata.
>
> (a) Tais dados estatísticos devem ser desagregados de acordo com a legislação nacional. *Toda e qualquer informação deve ser coletada com o consentimento explícito das vítimas, baseada na auto-identificação* e de acordo com as disposições dos direitos humanos e liberdades fundamentais, tais como normas de proteção de dados e garantia de privacidade. Estas informações não devem ser usadas de forma inapropriada (grifos nossos).[122]

Na década de 1970, havia uma extensa batalha política, travada pelo movimento negro brasileiro, em torno do tema da autodeclaração, justamente porque os números oficiais divulgados pelo Estado a respeito do perfil étnico-racial da população brasileira apresentavam contradições em relação ao que se percebia na realidade. Abdias do

---

[122] Ver: Declaração e Programa de Ação adotados na III Conferência Mundial de Combate ao Racismo, Discriminação Racial, Xenofobia e Intolerância Correlata.

Nascimento, ao analisar dados do IBGE entre 1872 e 1950, que indicavam um declínio do número de pessoas autodeclaradas negras em comparação com o crescimento fora do normal de pessoas autodeclaradas brancas entre a população brasileira, assim argumentou sobre o tema:

> (...) precisamos ser cautelosos com a significação de tais algarismos estatísticos. Eles mostram um retrato fortemente distorcido da realidade, já que conhecemos as pressões sociais a que estão submetidos os negros no Brasil, coação capaz de produzir a subcultura que os leva a uma identificação como branco. Temos, então, os mulatos claros descrevendo-se a si mesmos como brancos; os negros identificando-se como mulatos, pardos ou mestiços, ou recorrendo a qualquer outro escapismo no vasto arsenal oferecido pela ideologia dominante (...) essas estatísticas demonstram não apenas o declínio, em números *per se* dos negros; elas refletem fato mais grave: o ideal de embranquecimento infundido sutilmente à população afro-brasileira.[123]

Pessoas pretas (negras de pele escura) e pessoas pardas (negras de pele clara) não eram consideradas partes de um mesmo grupo racial. Eram, por outro lado, separadas na produção de estatísticas, embora os dados coletados a respeito dos dois grupos demonstrassem certa semelhança quanto às suas condições socioeconômicas. Essa separação, como já explicada em outra oportunidade, foi fruto de um processo de reprodução do racismo no contexto pós-escravização, criando uma falsa percepção do perfil étnico-racial da sociedade brasileira, que ansiava por absorver, gradualmente, maiores caracteres de pessoas brancas.

Além disso, deve-se chamar atenção para o aspecto psicológico do racismo à brasileira, que levou (e leva, ainda hoje) muitos cidadãos a mergulharem na ideologia que impõe o "branco" como o modelo estético e cultural a ser atingido.[124] Nesse sentido, não era raro encontrar pessoas negras tendo sua autodeclaração ou heteroclassificação racial realizada de maneira incorreta, como uma estratégia de fuga dos estereótipos construídos no país a respeito do negro.[125]

---

[123] NASCIMENTO, Abdias do. *Genocídio do negro brasileiro*. Rio de Janeiro: Editora Paz e Terra, 1978, p. 74-76.
[124] SOUSA, Neusa Santos. Tornar-se negro: as vicissitudes da identidade do negro brasileiro em ascensão social. 1. ed. Rio de Janeiro: Edições Graal, 1983, p. 34.
[125] Importante notar que, por conta do fenômeno descrito, os brasileiros passaram a fomentar entre si conceituações eufemísticas a respeito da figura do "negro", a exemplo do que hoje se conhece como "moreno", "mulato", "escurinho" etc. Também tornou-se parte do linguajar racista brasileiro frases como "você nem é tão negro assim" e "preto de alma branca", utilizadas com o propósito de abrandar a noção de negritude da população brasileira.

A denúncia da mestiçagem como uma técnica de genocídio[126] da população negra no Brasil foi a grande responsável por contornar o cenário supramencionado e despertar a atenção dos brasileiros quanto à necessidade de reconhecer e valorizar o seu pertencimento racial. Consequentemente, a proposta da autodeclaração entre os brasileiros se fortaleceu, primeiramente, para conferir maior autonomia a cada cidadão no que diz respeito ao seu reconhecimento racial dentro de uma coletividade, e, em segundo lugar, para trazer verdade aos dados estatísticos sobre o perfil racial da sociedade brasileira.

Atualmente, a metodologia utilizada no Censo consiste na documentação de respostas coletadas por meio da autodeclaração dos entrevistados, que escolhem como preferem apresentar sua identificação racial, dentre as opções branca, preta, parda, indígena ou amarela. A autodeclaração também se faz presente na maior parte das legislações brasileiras que abordam a questão racial, como no Estatuto da Igualdade Racial e nas Leis de Cotas:

*Estatuto da Igualdade Racial*
Art. 1º, parágrafo único. Para efeito deste Estatuto, considera-se: IV – população negra: o conjunto de pessoas que se *autodeclaram* pretas e pardas, conforme o quesito cor ou raça usado pela Fundação Instituto Brasileiro de Geografia e Estatística (IBGE), ou que adotam autodefinição análoga (...). (grifo nosso)

*Lei nº 12.711/2012*
Art. 3º Em cada instituição federal de ensino superior, as vagas de que trata o art. 1º desta Lei serão preenchidas, por curso e turno, por *autodeclarados* pretos, pardos e indígenas e por pessoas com deficiência (...). (grifo nosso)

*Lei nº 12.990/2014*
Art. 2º Poderão concorrer às vagas reservadas a candidatos negros aqueles que se *autodeclararem* pretos ou pardos no ato da inscrição no concurso público, conforme o quesito cor ou raça utilizado pela Fundação Instituto Brasileiro de Geografia e Estatística – IBGE (...) (grifo nosso)

---

[126] Genocídio pode ser descrito como o uso de medidas deliberadas e sistemáticas (como morte, injúria corporal e mental, impossíveis condições de vida, prevenção de nascimentos) calculadas para a exterminação de um grupo racial, político ou cultural, ou para destruir a língua, a religião ou a cultura de um grupo. Essa é a definição dada pelo *Webster'd Thrird New International Dictionary of the English Language*, Massachussets, 1967, e reproduzida por Abdias do Nascimento em sua obra *O genocídio do negro brasileiro* (1978).

A jurisprudência brasileira sobre o tema também reforçou a juridicidade desse conceito, a exemplo do que fizeram a ADPF 186 e a ADC 41:

*Arguição de descumprimento de preceito fundamental nº 186*
Tanto a *autoidentificação*, quanto a heteroidentificação, ou ambos os sistemas de seleção combinados, desde que observem, o tanto quanto possível, os critérios acima explicitados e jamais deixem de respeitar a dignidade pessoal dos candidatos, são, a meu ver, plenamente aceitáveis do ponto de vista constitucional. (grifo nosso)

*Ação declaratória de constitucionalidade nº 41*
Por isso, a conclusão que tenho a apresentar, na linha do que trouxe o eminente Relator, é de julgar procedente a presente ação declaratória, compreendendo que é *constitucional esse equilíbrio entre os critérios de autoidentificação e heteroidentificação*, na linha do já assentado pelo Ministro Lewandowski, e reiterado, na data de hoje, no voto do eminente Ministro Luís Roberto Barroso. (grifo nosso)

A presença da autodeclaração no ordenamento jurídico brasileiro também pode ser explicada pelo fato de o legislador precisar escolher um meio de descrever os beneficiários das iniciativas criadas em favor da população negra nas últimas décadas.

Diferentemente do que ocorria no passado, ser uma pessoa negra e autodeclarar-se como tal, nos tempos atuais, pode implicar acesso a algumas vantagens reparatórias em favor desse grupo. Para além das políticas públicas criadas para beneficiar minorias raciais, a autodeclaração racial ainda repercute em outras iniciativas de caráter afirmativo, como o acesso ao fundo eleitoral em favor de candidaturas negras para ocupação de cargos políticos[127] e, a depender da conjuntura, a ocupação de cargos em grandes empresas do país.[128] No âmbito da política de cotas, em especial, há uma tendência de que editais de

---

[127] A escalada das autodeclarações raciais no contexto das ações afirmativas no pleito eleitoral foi tema de trabalho anterior, cf.: MÓDOLO, Lucas de Santana. Afroconveniência eleitoral no Brasil: notas sobre as suspeitas de fraude nas declarações raciais de 2022. *Revista Eletrônica da PGE-RJ*, [S. l.], v. 5, n. 3, 2023. Disponível em: https://revistaeletronica.pge.rj.gov.br/index.php/pge/article/view/321. Acesso em: 05 dez. 2023.

[128] Neste caso, vale mencionar a experiência do Magazine Luíza, que, em 2021, lançou um processo seletivo para contratação de *trainees* focado exclusivamente em pessoas negras. Embora tenha sido objeto de repercussão na esfera judiciária (para mais, ver: Ação Civil Pública nº 0000790-37.2020.5.10.0015, em trâmite no Tribunal Regional do Trabalho da 10ª Região), o projeto da empresa beneficiou 19 pessoas negras e tem influenciado outras empresas a adotarem seleções de caráter semelhante.

processos seletivos para ingresso em universidades e cargos públicos estabeleçam a autodeclaração como critério de elegibilidade do candidato para concorrer pelo sistema de ação afirmativa.

Em outras palavras, autodeclarar-se negro em determinadas circunstâncias acarreta benefícios sociais de absoluta relevância.

Por outro lado, a institucionalização de benefícios como os acima destacados foi crucial para desenhar o entendimento atual de que a autodeclaração, embora extremamente importante, se tornou insuficiente para descrever o beneficiário de uma ação afirmativa, não podendo ser utilizada como critério absoluto de definição da pertença étnico-racial de um indivíduo. Em todo o país, são noticiados casos de fraudes praticadas por pessoas que promovem autodeclarações inverídicas ou incompatíveis com sua pertença étnico-racial, a fim de obter benefícios decorrentes das ações afirmativas. Essas fraudes possuem naturezas distintas, que vão desde a intencionalidade para a prática da conduta reprovável até a falta de clareza de muitos brasileiros no que diz respeito à maneira pela qual devem se identificar socialmente. A complexidade dessas situações é o que pressiona as administrações de todo o país a, especialmente no caso das cotas raciais, instituir etapas complementares à autodeclaração prestada pelos interessados, principalmente por meio de mecanismos heterônomos de conferência das informações apresentadas pelos candidatos.

Se, por um lado, a autodeclaração está conectada com a forma como cada pessoa se identifica em sua subjetividade, não podendo, como regra, ser questionada, por outro, quando é usada no contexto das políticas públicas, espaço em que se exige objetividade para definição de seus beneficiários, o seu controle tem se mostrado importante e necessário.[129] Por conta disso, hoje se diz que a autodeclaração racial possui presunção relativa de veracidade,[130] a ser confirmada para fins de definição dos beneficiários das políticas afirmativas.

A autodeclaração, mesmo diante das situações de fraude, cumpre um papel relevante na sociedade brasileira, por conta de seu valor histórico e político, que deve ser preservado para garantir autonomia

---

[129] FREITAS, Enrico Rodrigues de. Heteroidentificação e quotas raciais: o papel do Ministério Público. *In:* DIAS, Gleidson Renato Martins; JUNIOR, Paulo Roberto Faber Tavares. *Heteroidentificação e cotas raciais*: dúvidas, metodologias e procedimentos. Canoas: IFRS, 2018, p. 183.

[130] DIAS, Gleidson Renato Martins. Considerações à Portaria Normativa nº 4 de 6 de abril de 2018 do Ministério do Planejamento, Desenvolvimento e Gestão. *In:* DIAS, Gleidson Renato Martins; JUNIOR, Paulo Roberto Faber Tavares. *Heteroidentificação e cotas raciais*: dúvidas, metodologias e procedimentos. Canoas: IFRS, 2018, p. 159.

em favor das pessoas negras, cuja identidade foi negada e violentada por anos pelas instituições brasileiras. No entanto, o argumento que aqui se propõe construir é que é preciso haver o amadurecimento de controles da política de cotas, de modo a impedir que as vagas afirmativas sejam injustamente preenchidas por pessoas cuja autodeclaração não se assente na realidade.

## 3.2 Heteroidentificação

O mais popular e também o mais polêmico instrumento de controle utilizado para contenção das fraudes às cotas raciais é a heteroidentificação. Trata-se da deliberação realizada pela Administração Pública a respeito da veracidade da autodeclaração racial prestada por candidatos que pleiteiam espaço nas ações afirmativas focalizadas na população negra.

A deliberação é veiculada por meio das chamadas "bancas de heteroidentificação",[131] colegiados de caráter administrativo organizados pelas instituições implementadoras de cotas raciais e que têm como propósito convocar os candidatos para participar de um procedimento e, nesses ambientes, classificá-los ou não como beneficiários das vagas destinadas a pessoas negras, prevenindo a ocorrência de fraudes. O procedimento da heteroidentificação, portanto, tem natureza personalíssima, isto é, sujeita exclusivamente os candidatos pleiteantes da vaga, que não podem ser representados por terceiros, ainda que na condição de representantes legais.

A notoriedade do instrumento ganhou contornos ainda maiores após o julgamento da ADPF 186, já referenciada neste estudo, que tratou da constitucionalidade das ações afirmativas com recorte baseado na raça. Na oportunidade, o relator da ação, Ministro Ricardo Lewandowski, foi provocado a se manifestar sobre o método empregado por muitas universidades implementadoras do programa de cotas com o objetivo de confirmar a declaração racial prestada pelos candidatos nas inscrições para os vestibulares. A esse método, deu-se o nome de heteroidentificação, que serviu como um complemento ao processo seletivo para ingresso nas universidades, em uma época

---

[131] Este instrumento administrativo ganhou diferentes nomes e configurações ao longo dos últimos anos, podendo também ser encontrado sob a denominação de banca / comissão / comitê, que desempenham funções de heteroidentificação / verificação / heteroatribuição / heteroclassificação / averiguação etc.

em que essas instituições já estavam tomadas por denúncias contra estudantes cotistas que prestaram autodeclaração racial fraudulenta.

Na decisão de mérito sobre a demanda levada ao Supremo, o magistrado argumenta que tanto os sistemas de seleção baseados somente na "autodeclaração" quanto aqueles complementados pela "heteroidentificação" são plenamente aceitáveis do ponto de vista constitucional, desde que observados os critérios da ampla defesa, do contraditório e da dignidade pessoal dos candidatos.[132]

Anos mais tarde, o Supremo voltaria a discutir o tema das cotas e das possibilidades de controles de abusos na autodeclaração dos candidatos, no âmbito da Ação Declaratória de Constitucionalidade nº 41, do Distrito Federal, relatada pelo Ministro Luís Roberto Barroso. Também como já antes visto, a ação em questão ganha notoriedade por ter promovido a declaração de constitucionalidade da Lei nº 12.990/2014, que reserva a pessoas negras 20% das vagas oferecidas nos concursos públicos para provimento de cargos efetivos e empregos públicos no âmbito da Administração Pública federal direta e indireta. Sob a ótica do presente estudo, no entanto, o maior ganho alcançado pelo julgado tem relação com o reconhecimento da constitucionalidade do emprego da heteroidentificação como forma de controle de fraudes, desde que respeitados os preceitos constitucionais, em especial a dignidade da pessoa humana, e assegurados o contraditório e a ampla defesa:

> (...) Ademais, a fim de garantir a efetividade da política em questão, também é constitucional a instituição de mecanismos para evitar fraudes pelos candidatos. É legítima a utilização, além da autodeclaração, de critérios subsidiários de heteroidentificação (*e.g.*, a exigência de autodeclaração presencial perante a comissão do concurso), desde que respeitada a dignidade da pessoa humana e garantidos o contraditório e a ampla defesa. (...)
> Procedência do pedido, para fins de declarar a integral constitucionalidade da Lei nº 12.990/2014. Tese de julgamento: "É constitucional a reserva de 20% das vagas oferecidas nos concursos públicos para provimento de cargos efetivos e empregos públicos no âmbito da administração pública direta e indireta. É legítima a utilização, além da autodeclaração, de critérios subsidiários de heteroidentificação, desde que respeitada a dignidade da pessoa humana e garantidos o contraditório e a ampla defesa.[133]

---

[132] Ver: Supremo Tribunal Federal, ADPF 186, Rel. Ministro Ricardo Lewandowski, j. 26.04.2012, p. 39 do acórdão.
[133] Supremo Tribunal Federal, ADC 41, Rel. Ministro Luís Roberto Barroso, j. 08.06.2017, p. 3 do acórdão.

Esses dois momentos de discussão no Supremo Tribunal Federal foram os responsáveis por sanar quaisquer dúvidas a respeito da constitucionalidade da heteroidentificação, que já vinha sendo implementada em algumas universidades do país mesmo antes de os legisladores e magistrados serem chamados a se posicionar sobre o tópico.

A polêmica em torno do mecanismo está relacionada ao próprio processo de heteroidentificação, cuja legitimidade é medida pela natureza colegiada da heteroidentificação dos candidatos – uma quantidade plural de atores que participam de um procedimento com o candidato pleiteante da vaga afirmativa, a fim de verificar se sua autodeclaração racial condiz com a forma que essa pessoa é socialmente lida no país.

Aqueles que se posicionam contra esse procedimento passaram a criar inverdades a respeito do funcionamento dessas bancas e divulgá-las sob a alcunha de "tribunais raciais", partindo de um pressuposto falso de que o trabalho de heteroidentificação é, por si só, racista. Se for observada, por exemplo, a petição inicial da ação constitucional que primeiro levou o debate das cotas raciais ao Supremo Tribunal Federal, é possível identificar que, desde o começo do debate, há uma leitura enviesada e, de certo modo, preconceituosa, a respeito das bancas de heteroidentificação:

> Não podemos deixar de mencionar, ainda, que para a concretização das cotas raciais na UnB está-se promovendo verdadeiro massacre ao princípio da igualdade e da dignidade da pessoa humana, na medida em que institucionalizou um Tribunal Racial para definir quem é negro no Brasil. Assim, o item 7, e subitens, do Edital nº 02/2009 do CESPE/UnB simplesmente ressuscitou os ideais nazistas, Hitlerianos, de que é possível decidir, objetivamente, a que raça a pessoa pertence. Dizer que isso não é praticar racismo, e, pior, sob a égide do Estado, é no mínimo uma ofensa à inteligência humana![134]

Essas inverdades, inclusive, construíram-se de maneira muito cuidadosa por parte dos segmentos anticotas, que passaram a fomentar a ideia de que a heteroidentificação submeteria candidatos a constrangimentos típicos da craniometria ou de outras teorias do racismo científico eugênico,[135] a partir das quais os antigos teóricos defendiam a diferenciação biológica entre as raças classificando os indivíduos em uma determinada escala de "desenvolvimento racial".

---

[134] Este é o trecho da petição inicial da ação judicial que viria a se tornar a ADPF 186, apresentada pelo partido Democratas, junto ao Supremo Tribunal Federal (p. 28 da petição).

[135] Para mais, ver: Samuel George Morton, Paul Broca, Cesare Lombroso, Enrico Ferri, Silvio Romero e Raimundo Nina Rodrigues.

Nada disso se verifica na prática. Os métodos de controle antifraude pautados na heteroidentificação só passaram a ser uma prática comum nas instituições públicas em vista do número expressivo de candidatos que apresentam declarações inverídicas sobre sua pertença étnico-racial e, dessa maneira, usufruem de direitos que não lhes são pertencentes.

Além disso, salvo raras exceções de experiências negativas de implementação do controle,[136] as bancas jamais estiveram ligadas a ideários racistas ou à promoção de análises antropométricas dos candidatos. Ao contrário disso, o foco dos trabalhos nelas desenvolvidos é a observação de elementos fenotípicos que permitam a constatação de que determinado sujeito é socialmente lido como negro, obviamente a partir da leitura de traços faciais, texturas do cabelo, cor da pele etc. Em outros termos, pretende-se com a oitiva a análise da *raça social* dos candidatos, e não de uma suposta diferenciação biológica entre os brasileiros.[137]

É importante notar que, mesmo com decisões judiciais retratando a constitucionalidade de bancas de heteroidentificação, a Lei nº 12.711/2012 não normatizou a respeito do tema, nem mesmo quando de sua rediscussão no Congresso Nacional, em 2023.[138] A Lei nº 12.990/2014,

---

[136] A experiência do edital para ingresso de Técnicos Administrativos do Instituto Federal do Pará (IFPA), publicado em 30 de agosto de 2016, é uma dessas exceções. Na ocasião, o processo seletivo foi tomado por uma grande polêmica, pelo fato de o edital acompanhar um anexo intitulado "Padrões Avaliativos", com a relação de elementos que seriam levados em consideração para realizar a heteroidentificação dos candidatos às vagas afirmativas. Dentre as características listadas no anexo, além da tonalidade da pele, dimensão das narinas, textura dos cabelos, constava menção a termos como "maxilar (prognatismo)" e "crânio dolicocélico 74,9". Após amplas críticas apresentadas por intelectuais e representantes do Movimento Negro, o IFPA decidiu retificar o edital excluindo o anexo em referência.

[137] Além das conhecidas conclusões científicas a respeito do tema, o Supremo Tribunal também já se manifestou sobre a inexistência de diferenças biológicas entre as raças humanas, reconhecendo que as discriminações entre os grupos raciais possuem natureza *social* (e não biológica), conforme: "Com a definição e o mapeamento do genoma humano, cientificamente não existem distinções entre os homens, seja pela segmentação da pele, formato dos olhos, altura, pêlos ou por quaisquer outras características físicas, visto que todos se qualificam como espécie humana. Não há diferenças biológicas entre os seres humanos. Na essência são todos iguais. (...) A divisão dos seres humanos em raças resulta de um processo de conteúdo meramente político-social. Desse pressuposto origina-se o racismo que, por sua vez, gera a discriminação e o preconceito segregacionista". Ver: Supremo Tribunal Federal. *Habeas Corpus* nº 82.424/RS, rel. Ministro Moreira Alves, j. 17 de setembro de 2003.

[138] Refiro-me ao período de Revisão da Lei nº 12.711/2012. Em trabalho anterior, foi defendida a necessidade de normatização das bancas de heteroidentificação no âmbito da Lei de Cotas, como meio de atenuar o contencioso administrativo e judicial existente no Brasil em torno da matéria. Para mais, ver: PEREZ, Marcos Augusto; MÓDOLO, Lucas de Santana. Desafios jurídicos para a revisão da Lei de Cotas. *Suprema: Revista de Estudos Constitucionais*, Brasília, v. 3, n. 2, p. 87-112, jul./dez. 2023.

por sua vez, manifesta uma breve preocupação nesse sentido, nos seguintes termos:

> Art. 2º (...) Parágrafo único. Na hipótese de constatação de declaração falsa, o candidato será eliminado do concurso e, se houver sido nomeado, ficará sujeito à anulação da sua admissão ao serviço ou emprego público, após procedimento administrativo em que lhe sejam assegurados o contraditório e a ampla defesa, sem prejuízo de outras sanções cabíveis.

No recente Decreto Federal nº 11.443/2023, que estabeleceu regra de reserva de vagas para negros nos cargos comissionados da Administração Federal, também há uma breve menção ao trabalho das comissões de heteroidentificação, nos seguintes termos:

> Art. 7º Em caso de denúncias ou de suspeitas de irregularidades na autodeclaração da pessoa como preta ou parda, será constituída comissão de heteroidentificação para a apuração dos fatos, respeitado o direito à ampla defesa.

Parece que tanto os legisladores quanto o Supremo Tribunal Federal, ao analisarem a matéria, reservaram aos administradores públicos a prerrogativa de introduzir os métodos de controle do programa de cotas raciais. E mais, a falta de detalhamento legal e jurisprudencial para a matéria criou uma imposição ao administrador público para que estudasse o problema e, diante dos casos concretos, fizesse escolhas pertinentes à sua solução.

É importante destacar, ainda, que a atuação institucional em prol do controle antifraude foi despertada a partir das inúmeras denúncias feitas às instituições implementadoras, que passaram a notar que o problema não era uma eventualidade, mas uma consequência da ausência de controles no ambiente da política pública. Embora não haja um levantamento que indique com precisão o número de denúncias de fraude recebidas pelas universidades federais, há estudos como o de Sales Augusto dos Santos, que analisaram a escalada de comissões de heteroidentificação nos últimos anos, fruto das denúncias praticadas geralmente por organizações do Movimento Negro:

> Em razão das constantes e crescentes denúncias e, é claro, da pressão de vários agentes sociais contra as fraudes nas subcotas étnico-raciais, especialmente dos movimentos sociais negros, universidades começaram a criar comissões de verificação para apurar as denúncias (...) Conforme as respostas das universidades federais às nossas solicitações, de 2013

a 2020 houve um total de 3.958 denúncias de práticas de fraude nas subcotas destinadas aos/às estudantes pretos/as, pardos/as e indígenas, sendo 641 delas feitas às universidades da região Centro-Oeste, 1.362 às da região Nordeste, 106 às da região Norte, 1.338 às da região Sudeste e 511 às da região Sul, razão mais do que suficiente para as instituições federais de ensino superior responderem às denúncias por meio da criação de comissões de heteroidentificação étnico-raciais.[139]

Em termos históricos, é preciso dar destaque também à contribuição do Poder Judiciário e do Ministério Público Federal para o avanço da agenda do controle antifraude. Em 2016, o Ministério Público Federal (MPF) apresentou uma ação judicial[140] contra o Ministério do Planejamento do Governo Federal, exigindo que um dos concursos divulgados pelo órgão fosse suspenso até que alguma iniciativa de contenção de fraude fosse instituída.[141] Como fruto da judicialização, o Ministério do Planejamento e o MPF, junto também da Defensoria Pública da União, iniciaram uma negociação que, em 1º de agosto de 2016, resultou na publicação da Orientação Normativa nº 3, do Ministério do Planejamento, Desenvolvimento e Gestão, vinculado ao Governo Federal.

Essa orientação estabeleceu regras para aferição da veracidade da autodeclaração prestada por candidatos negros para fins do disposto na Lei nº 12.990/2014. Em resumo, a norma estabeleceu um método para todos os editais de concurso público para provimento de cargos efetivos e empregos públicos da Administração Pública federal direta e indireta, inclusive de modo retroativo,[142] no sentido de fazer com que todos passassem a possuir os seguintes aspectos: (i) previsão de que as informações prestadas pelos candidatos no momento da inscrição

---

[139] SANTOS, Sales Augusto dos. Mapa das comissões de heteroidentificação étnico-racial das universidades federais brasileiras. *Revista da Associação Brasileira de Pesquisadores/as Negros/as (ABPN)*, v. 13, n. 36, mar-mai. 2021, p. 391-392.

[140] Ver: Tribunal Regional Federal – 1ª Região, 3ª Vara Federal de Brasília. Ação Civil Pública nº 0003965.44.2016.4.01.3400, j. Bruno Anderson Santos da Silva, sem julgamento.

[141] O concurso em questão tinha o propósito de selecionar pessoas para ocupar cargos do quadro de pessoal do Ministério do Planejamento, Orçamento e Gestão e da Escola Nacional de Administração Pública. O edital estabelecia que 20% das vagas seriam providas por pessoas autodeclaradas negras, no entanto, não previa qualquer meio de aferição da autenticidade dessas autodeclarações. Para mais, ver: http://www.cespe.unb.br/concursos/MP_15_ENAP/arquivos/MP_ENAP_2015_ED_1_ABERTURA.PDF. Acesso em: 09 ago. 2022.

[142] A orientação normativa em questão estabeleceu a obrigatoriedade de retificação dos editais de concursos públicos para provimento de cargos efetivos e empregos públicos no âmbito da Administração Pública federal em andamento que ainda não haviam publicado a homologação do resultado e que não tinham a previsão da verificação da veracidade da autodeclaração dos candidatos cotistas.

são de inteira responsabilidade do candidato; (ii) o detalhamento dos métodos de verificação da veracidade da autodeclaração prestada pelo candidato, inclusive indicando a existência de uma comissão designada para esse fim, com competência deliberativa; (iii) a informação de que a homologação do resultado final do concurso público estará condicionada à confirmação da veracidade da autodeclaração do candidato; e (iv) a previsão da possibilidade de recurso aos candidatos cuja autodeclaração não tenha sido confirmada. A norma, ainda, menciona que o critério para promover a chamada heteroidentificação seria pautado exclusivamente pelo fenótipo do candidato, a ser observado necessariamente de modo presencial.

À época, a norma foi amplamente criticada por segmentos da sociedade brasileira, inclusive por advogados e especialistas em gestão pública.[143] Os argumentos para as críticas se dividiam entre visões puramente formalistas, no sentido de dizer que a lei de cotas não previa qualquer etapa preventiva de aferição,[144] e visões mais ingênuas sobre o procedimento em si, que alegavam que a heteroidentificação poderia causar constrangimentos desnecessários a candidatos às vagas afirmativas.

A orientação normativa viria a ser substituída em 06 de abril de 2018, com a edição da Portaria Normativa nº 04, também do Ministério do Planejamento, Desenvolvimento e Gestão.[145] Esta norma, mais robusta e detalhada quanto ao procedimento de heteroidentificação, foi editada para trabalhar de forma mais técnica com os critérios de controle das fraudes nas instituições, bem como organizar as suas etapas. A Portaria estabelece que a autodeclaração dos candidatos goza da presunção relativa de veracidade, a ser confirmada por comissão constituída especialmente para esse fim, composta, preferencialmente, por membros experientes na temática da promoção da igualdade racial e do enfrentamento ao racismo. Também esclarece que o fenótipo será o único critério a ser utilizado para aferir a condição declarada pelo can-

---

[143] Para mais, ver matéria da Folha de São Paulo intitulada "Comissão federal para avaliar negros cotistas é questionada por advogados", publicada em 03 de agosto de 2016. Disponível em: https://www1.folha.uol.com.br/educacao/2016/08/1798304-polemico-grupo-para-analisar-autodeclaracao-foi-extinto-na-unb.shtml. Acesso em: 27 maio 2023.

[144] Há uma corrente do entendimento do Direito Administrativo que defende a impossibilidade (absoluta) de normas infralegais criarem direitos ou obrigações não previstas expressamente na lei que as fundamenta. Para mais, ver: BANDEIRA DE MELLO, Celso Antônio. *Curso de direito administrativo*. São Paulo: Malheiros Editores, 2005, p. 342-343.

[145] A norma foi recentemente substituída pela Instrução Normativa nº 23, de 25 de julho de 2023, do Ministério da Gestão e da Inovação em Serviços Públicos.

didato no concurso público, desconsiderando registros ou documentos pretéritos eventualmente apresentados, inclusive imagens e certidões referentes à confirmação em procedimentos de heteroidentificação realizados em concursos públicos federais, estaduais, distritais e municipais. A norma regula, ainda, a criação de uma etapa recursal, onde é concedida a oportunidade de rediscussão das candidaturas que não tiveram sua autodeclaração confirmada.

Em julho de 2023, a norma é mais uma vez substituída, agora pela Instrução Normativa nº 23/2023, do Ministério da Gestão e da Inovação em Serviços Públicos. Dentre as mudanças trazidas para o procedimento de heteroidentificação, a Instrução Normativa passa a prever que, na hipótese de indeferimento da autodeclaração por parte da banca, o candidato poderá participar do certame pela ampla concorrência, desde que possua, em cada fase anterior do certame, nota ou pontuação suficiente para prosseguir nas demais fases. A mudança tem sido objeto de muitas críticas por parte de especialistas e ativistas da causa, que enxergam a nova regra como um incentivo à prática de fraudes.

De todo modo, a atuação normativa do Governo Federal retratada nos parágrafos anteriores se tornou um paradigma de controle antifraude. Tem cumprido com uma importante demanda de unificar a Administração brasileira no protocolo de controle em face da falsificação generalizada de autodeclarações raciais em todo o país e servido de exemplo para administrações locais e regionais também gerenciarem os seus próprios instrumentos de heteroidentificação.

### 3.3 Momento do controle

O controle antifraude pode ser realizado em diferentes momentos da implementação da política de cotas. Naturalmente, o tempo de sua realização provoca consequências distintas perante a instituição pública, além de revelar o nível de maturidade institucional relativa ao modo como os Poderes Públicos identificam, mensuram e gerenciam os problemas da política. Esses momentos de implementação do controle podem ser preventivos ou repressivos, conforme exposto a seguir.

#### 3.3.1 Preventivo

O controle preventivo (ou realizado *a priori*) é aquele preocupado com a fiscalização de atos administrativos que ainda se encontrem na fase de projeto.[146] Ele atua no sentido de evitar a realização de atos contrários à lei e ao interesse público. No caso do objeto das fraudes, é possível compreendê-lo como o controle que impede a concretização da fraude, por agir de modo a frustrar as expectativas do candidato diante da possibilidade de ver confirmada a sua candidatura fraudulenta.

O seu formato tem como base a existência de uma banca de heteroidentificação, que atua de maneira preventiva à confirmação de matrícula dos candidatos para vagas universitárias ou à nomeação dos candidatos para cargos do serviço público. Aqui, é importante dizer, a heteroidentificação figura como etapa indispensável para a confirmação de candidaturas negras em processos seletivos que possuam a ação afirmativa, pois o Poder Público pretende agir antes mesmo que a fraude efetivamente se materialize.

Em concursos públicos que possuem muitas etapas, a preventividade do controle ganha outras complexidades. Idealmente, a banca de heteroidentificação deve ser aplicada logo no início do processo, como a primeira ou uma das primeiras fases de seleção dos candidatos, porque (1) evita, desde o início, que candidatos não beneficiários da política afirmativa se sujeitem às etapas do processo seletivo na condição de cotistas (fato que repercute negativamente inclusive na definição de notas de corte nas modalidades de ação afirmativa); e (2) impede que, na fase final da seleção, existam poucos ou nenhum candidato negro em condições de ocupar a vaga afirmativa, por terem sido eliminados nas fases preliminares do concurso. No entanto, esse método é mais custoso à Administração, pois a obriga a avaliar a autenticidade de um grande contingente de candidaturas afirmativas e, por conta disso, não tem sido a regra nos concursos do país.

São muitas as vantagens em se propor o controle antifraude em caráter preventivo. Primeiramente, defende-se que a adoção de mecanismos de aferição da autodeclaração em caráter preventivo sirva como desestímulo a potenciais fraudadores em buscarem esse meio de ingresso para acessar vagas afirmativas destinadas à população negra.

Como o controle preventivo, em tese, impede a materialização da fraude, promove-se a manutenção da virtude da política e, consequentemente, da própria instituição pública, que se vê mais protegida no que diz respeito à autenticidade das vagas afirmativas e mais segura e confiante quanto aos processos de tomada de decisão envolvendo

---

[146] MEDAUAR, Odete. *Controle da administração pública*. 3. ed. rev., atual. e ampl. São Paulo: Revista dos Tribunais, 2014, p. 99.

o programa. Na mesma medida, o controle também trabalha para preservar os candidatos de eventuais denúncias de fraude, dando segurança a eles de que sua presença no órgão ou entidade pública não será questionada, uma vez que já confirmada pelo Poder Público por meio da banca de heteroidentificação.

O controle preventivo contribui, ainda, com a diminuição dos riscos de dano reputacional contra a Administração, mitigando eventuais externalidades negativas advindas da política, uma vez que afasta a possibilidade de vinculação de sua imagem (ou de seus administradores) à fama de instituições que abrigam fraudes em sua política de ação afirmativa. Por consequência, um número cada vez maior de pessoas se sente atraído pela instituição, que demonstra manter um processo satisfatório e maduro de gestão do problema das fraudes.

A vantagem mais pertinente, por fim, diz respeito à possibilidade de o controle preventivo permitir a destinação da vaga afirmativa à pessoa que seria imediatamente prejudicada caso a conduta fraudulenta fosse confirmada, dando vazão aos objetivos da política pública e viabilizando as condições "normais" de implementação do programa. Em outros termos, o controle preventivo permite a ocupação imediata da vaga afirmativa por quem efetivamente tem direito de ocupá-la, uma pessoa negra, que apresentou declaração racial condizente com o modo como é lida socialmente.

### 3.3.2 Repressivo

O controle antifraude repressivo (também conhecido como *detectivo* ou realizado *a posteriori*) é aquele que incide sobre decisões já tomadas, gerando a suspensão ou anulação de atos da Administração Pública.[147] Ele atua para corrigir erros, falhas e vícios eventualmente descobertos na atividade do Estado. Diante do objeto das cotas raciais, o controle repressivo é aquele que atua em contexto posterior à concretização da fraude, com o propósito de corrigir um ato jurídicoadministrativo eivado de uma nulidade – a validação da declaração racial inverídica ou incompatível, que resultou na aceitação do candidato para ocupar a vaga afirmativa.

É exemplo dessa modalidade a atuação de universidades que, ao receberem denúncias de fraude, abrem processos administrativos

---

[147] MEDAUAR, Odete. *Controle da administração pública*. 3. ed. rev., atual. e ampl. São Paulo: Revista dos Tribunais, 2014, p. 99.

de invalidação de matrícula contra os discentes acusados de prestar declaração racial fraudulenta no contexto do vestibular de ingresso. Isso serve para administrações de outras naturezas que, de maneira espontânea ou provocada, passam a investigar o perfil das pessoas que ingressaram via ação afirmativa no concurso que as levou ao cargo público.

Esse é um controle que, de certa forma, já encontra respaldo na legislação brasileira. Ao tratar do tema, a Lei nº 12.990/2014 estabelece que candidatos que prestam autodeclarações fraudulentas sobre sua pertença étnico-racial estarão sujeitos a um processo administrativo que poderá resultar em sua eliminação do concurso ou mesmo na anulação de sua admissão à função pública (Art. 2º, parágrafo único). Indiretamente, a Lei condiciona a investigação das fraudes à apresentação de denúncias, colocando-a como uma tarefa eventual, e não como parte do processo de implementação da política de cotas.

Geralmente, o controle repressivo é pautado pelo recebimento de denúncias de fraude pelo Poder Público, que decide agir diante do problema porque foi diretamente provocado nesse sentido. Como é de se supor, essa não é uma característica muito elogiada por aqueles que almejam o sucesso da política de cotas, porque revela a indisposição do Estado em mitigar o risco da fraude no âmbito da política, ou mesmo o desconhecimento da dimensão do problema, que interfere diretamente na possibilidade de pessoas negras acessarem uma medida reparatória. Essa tendência institucional também gera desigualdade entre os candidatos, uma vez que permite a impunidade em favor de fraudadores que porventura não tenham sido denunciados.[148] Uma pessoa que, por exemplo, decide ocultar suas fotos em redes sociais, de modo a dificultar ou impossibilitar denúncias embasadas com esses documentos, poderia deixar de sofrer as consequências pela ilicitude de sua conduta.

Para as instituições que deixaram de atuar preventivamente, o controle repressivo se faz mais do que essencial, pois somente através dele condutas indevidas podem ser investigadas e penalizadas, recuperando, ainda que tardiamente, a essência da política de cotas. No entanto, é preciso pontuar que a adoção do controle repressivo (em substituição ao preventivo) pressupõe a geração de danos, muitas vezes, irreparáveis.

---

[148] VAZ, Lívia Sant'anna. *Cotas raciais*. São Paulo: Jandaíra, 2022, p. 156.

Suponha-se que uma universidade pública, após regular processo administrativo, decida expulsar de seu corpo discente um aluno do 5º ano do curso de graduação em Direito, que, à época do vestibular, prestou declaração racial fraudulenta para beneficiar-se indevidamente das cotas raciais: além das complicações relacionadas à localização da pessoa negra que, à época do vestibular, foi diretamente prejudicada pela prática da fraude, há o risco de a universidade enfrentar dificuldades para sustentar os efeitos desse dano eventualmente levados ao Poder Judiciário. Estando prestes a se formar, o discente fraudador pode não aceitar tranquilamente as consequências que a decisão administrativa gerará contra ele e terá, junto às instâncias judiciárias, argumentos em prol de sua manutenção na universidade, como o desperdício de tempo e de recursos públicos ao longo dos últimos cinco anos em que constava como parte do quadro discente da instituição. Felizmente, o Poder Judiciário tem referendado a atuação do Poder Público no contexto de controle repressivo, a exemplo da decisão da 5ª Turma do Tribunal Regional Federal da 5ª Região sobre uma fraude detectada na Universidade Federal de Sergipe (UFS):

> DIREITO CONSTITUCIONAL E ADMINISTRATIVO. RESERVA DE VAGAS ÀS COTAS RACIAIS. LEI Nº 12.711/2012. CRITÉRIO ÉTNICO-RACIAL. AUTOIDENTIFICAÇÃO. ACUSAÇÃO DE FRAUDE. CRITÉRIO SUBSIDIÁRIO DEHETEROIDENTIFICAÇÃO. LEGITIMIDADE. PRECEDENTES DO SUPREMO TRIBUNAL FEDERAL. CARACTERÍSTICAS FENOTÍPICAS DE PESSOA NÃO PARDA. (...)
> No caso dos autos, *conquanto não previsse o edital a fase de heteroidentificação*, sabe-se que é dado à Administração Pública, no exercício de seu poder-dever de autotutela, analisar a regularidade dos atos de matrícula, verificando se os candidatos às quotas fariam, efetivamente, jus à ação afirmativa promovida pela instituição. (...) Há que se realçar, à guisa de conclusão, que *o fato de o aluno já haver iniciado o curso há alguns anos não constitui justificativa para que a Administração deixe de adotar as medidas pertinentes para a regularização da situação*. A teoria do fato consumado somente pode ser aplicada em situações excepcionalíssimas, eis que não pode caber ao Judiciário o papel de chancelador de ilegalidades.[149]

---

[149] Ver: BRASIL, Tribunal Regional Federal – 5ª Região, 5ª Turma. Apelação Cível nº 0800477-19.2023.4.05.8500, rel. Desembargadora Joana Carolina Lins Pereira, j. 30 de novembro de 2023. (grifo nosso)

Como é possível notar do excerto, o Judiciário atuou no sentido de reconhecer a legitimidade da atuação controladora do Poder Público, diante de situação em que o aluno já estava em estágio avançado de sua graduação. Configura-se, nesse sentido, um controle de caráter repressivo e pautado na autotutela[150] da Administração Pública, especialmente porque, no caso em comento, a fiscalização das vagas afirmativas sequer estava prevista em edital.

## 3.4 Critérios de aferição

Em situações concretas, os candidatos às vagas afirmativas são convocados para um procedimento (pessoal ou remoto), no qual os membros da banca realizam a leitura de sua identidade racial e a compara com aquela declarada no momento da inscrição. Em vista das amplas possibilidades de configuração desses encontros, as instituições também se diferenciam na forma de condução do procedimento.

Para citar apenas alguns exemplos, é possível que a banca questione os candidatos sobre eventuais experiências de racismo por eles vividas; avalie fotografias (do candidato e/ou de seus familiares); permita a apresentação de documentos que atestem a aprovação pretérita em outras bancas de heteroidentificação ou de exames clínicos que indiquem classificação genética do candidato; ou realize a avaliação silenciosa do fenótipo do candidato, não exigindo dele qualquer explicação verbal do porquê de ter optado por concorrer à vaga afirmativa. Diante desses diferentes formatos, a banca sempre tem como foco a busca de algum critério objetivo para contribuir com a sua compreensão sobre a autenticidade da declaração apresentada pelo candidato.

Na sequência, serão explorados os critérios mais aplicados no contexto da heteroidentificação, apontando as vantagens e desvantagens de sua aplicação.

### 3.4.1 Fenótipo

O fenótipo é o conjunto de características externas e observáveis em um ser humano. Por meio desse critério, a banca de heteroidentificação

---

[150] Trata-se do controle exercido pela Administração sobre os seus próprios atos, "com a possibilidade de anular os ilegais e revogar os inconvenientes ou inoportunos, independentemente de recurso ao Poder Judiciário". *In:* DI PIETRO, Maria Sylvia Zanella. *Direito administrativo.* 33. ed. Rio de Janeiro: Forense, 2020, p. 70.

se preocupa com a leitura das características físicas do candidato, para compreender se a autodeclaração por ele prestada é condizente com a maneira como é lido socialmente.

É importante destacar que essa leitura não está preocupada em localizar um ou outro atributo isoladamente. Compreende-se que ninguém é socialmente percebido como negro só porque tem cabelo crespo ou porque usa um penteado *blackpower*, tampouco pelo simples fato de possuir a pele bronzeada ou por conta da dimensão de seu nariz. Isoladamente, essas características não são o bastante para definir alguém como beneficiário da política de cotas. O mesmo pode ser dito em relação a candidatos que optam por apresentar estudos genéticos (de classificação de fototipos cutâneos) perante a banca de heteroidentificação, na intenção de demonstrar que há quantidade suficiente de melanina em sua pele para o enquadramento como beneficiário da política.

A análise desenvolvida pela banca de heteroidentificação é mais complexa do que simplesmente localizar uma ou outra característica fenotípica apresentada pelo candidato. Está focada, por outro lado, em refletir se o *conjunto* dessas características faz com que o candidato esteja suscetível às discriminações raciais reproduzidas no país.

Essas são considerações importantes para que não haja a criação de estereótipos ou pressuposições sobre a identidade negra brasileira, que é complexa e bastante diversa. Há uma diversidade de negritudes no Brasil, o que faz com que uma pessoa na Região Sul do país (onde há baixa representatividade negra) possa ser interpretada socialmente como negra, mas no Norte ou no Nordeste brasileiro (onde há alta representatividade negra) possa não ser lida dessa maneira.[151] Como diz Oracy Nogueira, "*a concepção de branco e não-branco varia, no Brasil, em função do grau de mestiçagem, de indivíduo para indivíduo, de classe para classe, de região para região*".[152] A leitura conjunta da cor da pele, dos traços faciais e da textura do cabelo, somada às preocupações apresentadas por Nogueira, tende a ser suficiente para se chegar a uma conclusão

---

[151] Segundo dados do IBGE, em 2021, a Região Sul do país contava com 75% de brasileiros autodeclarados brancos. No Norte e no Nordeste brasileiros, a escala racial é invertida: também em 2021, 80,9% dos nortistas e 74% dos nordestinos brasileiros se autodeclaravam negros. Para mais, ver: IBGE, Diretoria de Pesquisas, Coordenação de Pesquisas por Amostra de Domicílio, Pesquisa Nacional por Amostra de Domicílios Contínua 2012/2021.

[152] NOGUEIRA, Oracy. Preconceito racial de marca e preconceito racial de origem: sugestão de um quadro de referência para a interpretação do material sobre relações raciais no Brasil. *Tempo Social, Revista de sociologia da USP*, v. 19, n. 1, 2007, p. 294.

sobre a posição social do candidato e sobre a possibilidade de ser tido como um beneficiário do programa.[153]

Ao mesmo tempo, a análise fenotípica não autoriza os membros da banca de heteroidentificação a realizar análises antropométricas dos candidatos, de modo a, por exemplo, medir a dimensão de suas narinas, lábios e crânio, ou mesmo a comparar a tonalidade da cor da pele entre candidatos. Essas condutas, além de serem insuficientes para definição do beneficiário da política, são baseadas na frenologia lombrosiana[154] e, portanto, absolutamente reprováveis em termos do respeito à dignidade do candidato, um dos princípios basilares da heteroidentificação, como se verá em tópico específico.

Embora o trabalho da heteroidentificação baseada no fenótipo possa ser considerado complexo, esse é um critério condizente com o tipo de discriminação corrente nas interações sociais do país: baseada na aparência racial dos cidadãos. Há certa facilidade para "identificar" uma pessoa negra quando um agente de segurança pública decide realizar uma abordagem policial truculenta, ou quando um empresário precisa escolher entre uma pessoa branca e uma negra para ocupar um importante cargo em sua companhia. Como já visto no subcapítulo 1.3.2. do estudo (Público-alvo da política de cotas raciais), o fenótipo é o critério norteador das discriminações raciais na sociedade brasileira e, portanto, também deve nortear a definição dos beneficiários das políticas reparatórias em favor da população negra.

### 3.4.2  Afro-ascendência

A afro-ascendência, que indica a existência de antepassados africanos na linhagem familiar de uma pessoa, é um atributo comum a grande parte dos brasileiros. Em vista da comprovada situação de miscigenação entre africanos, europeus e indígenas durante a trajetória do Brasil Colônia, é possível afirmar que a maior parte dos brasileiros

---

[153] Conforme defendido por Ricardo Lewandowski no âmbito do julgamento da ADPF 186, "a discriminação e o preconceito existentes na sociedade não têm origem em supostas diferenças no genótipo humano. Baseiam-se, ao revés, em elementos fenotípicos de indivíduos e grupos sociais. São esses traços objetivamente identificáveis que informam e alimentam as práticas insidiosas de hierarquização racial ainda existentes no Brasil" (Tribunal Pleno, julgado em 26 de abril de 2012).

[154] A frenologia foi uma pseudociência construída entre os séculos XVIII e XIX que fomentou a construção do *racismo científico*, pregando a inferioridade/superioridade das raças humanas a partir de elementos físicos. O tema já foi tratado na seção 1.2. deste livro (Razões sociológicas).

possui ligação, ainda que remota, a algum indivíduo natural do continente africano.

Por muitos anos, a afro-ascendência representou um critério definidor dos beneficiários de ações afirmativas para a população negra brasileira. É comum identificar, sobretudo em editais de processos seletivos mais antigos, a previsão de que as medidas afirmativas são destinadas a candidatos "afrodescendentes", como uma referência aos integrantes da população negra no Brasil. Para esses certames, são entendidos como negros aqueles que possuem algum ascendente negro em sua linhagem familiar.

Nos processos mais recentes de implementação da política de cotas, é reconhecido que, ao considerar a ascendência como critério primário de aferição para os beneficiários da política de cotas, exigindo dos candidatos a apresentação de fotografias, certidões e outros documentos de onde se possa atestar a existência de pessoas negras em sua linhagem, ou permitindo que esses elementos sejam considerados para fins da verificação da autenticidade da declaração prestada pelo candidato, abre-se espaço para que candidatos sem qualquer potencial de sofrer discriminações raciais no Brasil se apresentem como beneficiários da política. Como é fácil supor, esse critério por si só não reúne condições objetivas para delimitar o grupo de beneficiários de uma política, uma vez que excessivamente genérico e abrangente.[155] Consequentemente, desnatura-se a política que tem apenas as vítimas do racismo como potenciais beneficiárias.

A ascendência negra, em regra, pouco contribui com a produção de violências raciais contra a população negra, pelo fato de ter-se no Brasil o racismo de marca, e não de origem, como ocorre nos Estados Unidos. Não faria sentido levar em conta a questão da ascendência para fins de definição do beneficiário de uma política afirmativa, se esse não é um critério norteador das discriminações raciais na sociedade brasileira.

É importante delinear que esse critério, além de polêmico, não é absoluto, como nenhum outro é, diante de um tema tão sensível e complexo. Suponha-se que uma criança, que é filha de um casamento interracial, seja alvo de constantes piadas racistas, em sua escola, contadas

---

[155] Este é também o argumento defendido por Luís Roberto Barroso, no âmbito da ADC 41, julgada pelo STF: "(...) é preciso reconhecer que a definição de critérios objetivos para identificar os beneficiários de eventuais programas de cotas de viés racial esbarra em dificuldades variadas. Dentre todas as opções, a que parece menos defensável é o exame do genótipo, uma vez que o preconceito no Brasil parece resultar, precipuamente, da percepção social, muito mais do que da origem genética". Ver: Supremo Tribunal Federal, ADC 41, Rel. Ministro Luís Roberto Barroso, j. 08.06.2017, p. 35 do acórdão.

por seus colegas de turma, que insistem em satirizar as características físicas presentes em sua mãe, uma mulher negra. Essa criança, naturalmente, sofre as consequências da discriminação racial e, futuramente, pode ser levada a acreditar que esses episódios a colocam como parte do agrupamento de beneficiários das cotas raciais. Em se tratando de uma pessoa branca, a ocupação de uma vaga afirmativa por alguém com essa trajetória não deixa de ser uma fraude (nesse caso, não intencional), pois, excetuando os episódios de racismo direcionados à sua mãe, ela desfruta dos privilégios sociais impostos às pessoas socialmente lidas como brancas. No entanto, em se tratando de um candidato sobre quem recai dúvida razoável sobre a autenticidade de sua declaração racial, se a afro-ascendência e as situações de racismo forem aspectos conhecidos pela banca de heteroidentificação, certamente contribuiriam para formação do juízo dos membros, ainda que como critério complementar.

Como se vê, a afro-ascendência é um aspecto que pode ser polemizado de diferentes maneiras, sobretudo por conta do nível de subjetivismo que o cerca. Não é possível, em um breve contato com o candidato, aferir que a afro-ascendência importou a ele um ambiente de discriminação racial e que, por conta disso, foi levado a enfrentar as barreiras impostas pelo racismo. Nesse sentido, defende-se que o critério não deve ser levado em consideração no contexto das bancas de heteroidentificação e, caso venha a ser utilizado, que possua caráter unicamente complementar e beneficie somente aqueles sobre quem recai dúvida razoável quanto ao seu enquadramento étnico-racial na sociedade brasileira.

### 3.4.3 Outros meios de prova

Além do fenótipo e da afro-ascendência, há a possibilidade de os candidatos terem a intenção de apresentar outros meios de prova para a banca de heteroidentificação, com a finalidade de atestar sua condição de beneficiário da política de cotas. A título de exemplo, importa menção às alegações de experiências de sofrimento pelos candidatos durante a oitiva; à apresentação de certidão de nascimento, onde pode constar a cor preta ou parda identificada pelos profissionais de saúde no momento do nascimento; à apresentação de fotos de infância e à apresentação de documentos que atestem a "aprovação" do candidato em outras bancas de heteroidentificação país afora.[156]

---

[156] A Instrução Normativa nº 23, de 25 de julho de 2023, do Ministério da Gestão e da

Todos esses exemplos de prova documental dialogam muito pouco com os propósitos de uma banca de heteroidentificação, que, como já se viu, delibera sobre a veracidade de autodeclarações prestadas por candidatos a vagas afirmativas. Nesse sentido, a análise de outras fontes de prova, que extrapolam o propósito de avaliação fenotípica, tende a ser desaconselhada ou então realizada apenas em caráter complementar.

No caso das alegações de experiências de sofrimento, primeiramente, além de não ser possível atestar a verdade nos dizeres do candidato, que pode ter inventado uma história para sensibilizar propositalmente os integrantes da banca, o fato de um sujeito ter vivenciado uma ou outra experiência social negativa não gera instantaneamente o direito a algum benefício afirmativo. Do mesmo modo, o apontamento como "preto" ou "pardo" em certidões de nascimento ou em outros registros de identidade não indica objetivamente que o candidato é uma real vítima do racismo no país, tendo em vista serem informações autodeclaradas e, portanto, subjetivas, ou então declaradas por terceiros que não possuem conhecimentos técnicos para realizar a aferição fenotípica de uma pessoa. Fotos de infância, por seu turno, não são capazes de, isoladamente, revelar candidatos como vítimas do racismo na sociedade brasileira, diante da possível incompatibilidade com a fenotipia por eles apresentada ao tempo da heteroidentificação.[157] Por fim, defende-se o afastamento de eventuais documentos que atestem a confirmação da declaração de raça do candidato em outros processos seletivos, já que nenhuma banca de heteroidentificação tem o propósito de conferir um atestado definitivo de raça a quem quer que seja.

---

Inovação em Serviços Públicos, aborda o tema no artigo 21º, §2º: "Não serão considerados, para os fins do *caput*, quaisquer registros ou documentos pretéritos eventualmente apresentados, inclusive imagem e certidões referentes a confirmação em procedimentos de heteroidentificação realizados em certames federais, estaduais, distritais e municipais ou em processos seletivos de qualquer natureza".

[157] Em caso recente envolvendo concurso público promovido pela Polícia Rodoviária Federal, um candidato teve sua candidatura afirmativa invalidada por uma banca de heteroidentificação, sob o julgamento de que ele não reunia o conjunto de elementos fenotípicos para ser identificado como beneficiário da política. A invalidação foi revertida judicialmente, com base na consideração de fotos de infância colacionadas aos autos pelo candidato (Ver: Tribunal Regional Federal – 1ª Região, 2ª Vara Federal Cível. Procedimento Comum Cível nº 1023271-74.2019.4.01.3400, julgado por Charles Renaud Frazão de Morais, j. 22 de agosto de 2019). Sob a ótica deste estudo, a decisão judicial não está alinhada aos valores do controle antifraude. Ao examinar fotografias de infância apresentadas pelo candidato, o magistrado analisou elemento de prova que não estava contemplado como critério de aferição no edital do concurso público, contrariando a regra prevista no artigo 21, Instrução Normativa nº 23, de 25 de julho de 2023, do Ministério da Gestão e da Inovação em Serviços Públicos, que estabelece que a heteroidentificação considerará as características fenotípicas do candidato ao tempo da realização do procedimento.

## 3.5 Princípios aplicáveis

As bancas de heteroidentificação, como colegiados de caráter administrativo organizados por instituições públicas, desempenham uma atividade de interesse público. Assim sendo, todo o funcionamento da banca está sujeito aos princípios previstos no artigo 37 da Constituição da República – o da legalidade, impessoalidade, moralidade, publicidade[158] e eficiência, além dos demais princípios previstos em legislações que tratam de processo administrativo. Entretanto, considerando a complexidade do trabalho desenvolvido pelo Estado, e também para evitar qualquer distorção na execução da tarefa, o Supremo Tribunal Federal e os demais órgãos controladores chamados a se posicionar sobre a temática condicionaram o funcionamento das bancas de heteroidentificação ao atendimento a alguns princípios de caráter específico, sobre os quais esta seção pretende discorrer.

### 3.5.1 Dignidade da pessoa humana

A dignidade da pessoa humana é um preceito estabelecido na Constituição da República de 1988 (art. 1º, inciso III), considerada como um dos fundamentos do Estado brasileiro. Assim sendo, presume-se que a atuação de todos os organismos estatais deve ser pautada pela garantia desse preceito em favor de todos os indivíduos. Dado o seu aspecto genérico, o conceito tem sido trabalhado no campo jurídico já há muitos anos, sendo objeto de uma série de interpretações jurídicas.[159]

---

[158] Importa destacar que a doutrina administrativista considera "publicidade" como divulgação de informações de interesse público, protegendo, quando necessário, aquelas de caráter privado cuja divulgação possa acarretar prejuízo a direitos. Em geral, parte dos trabalhos das bancas de heteroidentificação busca manter um certo nível de sigilo, a fim de preservar a identidade dos candidatos e impedir que sejam submetidos a algum prejulgamento ou ações vexatórias a respeito da condição racial por eles declarada para o processo seletivo. O princípio da publicidade, de todo modo, faz-se presente com a divulgação em edital dos critérios de aferição e outros aspectos de interesse público relativos ao trabalho desenvolvido pelo colegiado (procedimentos a serem adotados pela banca para realizar a heteroidentificação, orientações ao candidato sobre a fase recursal, organização e composição da banca etc.). Segundo Wallace Paiva Martins Junior, "na Constituição de 1988 a publicidade é a regra, mas há casos em que ela é restrita. Não se trata de sigilo, senão de restrição temporária à publicidade motivada pela imprescindibilidade da segurança do Estado ou da sociedade, pela exigência do interesse social e pela defesa da intimidade, tutelando tanto o interesse público quanto o particular (...)". *In:* DI PIETRO, Maria Sylvia Zanella; MARTINS JUNIOR, Wallace Paiva. *Teoria geral e princípios do direito administrativo.* São Paulo: Revista dos Tribunais, 2014, p. 440.

[159] Para aprofundamento no conceito, recomenda-se: SARMENTO, Daniel. *Dignidade da pessoa humana:* conteúdo, trajetórias e metodologias. Belo Horizonte: Fórum, 2016.

No âmbito dos julgamentos da ADPF 186 e da ADC 41, o Supremo Tribunal Federal condicionou a constitucionalidade da heteroidentificação ao respeito à dignidade dos candidatos. Embora a informação conste na ementa do julgado, esse aspecto não foi um tema muito explorado no curso do processo judicial, o que pode indicar que os ministros assim se posicionaram por conta dos entendimentos apresentados por segmentos anticotas da época, de que a heteroidentificação poderia submeter candidatos a constrangimentos associados às teorias do racismo científico.

No contexto do controle antifraude, portanto, é possível deduzir que a noção de dignidade da pessoa humana se segmenta como uma vedação à exposição dos candidatos a constrangimentos de ordem moral durante a oitiva realizada pela banca de heteroidentificação, preservando-os de análises vexatórias e de condutas discriminatórias em geral. Na mesma linha, orienta-se que a deliberação da banca não ocorra na presença de quaisquer candidatos no certame, justamente para que se evite submetê-los a constrangimentos de qualquer natureza.

Além de análises pautadas no racismo científico, que, reforça-se, são absolutamente reprováveis no âmbito da heteroidentificação, há outros exemplos de constrangimentos à dignidade dos candidatos que devem ser evitados durante a oitiva, como a realização de comentários desnecessários, preconceituosos ou em tom jocoso sobre quaisquer aspectos relacionados ao candidato, bem como a solicitação de retirada de adereços religiosos (como *hijab*, usado por mulheres muçulmanas e o *ojá*, usados por religiosos em rituais de iniciação na umbanda ou no candomblé).[160]

Em suma, haverá maior garantia da preservação da dignidade do candidato quando o procedimento for pensado para ser simples, breve, preferencialmente mediado por uma única pessoa (o membro com maior experiência para a condução de bancas de heteroidentificação) e conduzido com o propósito de proporcionar acolhimento do candidato, sem desrespeitar a sua autodeclaração sob qualquer circunstância.

---

[160] Nos casos em que os candidatos se apresentarem perante a banca usando adereços religiosos que prejudiquem a análise fenotípica a ser realizada pelo colegiado, será necessário explorar as alternativas para realização da heteroidentificação, por exemplo, reagendando a data da oitiva para um momento em que o candidato não estará mais portando o adereço (no caso de portadores do *ojá*), ou criando uma banca "emergencial" composta apenas por mulheres (no caso de portadoras do *hijab*). A banca também poderá avaliar se é possível fazer a heteroidentificação levando em conta apenas os elementos observáveis no candidato que esteja nessas circunstâncias, como os traços faciais e a cor da pele.

## 3.5.2 Contraditório e ampla defesa

Também mencionados no julgamento da ADC 41 pelo STF, o contraditório e a ampla defesa configuram princípios indispensáveis à heteroidentificação. Com muita frequência, ambos os princípios aparecem juntos na doutrina e na jurisprudência brasileiras, embora tenham significados diferentes.

O princípio do contraditório significa a participação do administrado na integralidade do processo administrativo, no exercício do direito de influenciar ativamente a decisão a ser proferida.[161] É o que garante aos interessados o direito de informação geral sobre o conteúdo de um processo administrativo, criando responsabilidades à Administração Pública[162] relacionadas a assegurar e a viabilizar ao interessado o conhecimento adequado dos fatos que fundamentam a atividade processual. Além disso, o interessado, com base nesse princípio, tem a prerrogativa de intervir sobre todos os atos e fatos processuais, gerando o dever de o órgão julgador apreciar tais intervenções e tomá-las em conta ao proferir sua decisão.[163]

No processo de heteroidentificação, esse princípio se materializa com a garantia de que o Poder Público viabiliza ao candidato a compreensão dos aspectos objetivos que serão levados em consideração para realização do controle, de modo a possibilitar a ele a produção das provas que entender necessárias para influenciar na formação do juízo pela banca. Compõe o contraditório no âmbito do controle antifraude o dever de as decisões da banca apreciarem cada uma das intervenções dos candidatos interessados, desde que não sejam inúteis ou meramente protelatórias.[164]

O princípio da ampla defesa, por seu turno, é autoexplicativo. Está relacionado ao direito de apresentar defesa, a partir dos meios e

---

[161] MOREIRA, Egon Bockmann. *Processo administrativo*: princípios constitucionais e a Lei 9.784/1999. 4. ed. atual., rev. e ampl. São Paulo: Malheiros Editores, 2010, p. 310.

[162] Sobre o tema: "O processo só pode ser considerado justo se as partes dispõem das mesmas oportunidades e dos mesmos meios para dele participar. A igualdade e a paridade de tratamento e de armas nela implicada constitui pressuposto para efetiva participação das partes no processo e, portanto, é requisito básico para plena realização do direito ao contraditório". Ver: MARINONI, Luiz Guilherme; ARENHART, Sérgio Cruz; MITIDIERO, Daniel. *Novo código de processo civil comentado*. 3. ed. rev., atual. ampl. São Paulo: Revista dos Tribunais, 2017, p. 168.

[163] MOREIRA, Egon Bockmann. *Processo administrativo*: princípios constitucionais e a Lei 9.784/1999. 4. ed. rev., atual. e ampl. São Paulo: Malheiros Editores, 2010, p. 310.

[164] MOREIRA, Egon Bockmann. *Processo administrativo*: princípios constitucionais e a Lei 9.784/1999. 4. ed., rev., atual. e ampl. São Paulo: Malheiros Editores, 2010, p. 311.

recursos a ela inerentes (art. 5º, inciso LV, da CRFB/88), por parte dos interessados em um processo administrativo.[165] Representa o direito do interessado de poder rebater acusações, alegações, argumentos, interpretações de fatos, interpretações jurídicas, para evitar sanções ou prejuízos,[166] além de poder ver esses contra-argumentos serem efetivamente apreciados e levados em conta pelo julgador. No âmbito do controle antifraude, o princípio se materializa com a possibilidade de o candidato apresentar os elementos de prova que possam vir a confirmar a autenticidade da declaração racial por ele apresentada, além do direito ao recurso, caso sua candidatura venha a ser invalidada pelo colegiado.

Importa saber, contudo, que o direito à apresentação de provas pelos candidatos submetidos à heteroidentificação não gera à Administração Pública o dever de se valer dessas provas para formação de seu juízo, em vista de sua autonomia para definir quais critérios de aferição pretende utilizar para realização do controle. O Superior Tribunal de Justiça já se pronunciou inúmeras vezes no sentido de estabelecer a competência do órgão julgador para discernir acerca da suficiência das provas para elucidação de controvérsias, inclusive em matéria administrativa. O posicionamento do Tribunal atua em defesa da autonomia dos órgãos julgadores, inclusive os de perfil administrativo, para indeferir a produção de provas consideradas inúteis ou impertinentes para configuração do juízo sobre a situação concreta (princípio do livre convencimento).[167]

A Instrução Normativa nº 23, de 25 de julho de 2023, do Ministério da Gestão e da Inovação em Serviços Públicos, por exemplo, ao tratar do controle antifraude no âmbito dos concursos da Administração federal, estabelece que a heteroidentificação utilizará *exclusivamente* o critério fenotípico para aferição da condição declarada pelo candidato no concurso público, excluindo da apreciação quaisquer registros, documentos, imagens e certidões que tratem de aspectos da identidade racial do candidato (art. 21). Com a previsão, a norma acaba por informar aos candidatos que a ascendência, exames genéticos, testes

---

[165] FERRAZ, Sérgio; DALLARI, Adilson Abreu. *Processo administrativo*. São Paulo: Malheiros Editores, 2001, p. 70.
[166] MEDAUAR, Odete. *Processualidade no direito administrativo*. São Paulo: Revista dos Tribunais. 1993, p. 112.
[167] Ver: REsp 1645727/SP, Terceira Turma, j. 29 de maio de 2018; REsp 1567768/GO, Terceira Turma, j. 20 de outubro de 2017; REsp 1679588/DF, Terceira Turma, j. 14 de agosto de 2017; EDcl no REsp 1364503/PE, Terceira Turma, j. 09 de agosto de 2017; REsp 1290112/PR, Quarta Turma, j. 09 de junho de 2016; REsp 1216853/PR, Quarta Turma, j. 23 de novembro de 2015; REsp 1479674/RS, Terceira Turma, j. 10 de agosto de 2020.

de ancestralidade, fotografias de familiares, aprovação pretérita em concursos públicos e outros elementos de prova, embora possam ser apresentados perante a banca, não serão considerados para formação do juízo.

Cumpre saber, ainda, que as instituições que não garantem o contraditório e a ampla defesa aos candidatos submetidos à banca de heteroidentificação – por não estabelecerem, por exemplo, uma etapa recursal em seu edital – estão sujeitas a ter seu procedimento revisto pelo Poder Judiciário. Sobre o tema, veja-se trecho de decisão monocrática do Supremo Tribunal Federal, que apreciou o pleito de um candidato do concurso público organizado pela Defensoria Pública do Estado de São Paulo, em 2023:

> Põe-se em foco nesta reclamação saber se ofende o comando vinculante firmado no julgamento da ADC 41 a ausência de previsão em edital de concurso público quanto ao cabimento de recurso administrativo para questionar decisão da comissão responsável pela heteroidentificação de candidatos autodeclarados negros. Ressalto que no aludido precedente este Tribunal reconheceu a legitimidade constitucional da heteroidentificação como critério para seleção de candidatos inscritos em vagas destinadas a pessoas negras, como mecanismo para coibição de fraudes. No entanto, advertiu-se acerca da necessidade de se resguardar as garantias da ampla defesa e do contraditório do candidato afetado pelo ato administrativo (...) Parece-me, portanto, ao menos no atual juízo preambular, que o edital em exame não observa todos os termos da diretriz vinculante firmada pelo Supremo Tribunal Federal no julgamento da ADC 41.[168]

A decisão retratada acima nada mais fez do que reproduzir a tese jurídica já firmada pelo STF, no âmbito da ADC 41, segundo a qual a heteroidentificação deve ser interpretada como uma ferramenta constitucional, desde que garantidos o contraditório e a ampla defesa a todos os candidatos.

### 3.5.3 *In dubio pro* autodeclaração

O Supremo Tribunal Federal, no âmbito da ADC 41, também estabeleceu o *"in dubio pro* autodeclaração" como um terceiro princípio norteador do controle antifraude, nos seguintes termos:

---

[168] Ver: Supremo Tribunal Federal, Reclamação nº 62.861/SP, rel. Ministro Nunes Marques, j. 18 de outubro de 2023.

(...) Por fim, deve-se ter bastante cautela nos casos que se enquadrem em zonas cinzentas. Nas zonas de certeza positiva e nas zonas de certeza negativa sobre a cor (branca ou negra) do candidato, não haverá maiores problemas. Porém, quando houver dúvida razoável sobre o seu fenótipo, deve prevalecer o critério da autodeclaração da identidade racial.[169]

Reconhecendo a complexidade do tema, o Supremo estabeleceu que, no caso de persistir, entre os membros da banca de heteroidentificação, dúvida em relação à confirmação ou não confirmação da declaração racial prestada pelo indivíduo, a decisão da banca deve ser dada em sentido mais favorável ao candidato, confirmando a autodeclaração por ele apresentada no momento de sua inscrição para o processo seletivo.

Esse preceito também expressa o princípio jurídico da presunção da inocência ou da não culpabilidade, previsto na Constituição da República (art. 5º, LVII), segundo o qual "ninguém será considerado culpado até o trânsito em julgado de sentença penal condenatória". Nos termos do controle em análise, a Administração Pública, se afetada por uma dúvida razoável a respeito da conclusão sobre a heteroidentificação do candidato, deve presumir a inexistência de qualquer irregularidade na autodeclaração, aceitando-a como verídica e compatível. O preceito, vale dizer, ao estabelecer a obrigação de deferência em relação à autodeclaração do candidato, preserva a autonomia dos declarantes e atua para desonerar a Administração Pública da tomada de decisões irresponsáveis e desprovidas de técnica jurídica.

### 3.5.4 Motivação

Na seara da heteroidentificação, a motivação também aparece como um princípio de absoluta relevância técnica, sobretudo nas decisões adotadas pela banca que ensejam o indeferimento de candidaturas afirmativas. A motivação é princípio basilar do direito administrativo e se fundamenta pelo dever da Administração Pública de justificar os seus atos, apontando-lhe, para tanto, os fundamentos de direito e de fato.[170] Observa-se que o princípio em questão deve ser adotado para oferecer, aos administrados, a segurança de que as condutas praticadas

---

[169] Supremo Tribunal Federal, ADC 41, Rel. Ministro Luís Roberto Barroso, j. 08.06.2017, p. 37 do acórdão.
[170] BANDEIRA DE MELLO, Celso Antônio. *Curso de direito administrativo*. 19. ed. São Paulo: Malheiros Editores, 2005, p. 100-101.

pelo Estado possuem um fundamento jurídico razoável, e que, portanto, não são pautadas por critérios arbitrários, ilegais ou antidemocráticos.

Por conta disso, diz-se que os atos administrativos praticados sem a tempestiva e suficiente motivação são ilegítimos e podem ser invalidado pela atuação do Poder Judiciário. É o que tem sido notado na prática nos casos das bancas de heteroidentificação.

Veja-se o exemplo da situação envolvendo cargo público no Estado do Mato Grosso. Uma candidata teve sua autodeclaração invalidada pela banca de heteroidentificação vinculada ao concurso de Perito Criminal da Secretaria de Segurança Pública do referido estado. Após o ajuizamento de uma ação por parte da candidata prejudicada, a magistrada responsável pelo caso reverteu a decisão administrativa da banca de heteroidentificação e ordenou a nomeação da candidata, apresentando a seguinte fundamentação:

> (...) verifica-se que não consta na decisão da comissão de avaliação qualquer fundamentação específica sobre os motivos da não confirmação da autodeclaração da autora como parda, sendo que após a interposição do recurso administrativo, tão somente restou consignado a singela afirmação de que "autodeclaração não confirmada – item 9.17 do edital" (...) A bem da verdade, se o candidato nem sequer conhece os motivos pelos quais foi eliminado do concurso público, não lhe é possível, de fato, impugnar, mesmo na via administrativa, o ato que o excluiu do certame, de forma que dificilmente se pode afirmar que o contraditório e ampla defesa tenha sido respeitado.[171]

O mesmo ocorreu em caso, ainda mais recente, envolvendo um concurso para Agente da Polícia Federal. Após regular procedimento de heteroidentificação, uma candidata não teve sua autodeclaração confirmada e decidiu levar o seu caso para apreciação do Poder Judiciário. Em segundo grau, a turma do Tribunal Regional Federal da 1ª Região decidiu que o mero apontamento de que a candidata não possui os traços fenotípicos para ingressar na vaga mediante cotas raciais não era fundamento suficiente para sua desclassificação promovida pela banca:

> Conforme se verifica do parecer da banca avaliadora (id. 308968032), a justificativa para eliminação da candidata se limitou a registrar que a aparência da candidata não é compatível com as exigências estabelecidas

---

[171] Ver: BRASIL, Tribunal de Justiça do Estado de Mato Grosso – Juizado Especial Cível e Criminal de Lucas do Rio Verde. Tutela Provisória de Urgência nº 1004125-07.2022.8.11.0045, julgado por Melissa de Lima Araújo, j. 20 de junho de 2022.

no edital de abertura, levando-se em consideração os seguintes aspectos: cor da pele (sem artifícios), textura dos cabelos (sem artifícios), e fisionomia; não trazendo as especificidades que levaram à comissão a concluir pela não condição de cotista.[172]

O que se depreende dos exemplos aqui apresentados é que a motivação, especialmente nas decisões que ensejam a não confirmação das autodeclarações raciais, é fator imprescindível para a heteroidentificação e que o referido princípio tem sido utilizado como um dos principais fundamentos para reversão de decisões das bancas por parte do Poder Judiciário.

Além disso, os casos concretos têm levado a crer que o mero apontamento de que o candidato não "preenche os requisitos do edital" ou que "não possuem os traços fenotípicos de uma pessoa negra" não é o bastante para fundamentar a sua desclassificação na disputa por uma vaga afirmativa. Mostra-se fundamental, portanto, que os membros da banca de heteroidentificação, no momento de redação do parecer de indeferimento, realizem apontamentos concretos quanto aos critérios objetivos do fenótipo que não são atendidos por parte do candidato, descrevendo, de modo razoável e respeitoso, os elementos fenotípicos (cor da pele, dos traços faciais e da textura do cabelo) que não foram notados durante o procedimento. Essa postura, além de tornar o trabalho da banca mais técnico e melhor acabado, gerará um maior incentivo para que o Poder Judiciário não reverta a decisão da Administração Pública, uma vez que devidamente embasada.

## 3.6 Meios de qualificação do controle

O risco comum a toda e qualquer política pública é o de ver frustradas as suas metas e objetivos.[173] As políticas públicas são uma opção institucional, uma tentativa de solução de um problema público e, portanto, não podem garantir com total objetividade os resultados almejados inicialmente pela gestão. Por não ser uma ciência exata, o desenho de uma política está diante de incertezas, dúvidas e suposições,

---

[172] Ver: BRASIL, Tribunal Regional Federal da 1ª Região (11ª Turma). Apelação Cível nº1072869-26.2021.4.01.3400, rel. des. Newton Ramos, j. 14 de setembro de 2023.

[173] Sobre o tema, Secchi ensina que "(...) o estabelecimento de objetivos é importante para nortear a construção de alternativas e as posteriores fases de tomada de decisão, implementação e avaliação de eficácia das políticas públicas". Para mais, ver: SECCHI, Leonardo. *Políticas públicas:* conceitos, esquemas de análise, casos práticos. São Paulo: Cengage Learning, 2012, p. 37

elementos que fazem parte do cotidiano da gestão pública. Coutinho[174] ensina ser fundamental reconhecer que políticas públicas requerem um certo grau de liberdade e adaptação pelos agentes públicos, sobretudo no que diz respeito à escolha de meios alternativos e concorrentes para a realização de objetivos e na solução a ser dada a problemas identificados ao longo da implementação de uma política:

> Seja porque os objetivos da política pública raramente são especificados em minúcia pelo legislador, seja porque há caminhos alternativos e diferentes para alcançá-los, seja porque políticas públicas estão a todo tempo em processo de adaptação, ajustes e avaliações, é necessário, enfim, que administradores e gestores públicos possam contar com um arcabouço jurídico minimamente flexível, que permita experimentações, revisões e a incorporação de aprendizados, além de assegurar prestação de contas e controle democrático. Em síntese, além de ser um escudo de proteção do indivíduo, pode-se imaginar o direito administrativo como uma espécie de "tecnologia" de implementação de políticas públicas.

O risco da frustração dos objetivos deve ser uma preocupação de toda e qualquer política pública, porque a sua materialização não depende de um fenômeno isolado. Pode ser resultante de capturas por parte de governos ou do mercado, de corrupções, de erros de análise por parte da gestão pública ou mesmo de falhas na coordenação da política. Pode resultar da falta de dedicação dos gestores públicos envolvidos ou mesmo de análises incorretas sobre a possibilidade de solução do problema por meio da iniciativa.[175]

Diante disso, os Poderes Públicos são instados a refletir sobre os instrumentos de prevenção aos resultados indesejados e de mitigação dos meios por onde o dano pode se materializar. Este tópico se destina a avaliar alguns dos instrumentos que vêm sendo adotados por órgãos

---

[174] COUTINHO, Diogo Rosenthal. O direito nas políticas públicas. *In:* MARQUES, Eduardo; FARIA, Carlos Aurélio Pimenta de. (Org.). *A política pública como campo multidisciplinar.* 1 ed. São Paulo e Rio de Janeiro: Unesp; Fiocruz, 2013, v. 1, p. 192.

[175] Por conta dessas subjetividades, é recomendada maior participação da sociedade na formulação, decisão e execução de políticas públicas, a fim de conferir maior grau de eficiência e legitimidade ao processo de gestão. Nessa direção, argumenta Marcos Augusto Perez, defendendo a importância da relação entre a técnica e a política para criar racionalidade aos programas de ação do Estado, por meio da qual o gestor público tem a oportunidade de catalogar experiências anteriores, sistematizar conhecimentos diversos e possibilitar contraditórios para confecção de desenhos funcionais de políticas públicas. Ver: PEREZ, Marcos Augusto. A participação da sociedade na formulação, decisão e execução das políticas públicas. *In:* BUCCI, Maria Paula Dallari (org.). *Políticas públicas:* reflexões sobre o conceito jurídico. São Paulo: Saraiva, 2006, p. 175.

e entidades públicos país afora no sentido de qualificar o controle antifraude no âmbito da política de cotas raciais, trazendo maior segurança aos procedimentos a ela inerentes.

### 3.6.1 Curso de capacitação

Diante das complexidades para promover o funcionamento de atividades eficientes de heteroidentificação, a Administração Pública passou a enfrentar um outro desafio relacionado à governança da política pública: a inexperiência dos sujeitos que compõem as referidas bancas.

A verdade é que os brasileiros pouco aprendem a respeito de relações raciais em seu cotidiano. Embora façam parte do currículo do ensino básico, as discussões sobre raça, racismo e os impactos desse fenômeno na vida social são raramente proporcionadas em ambientes acadêmicos e profissionais. Como consequência, o Brasil passa a produzir uma quantidade significativa de cidadãos que desconhecem a complexidade das relações raciais, o que, na maioria das vezes, sequer é problematizado. Para quem está à frente da implementação da política, no entanto, a falta de conhecimento sobre o assunto é um óbice significativo.

Veja-se, por exemplo, uma Administração Pública inexperiente ou pouco atenta às particularidades relativas às fraudes na política de cotas. Uma vez instada a implementar métodos de controle de fraudes em sua política pública, pode escolher entre dois caminhos possíveis de atuação. No primeiro deles, a Administração fica diante da possibilidade de estudar as experiências de outras instituições brasileiras que enfrentaram o tema das fraudes e absorver para si aquela tida como a mais recomendada, por ter se mostrado mais eficiente na tarefa de garantir as vagas afirmativas àqueles que delas fazem jus. Essas experiências bem-sucedidas quase sempre proporcionaram um amplo debate institucional a respeito das fraudes na política e manifestam uma preocupação honesta quanto à complexidade do tema, dando espaço para que consultores e estudiosos sobre o tema possam contribuir com a construção de um modelo eficiente de controle.

No segundo caminho, de execução mais simples, a Administração Pública investe em soluções mais rápidas, como a de agrupar um número aleatório de servidores da instituição e deixá-los encarregados da tarefa de realizar, em nome da instituição, a heteroidentificação de candidatos autodeclarados negros. Nesse caso, não há uma preocupação real com a bagagem cultural e intelectual dos envolvidos no processo, mas o mero interesse em cumprir com alguma exigência ou pressão para que as fraudes sejam combatidas, independentemente de um método.

Nessa segunda hipótese, não é raro identificar instituições mais preocupadas em controlar repressivamente as fraudes, avaliando a necessidade de desligar candidatos eventualmente aprovados mediante fraude, em detrimento de uma atuação preventiva, criando mecanismos que evitem que esse fenômeno torne a ocorrer na instituição. Na prática, são alocadas para tarefa da heteroidentificação pessoas sem qualquer conhecimento sobre o tema das relações raciais, algumas até sem o menor interesse em ver o sucesso da política pública nestas instituições.

Muitos mecanismos de controle das cotas no país são gerenciados por instituições públicas despreocupadas com o currículo das pessoas envolvidas no monitoramento da ação afirmativa. Concretamente, cabe a estes sujeitos a tarefa de dizer quem pode e quem não pode atravessar os portões da universidade; quem faz e quem não faz jus à vaga no concorrido concurso público. Trata-se de um trabalho técnico, mas que pode ser muito facilmente viciado por aspectos emocionais. Um membro despreparado para o trabalho de heteroidentificação pode, erroneamente, confirmar como verdadeira a autodeclaração feita por pessoa branca de cabelos crespos, ou que se submeteu a bronzeamento artificial momentos antes do procedimento de heteroidentificação. Pode também se sensibilizar com a história de um candidato que, embora branco, tenha tido um histórico familiar de pobreza, que sempre o afastou do ambiente universitário. Embora também seja justificativa para instituição de ações afirmativas, a pobreza material não deve ser um critério a ser avaliado no contexto de uma banca de heteroidentificação, que se propõe única e exclusivamente a garantir as vagas afirmativas às vítimas do racismo no Brasil.

Essa mesma complexidade é também a porta de entrada para que muitos dos participantes de bancas de heteroidentificação queiram encontrar um argumento para não precisar excluir ninguém do processo seletivo para ocupação da vaga afirmativa. Afinal de contas, ninguém quer enfrentar o peso de ter feito uma heteroidentificação "incorreta" e responsabilizar-se por tirar a vaga de um candidato.

Tais reflexões levam a crer que a falta de um conhecimento detalhado sobre as nuances das relações raciais no Brasil representa um verdadeiro obstáculo para consecução das atividades de heteroidentificação na política de cotas. Se o membro da banca desconhece o histórico de miscigenação vivido pelo país, bem como a construção do chamado *racismo de marca* e a maneira como esse fenômeno interfere regionalmente, dificilmente terá condições de participar de maneira adequada de um processo de aferição fenotípica.

A boa condução das ações afirmativas, em especial em seu aspecto de controle, requer a capacidade de compreensão, por parte dos controladores, de como opera o racismo no país, dos processos de miscigenação e da construção das identidades negras brasileiras, que trouxeram uma especial complexidade para a discussão das questões étnico-raciais brasileiras. Também por conta disso, a Instrução Normativa nº 23, de 25 de julho de 2023, do Ministério da Gestão e da Inovação em Serviços Públicos, estabelece que a banca deverá ser composta por membros preferencialmente experientes na temática da promoção da igualdade racial (art. 19, IV) ou que tenham participado de oficina sobre a temática (art. 19, III).

Nesse contexto, seria de grande utilidade um curso de capacitação e letramento racial que desse conta de suprir eventual falta de conhecimento sobre a pauta pelos membros da banca de heteroidentificação, ou mesmo para garantir que a avaliação heterônoma esteja amparada por um método uniforme de conhecimento sobre a temática. Dessa maneira, a Administração Pública também transmite aos órgãos de controle a segurança de que, de fato, é ela quem possui as melhores condições de se preparar e executar um controle adequado da autodeclaração dos candidatos, uma vez que amparada pela *expertise* de diferentes áreas para participação apropriada no procedimento.

### 3.6.2 Remuneração dos membros da banca

A primeira tarefa sobre esse tópico é desmistificar a ideia de que a heteroidentificação é um trabalho exclusivamente ativista ou de militância política. É evidente a preferência para que as pessoas envolvidas neste trabalho estejam minimamente engajadas com o antirracismo e, consequentemente, com o aperfeiçoamento da política de cotas, afinal, foi por meio desse engajamento que as bancas foram reveladas como um caminho adequado e necessário de contenção de fraudes. No entanto, o trabalho desempenhado pelas comissões é mais do que um trabalho ativista. É uma tarefa técnica, bastante complexa e de relevante interesse público.

Uma vez definidos os critérios para selecionar os membros da comissão, que pode ser uma eleição direta, entrevistas internas com potenciais candidatos à função, ou mesmo a mera designação administrativa no âmbito institucional (uma tendência crescente), essas pessoas passam a estar responsáveis por uma série de atividades, muitas vezes pouco conectadas com sua rotina funcional. Na prática, os membros precisarão dedicar tempo e conhecimento em prol de um único objetivo: garantir a autenticidade das candidaturas para as vagas afirmativas.

Idealmente, como já visto, esses membros devem passar por algum tipo de capacitação, o que demanda um número mínimo de horas de dedicação. Na sequência, esses sujeitos precisarão participar de encontros de diferentes naturezas para conhecer a estrutura e o funcionamento dos trabalhos que irão desempenhar. Além disso, a própria participação na banca irá exigir deles uma reserva de horas, às vezes de dias, para o completo empenho à atividade.

Essa situação se agrava quando, por exemplo, os membros da comissão precisam se deslocar até determinadas cidades com o propósito de participar das atividades de heteroidentificação. Em universidades cujos *campi* estão espalhados em uma série de municípios, como é o caso Universidade Federal de São Paulo (Unifesp) e a Universidade Estadual Paulista (UNESP), no Estado de São Paulo (capital de São Paulo, Franca, Marília, Diadema, São José dos Campos etc.), os membros das comissões precisam viajar até cada uma dessas cidades para participar das bancas, do contrário, as instituições teriam que transferir aos candidatos o ônus do deslocamento para o local fixo onde a heteroidentificação seria feita, vulnerabilizando ainda mais suas candidaturas[176] e, em certa medida, prejudicando a possibilidade de ingresso de estudantes sem condições socioeconômicas para custear essa viagem.

Esses são alguns exemplos que ilustram as dificuldades presentes no trabalho das bancas de heteroidentificação. São também bastante ilustrativos da necessidade de este ofício ser valorizado como de relevante interesse público, inclusive por meio de remuneração adequada.

---

[176] Em entrevista dada ao Jornal Nexo em 2022, Tatiana Dias Silva, especialista em ações afirmativas no funcionalismo, chamou atenção para o fato de muitos concursos públicos não estarem verdadeiramente preocupados com as vulnerabilidades de diversas naturezas sofridas pelos candidatos, a exemplo da obrigatoriedade de submetê-los a uma série de deslocamentos regionais, a serem custeados por eles próprios: "Um concurso que envolve vários deslocamentos é uma barreira não apenas para negros, mas para pessoas com responsabilidades familiares, especialmente mulheres, para pessoas com deficiência em geral. Ao discutir igualdade racial, discutimos também justiça social de uma forma mais ampla". Disponível em: https://www.nexojornal.com.br/entrevista/2022/01/22/%E2%80%98A-pluralidade-permite-ao-poder-p%C3%BAblico-enxergar-a-realidade%E2%80%99. Acesso em: 28 set. 2022.

Sob um primeiro olhar, remunerar a atividade da heteroidentificação não parece ser uma discussão de todo polêmica, afinal é uma função administrativa prestada por servidores públicos, de caráter periódico, mas não cotidiano. A remuneração serviria como um instrumento justo para assegurar qualidade no processo e reconhecer a importância da atividade na instituição, atraindo um maior número de pessoas interessadas em dedicar seu tempo e seu conhecimento aos propósitos do controle antifraude. Em uma banca de universidade, por exemplo, não parece correto exigir que um professor, ao mesmo tempo que assume uma carga considerável de horas-aula em sua rotina semanal, assumisse a gestão de uma banca de heteroidentificação sem qualquer tipo de remuneração, compensação ou afastamento de demais funções desempenhadas na instituição.

Ainda sobre o caso específico das universidades, a Emenda Constitucional nº 19/1998 pôs fim à obrigatoriedade do regime jurídico único, devolvendo às instituições de ensino a autonomia administrativo-normativa. Nada impede que, observado o seu orçamento, uma universidade concedesse aumentos aos seus servidores e estabelecesse remuneração àqueles engajados em tarefas específicas.[177]

A legislação brasileira assume essas práticas como "encargos", para os quais deve haver gratificação específica. O art. 76-A, da Lei nº 8.112/1990, lista as hipóteses de encargos remunerados como: (i) a atuação do servidor como instrutor em curso de formação, de desenvolvimento ou de treinamento; (ii) a participação de banca examinadora ou de comissão para exames orais, para análise curricular, para correção de provas discursivas, para elaboração de questões de provas ou para julgamento de recursos intentados por candidatos; (iii) a participação da logística de preparação e de realização de concurso público envolvendo atividades de planejamento, coordenação, supervisão, execução e avaliação de resultado, quando tais atividades não estiverem incluídas entre as suas atribuições permanentes; e (iv) a participação na aplicação, fiscalização ou avaliação de provas de exames de vestibular ou de concurso público, ou supervisão dessas atividades.

Para todas as hipóteses listadas, o valor da gratificação é calculado em horas e só será pago se as atividades foram exercidas sem prejuízo das atribuições do cargo de que o servidor for titular, devendo

---

[177] ARAGÃO, Alexandre Santos. A autonomia universitária e suas dimensões no direito brasileiro. *In*: CABRAL, Edson César dos Santos; QUEIROZ, João Eduardo Lopes. *Autonomia universitária*: 30 anos no Estado de São Paulo. São Paulo: Editora Unesp, 2020, p. 49.

ser objeto de compensação de carga horária quando desempenhadas durante a jornada de trabalho, conforme estabelece a mesma norma.

A própria legislação, portanto, acaba por concluir que a sobrecarga de trabalho entre servidores geraria desestímulo, o que, no caso do controle antifraude, poderia prejudicar severamente o sucesso dos trabalhos na banca de heteroidentificação. No entanto, mesmo diante dessas circunstâncias, para alguns servidores a remuneração não é sequer cogitável. Primeiramente, por conta de uma cultura existente no ambiente administrativo de normalizar a não remuneração de atividades político-administrativas que exigem dos seus servidores um empenho considerável, como ocorre na participação em conselhos e comissões especiais. Essa cultura, vale destacar, não é necessariamente negativa, visto que muitas dessas atividades, embora necessárias, tendem a não impactar as demais funções de um servidor, por não serem habituais ou essencialmente penosas. Em segundo lugar, porque muitos dos servidores alocados para a tarefa das bancas de heteroidentificação têm incluídas, entre suas atribuições permanentes, a prática de gestão institucional, onde geralmente está contemplada a participação em bancas de heteroidentificação.

A remuneração dos participantes, portanto, depende de uma série de variantes, como a eventualidade da tarefa, a natureza da atividade a ser praticada e a natureza do contrato de trabalho firmado entre o servidor e o Poder Público responsável pela política de ação afirmativa.

Em todos os casos, é certa, e também protegida pela legislação brasileira, a indenização dos servidores que realizam despesas relacionadas a deslocamento, aluguel de moradia ou hospedagem, além da alimentação, para execução de serviços externos, conforme estabelecem os artigos 58, 60, 60-A, da Lei nº 8.112/1990. Na hipótese acima apresentada, em que membros da banca precisam se deslocar para outros municípios a fim de participar da atividade de controle da ação afirmativa, é plenamente legal o pagamento de estadia, locomoção e alimentação aos servidores envolvidos.

Há, ainda, quem defenda que remunerar atividades extraordinárias prestadas por servidores públicos pode acarretar maiores riscos ao *compliance* no âmbito da função pública ou impactos à credibilidade do controle desejado, abrindo margem para práticas corruptivas na gestão da política. Além de altamente preconceituosa, por supor que servidores públicos estão somente interessados no retorno financeiro de seu trabalho, e não na efetiva garantia de qualidade do serviço público por ele prestado, o argumento perde sua força ao entender que a corrupção pode ser praticada em qualquer meio e sob quaisquer circunstâncias.

Um candidato que tenha interesse em fraudar o certame e, para atingir seu objetivo, busca corromper servidores públicos participantes da banca de heteroidentificação não será atraído para a prática irregular pelo simples fato de poder suborná-los, mas pela ausência de controles eficazes, na instituição, que monitorem riscos específicos de não conformidade com leis e regulamentos, de códigos de ética e conduta e de outros referenciais de gestão de riscos.

Seguindo à risca as orientações referentes à gestão da coisa pública, a remuneração não precisa ser um problema. Em caso de impossibilidades reais para o seu oferecimento, por falta de verba ou pela escolha política do gestor da instituição pública em não remunerar, ainda seria possível a oferta de algum tipo de gratificação não pecuniária aos servidores participantes, tais como como a concessão de certificados e outras formas de reconhecimento público pelo trabalho prestado.

### 3.6.3  Utilização de recursos tecnológicos

Muito inspiradas nas práticas de trabalho remoto provocadas pela crise sanitária da Covid-19 no país, as instituições implementadoras da política de cotas passaram a adotar etapas de caráter telepresencial para realizar a heteroidentificação dos candidatos pleiteantes de vagas afirmativas em universidades e cargos públicos. Essas práticas têm muita similaridade com o trabalho desenvolvido nos modelos presenciais de bancas de heteroidentificação e, portanto, sujeitam os candidatos a um procedimento em tempo real para permitir a análise do fenótipo por uma banca de especialistas. A diferença, que é substancial, diz respeito ao fato de que a aferição do fenótipo dos candidatos é feita remotamente, a partir da qual os membros da banca e os candidatos às vagas não se encontram cara a cara, mas em uma sala virtual. Há também instituições que passaram a exigir dos candidatos o envio de fotografias e/ou vídeos como parte do processo de heteroidentificação.

Para processos de competição pública que se pretendem nacionais, como vestibulares de universidades muito concorridas, o uso de recursos tecnológicos e de atividades assíncronas para verificação do candidato pode representar um modelo interessante, uma vez que permite que candidatos de todos os cantos do país possam participar de maneira completa do processo seletivo sem arcar com gastos relacionados a deslocamento para o local onde o procedimento presencial ocorreria.

No entanto, as experiências de bancas virtuais e de atividades assíncronas para a heteroidentificação na política de cotas passaram a ser questionadas por parte dos defensores das metodologias mais tradicionais. Isso porque, mesmo nas bancas presenciais, é comum identificar casos nos quais candidatos manipulam algumas de suas características físicas para forjar uma "negritude" perante os membros da banca. Não são raros os casos de candidatos que investem, por exemplo, em maquiagens para escurecer a pele ou para alterar o formato do nariz e dos lábios, ou então em penteados associados à população negra, como tranças, *dreadlocks* e *black power*, com a finalidade de aparentarem "mais negros" do que efetivamente são. Muitos desses casos, inclusive, são os responsáveis por tornar conhecida entre os brasileiros a experiência das bancas de heteroidentificação.[178]

Mesmo uma banca pouco treinada, mas atenta a essas possibilidades de fraude, consegue notar com certa facilidade as práticas ardilosas adotadas por candidatos com a intenção de corromper os propósitos do programa de cotas raciais. Essa facilidade, entretanto, é afastada nas hipóteses em que o contato com os candidatos mal-intencionados é feito à distância, em um ambiente virtual, ou então por meio de análises de fotografias ou vídeos enviados pelo próprio candidato.

É natural a compreensão de que, nos procedimentos conduzidos virtualmente ou por meio da aceitação do envio de fotos e vídeos pelos candidatos, existe um espaço facilitado para que candidaturas fraudulentas obtenham êxito no desvio do certame. Isso porque, por esse meio, o Poder Público enfrenta maiores empecilhos para controlar a iluminação do ambiente, o foco das câmeras que separam os interlocutores e outros elementos que são determinantes para um bom processo de heteroidentificação. Pelas etapas virtuais, é também mais difícil ter a percepção de eventuais manipulações que os candidatos venham a implementar em sua fisionomia, frustrando a expectativa de certeza de que o candidato não se maquiou ou não adotou outras práticas para disfarçar o seu fenótipo.

Por isso, é fundamental que, uma vez assumida a opção institucional para que a heteroidentificação seja realizada por meio de um procedimento telepresencial e com a utilização de recursos de tecnologia, a Administração Pública responsável esteja atenta aos potenciais

---

[178] Em sua experiência na gestão do controle antifraude da política de cotas no Município de São Paulo, Najara Costa narra: "(...) era possível observar que determinados indivíduos tentavam se 'fantasiar de negro'. Alguns vinham nitidamente bronzeados/as e/ou com maquiagem (base e/ou pó facial) em tom mais escuro que a própria pele, outros ainda usavam roupas e/ou adereços africanos". Ver: COSTA, Najara Lima. *Quem é negro no Brasil*: cotas raciais e comissões de heteroidentificação na Prefeitura de São Paulo. São Paulo: Dandara, 2020, p. 91.

riscos que podem decorrer dessa prática e crie mecanismos de gestão eficazes, a fim de impedir a materialização de danos na implementação do controle.

A título de exemplo, importa menção à experiência do vestibular da Universidade de São Paulo,[179] que, ao contar com etapas que requerem o uso de recursos tecnológicos, estabelece uma série de regramentos para mitigar os riscos de fraude: (i) atribui ao candidato a responsabilidade pela disponibilização de equipamentos e de conexão à internet adequados para sua participação no procedimento virtual; (ii) atribui ao candidato a responsabilidade por garantir boas condições de iluminação e nitidez da imagem gravada; (iii) veda o uso de efeitos visuais e planos de fundo por parte do candidato; (iv) veda o uso de acessórios (bonés, óculos de sol, maquiagens) ou de outros elementos que impeçam, dificultem ou alterem a observação e a filmagem de suas características fenotípicas do candidato; (v) recomenda aos candidatos que, no contexto do procedimento, utilizem roupas neutras e sem estampas.

### 3.6.4 Heterogeneidade na composição da banca

Finalmente, a heterogeneidade na composição da banca de heteroidentificação também figura como um meio de qualificação do controle antifraude, na medida em que permite que o colegiado seja formado por pessoas pertencentes a diferentes grupos étnico-raciais, regionais e de gênero. Esse critério tornou-se obrigatório na regulação federal da matéria destinada aos concursos da Administração Federal, como destacado no artigo 19, §4º, da Instrução Normativa nº 23, de 25 de julho de 2023, do Ministério da Gestão e da Inovação em Serviços Públicos:

> A composição da comissão de heteroidentificação deverá garantir a diversidade das pessoas que a integram quanto ao gênero, à cor e, sempre que possível, à origem regional.

Essa é uma característica que atua, inclusive, para proteger o controle antifraude de críticas e falácias comumente direcionadas às

---

[179] Para mais, ver: Resolução nº 8.287, de 11 de agosto de 2022, do Conselho de Inclusão e Pertencimento da Universidade de São Paulo. Disponível em: https://leginf.usp.br/?resolucao=resolucao-coip-no-8287-de-11-de-agosto-de-2022-copy. Acesso em: 18 dez. 2023.

bancas de heteroidentificação. Muito se ouve falar, principalmente por parte dos antagonistas da política, que os colegiados são compostos apenas por membros do Movimento Negro ou então apenas por pessoas pretas retintas, com uma suposta intenção de "caçar" fraudadores e deslegitimar a autodeclaração racial apresentada por candidatos de pele mais clara.

A heterogeneidade, nesse sentido, além de afastar essas críticas, atua para garantir uma multiplicidade de perfis de pessoas na composição das bancas de heteroidentificação, provando que o controle antifraude pode ser feito de maneira adequada tanto por homens quanto por mulheres, tanto por negros quanto por brancos, além de garantir a participação de pessoas advindas de estados distintos daquele onde a banca está sendo implementada e onde as diferenças nas percepções das identidades raciais podem enriquecer o trabalho de heteroidentificação.

## 3.7 Conclusões parciais

Este terceiro capítulo teve como foco os métodos de controle antifraude. Como toda política pública, as cotas estão sujeitas a controles de diferentes naturezas, e esta etapa buscou analisar aqueles praticados pela Administração Pública com o propósito de assegurar a conformidade dos atos administrativos no âmbito da política de cotas raciais que atuam de modo a impedir a prática da fraude pelos candidatos às vagas afirmativas.

A primeira conclusão apresentada neste tópico está relacionada à importância da *autodeclaração* como um elemento do controle antifraude, assim descrita a postura adotada pelos indivíduos para informarem como se reconhecem racialmente perante a sociedade. Com o passar dos anos, a autodeclaração foi ganhando corpo e notoriedade perante as legislações nacionais, revelando uma tendência de editais de processos seletivos contemporâneos em estabelecê-la como critério de elegibilidade do candidato para concorrer pelo sistema de ação afirmativa. No entanto, a institucionalização de benefícios afirmativos para a população negra no Brasil mostrou a insuficiência da autodeclaração para descrever o beneficiário das medidas, uma vez que *individual, subjetiva* e *autoatribuída* e, portanto, propensa a fraudes pelos candidatos. Com isso, o Estado e as instituições de controle passaram a entendê-la não mais como critério absoluto de definição da pertença étnico-racial de um indivíduo, exigindo a adoção de controles heterônomos de confirmação de sua autenticidade.

Em segundo lugar, também foram traçadas considerações sobre o método do controle antifraude pela *heteroidentificação*. As bancas de heteroidentificação foram apresentadas como o mais popular instrumento engendrado pelas Administrações Públicas para contenção de fraudes, pois por meio delas formam-se colegiados administrativos com o propósito de classificar como beneficiários (ou não) os candidatos às vagas afirmativas, prevenindo ou reprimindo a ocorrência de fraudes. O capítulo também buscou desestruturar o argumento apresentado por parte expressiva dos antagonistas da política que busca aproximar as bancas de heteroidentificação a um suposto "Tribunal Racial", com motivações discriminatórias. Desde a sua criação nas experiências universitárias do país, a heteroidentificação teve como propósito *incluir*, e não *excluir* pessoas negras, de modo a promover a efetiva inclusão racial proposta pelas normas que estruturam a política de cotas. As bancas de heteroidentificação, portanto, atuando por meio de análises fenotípicas que respeitam a dignidade dos candidatos, têm representado uma ferramenta validada pelo seu uso corrente nas últimas décadas e encontra certo consenso entre ativistas do Movimento Negro e gestores públicos.

Foram igualmente exploradas algumas diferenças entre os métodos de promover a heteroidentificação. A primeira delas é a relativa ao *momento do controle*, que ganha contornos diferentes se realizada de maneira *preventiva* (de modo a impedir a concretização da fraude, frustrando as expectativas do candidato) ou *repressiva* (suspendendo ou anulando os atos administrativos que levam à validação da declaração racial inverídica ou incompatível apresentada pelo candidato), conforme síntese exposta abaixo:

TABELA 4
Momento do controle

| Momento do controle | Definição | Características |
|---|---|---|
| Controle preventivo | Controle que impede a concretização da fraude, por agir de modo a frustrar as expectativas do candidato diante da possibilidade de ver confirmada a sua candidatura fraudulenta. | Geralmente praticado por meio de bancas de heteroidentificação, cuja existência serve como desestímulo à fraude, além de permitir, desde o início, a ocupação da vaga afirmativa a quem de direito. |
| Controle repressivo | Controle que atua em contexto posterior à concretização da fraude, com o propósito de corrigir a validação da declaração racial inverídica ou incompatível. | Geralmente decorre de denúncias e depende da abertura de processos investigativos para apuração da conduta indevida. |

A segunda característica da heteroidentificação se relaciona ao *critério de aferição* adotado pela banca, sendo o *fenótipo* (leitura das características físicas do candidato) o mais adequado à função do controle antifraude, por estar alinhado ao critério norteador das discriminações raciais na sociedade brasileira. Como visto, a análise fenotípica permite à banca refletir se o conjunto das características físicas do candidato importam a ele a identificação social como uma pessoa negra e, portanto, suscetível às discriminações raciais reproduzidas no país. Trata-se de um critério lógico, afinal, se o propósito da política de cotas é reparar o racismo institucional, seus beneficiários devem ser aqueles diretamente afetados por esse fenômeno.

Em contrapartida, foram apresentadas considerações a respeito de bancas que consideram, como critério de aferição, a afro-ascendência (existência de antepassados negros) e documentos que são alheios à aferição fenotípica dos candidatos. Esses critérios, embora raramente inseridos nos editais de disputas públicas como válidos para gozo da ação afirmativa, são frequentemente apresentados/alegados por candidatos que não reúnem caracteres de uma pessoa negra, na tentativa de validar sua autodeclaração como verídica. Por serem pouco objetivos, esses critérios não costumam ser admitidos no curso do controle antifraude. A tabela abaixo sintetiza essas preocupações:

## TABELA 5
### Critérios de aferição

| Critérios de aferição | Definição | Vantagens/Desvantagens |
|---|---|---|
| Fenótipo | Conjunto de características externas e observáveis em um ser humano. Para fins da política pública, resumem-se à cor da pele, aos traços faciais e à textura do cabelo. | Permite aferição do candidato a partir de elementos norteadores das discriminações raciais no Brasil. |
| Afro-ascendência | Existência de antepassados negros na linhagem familiar de uma pessoa, reveladora de alguma identidade genética com pessoas negras. | Critério pouco objetivo, além de excessivamente abrangente, tendo em vista da conhecida dimensão da miscigenação entre os brasileiros. |
| Outros meios de prova | Alegações de experiências de racismo; certidão de nascimento; fotos de infância ou de familiares; aprovação pretérita em outras bancas de heteroidentificação. | Dificuldade de atestar a veracidade das alegações e a legitimidade das provas documentais. |

Adiante, foi proposta uma organização dos princípios processuais estabelecidos pelo Supremo Tribunal Federal para reconhecer a constitucionalidade das bancas de heteroidentificação. O primeiro deles é o da (i) a *dignidade da pessoa humana*, por meio do qual se busca impedir a exposição dos candidatos a constrangimentos de ordem moral durante a oitiva realizada pela banca de heteroidentificação; o segundo é o (ii) *contraditório e ampla defesa*, por meio dos quais se garante aos candidatos o exercício do direito de informação geral sobre a heteroidentificação e de defesa, a partir dos meios e recursos a ela inerentes; e o terceiro, do (iii) *in dubio pro* autodeclaração, que estabelece que, no caso de persistir, entre os membros da banca de heteroidentificação, dúvida em relação à confirmação da declaração racial prestada pelo indivíduo, a decisão da banca deve confirmar a autodeclaração por ele apresentada. Além desses, apontou-se a imprescindibilidade da *motivação* como um dos princípios norteadores da heteroidentificação, especialmente em decisões administrativas que ensejam a desclassificação de candidatos cotistas. A tabela abaixo resume os referidos princípios e as observações a eles pertinentes:

TABELA 6
Princípios aplicáveis à heteroidentificação

| Princípios aplicáveis | Definição | Observações |
|---|---|---|
| Dignidade humana | Vedação à exposição dos candidatos a constrangimentos morais durante a oitiva, preservando-os de análises vexatórias e de condutas discriminatórias. | Entre as vedações, incluem-se as análises antropométricas dos candidatos, desrespeito a adereços religiosos e a realização de comentários preconceituosos. |
| Contraditório e ampla defesa | Direito de influenciar ativamente na decisão a ser proferida, a partir do conhecimento geral da investigação e de intervir sobre todos os atos processuais, inclusive em nível recursal. | Os princípios não criam obrigação ao Estado relacionada à apreciação de provas inúteis ou impertinentes à heteroidentificação. |
| *In dubio pro* autodeclaração | Expressão do princípio jurídico da presunção da inocência, segundo o qual a banca deve decidir em sentido mais favorável ao candidato caso persista dúvida em relação à confirmação ou não de sua declaração racial. | O princípio valoriza a interpretação segundo a qual a autodeclaração goza de presunção relativa de veracidade, reconhecendo a sua importância política na sociedade brasileira. |
| Motivação | Dever da Administração Pública de justificar adequadamente as decisões adotadas pela banca de heteroidentificação, especialmente aquelas que ensejam a desclassificação de candidatos. | A aplicação prática do princípio revela que o mero apontamento de que o candidato não "preenche os requisitos do edital" ou que "não possui os traços fenotípicos de uma pessoa negra" não é suficiente para justificar a sua desclassificação. É fundamental que a banca aponte, com objetividade, quais traços fenotípicos não foram notados durante o procedimento. |

Como parte final do capítulo, foi exposto que as experiências de implementação dos controles antifraude levaram as Administrações Públicas a adotarem *meios que qualificam a sua atividade controladora*. Os meios explorados neste estudo foram o *curso de capacitação* entre os membros da banca, permitindo que todos tenham condições objetivas e uma real bagagem cultural e intelectual para realização da avaliação heterônoma; a *remuneração dos membros da banca*, como meio de reconhecer a heteroidentificação não como um trabalho ativista, mas essencialmente técnico, complexo e de relevante interesse público; a *utilização de recursos tecnológicos*, que tem surgido estrategicamente para confrontar os modelos presenciais de bancas de heteroidentificação (permitindo, assim, a ampliação e diversificação regional das candidaturas afirmativas) e, em paralelo, despertado a atenção dos Poderes Públicos no que diz respeito às práticas de manipulação das características físicas dos candidatos pelos meios virtuais; e, por fim, a *heterogeneidade na composição das bancas* como meio de valorização da diversidade na construção do controle antifraude.

Abaixo, a síntese das considerações trabalhadas no capítulo sobre o tema:

TABELA 7

Meios de qualificação do controle antifraude

(continua)

| Meios de qualificação do controle | Contexto | Aplicação |
|---|---|---|
| Curso de capacitação | É o meio pelo qual a gestão da banca garante que todos os membros envolvidos no controle antifraude tenham condições de realizar o trabalho adequadamente. | Em geral, a capacitação se destina a orientar os membros da banca a respeito do procedimento de heteroidentificação, o histórico brasileiro de miscigenação da população afro-brasileira, o conceito de racismo de marca etc. |

(conclusão)

| Meios de qualificação do controle | Contexto | Aplicação |
|---|---|---|
| Remuneração dos membros da banca | A remuneração representa um instrumento para reconhecer a importância da atividade na instituição pública, atraindo um maior número de interessados em participar do controle. | A remuneração depende de uma série de variantes, como a eventualidade da tarefa, a natureza da atividade a ser praticada e a natureza do contrato de trabalho firmado entre o servidor e o Estado, assegurada, de toda forma, o pagamento de despesas de deslocamento, hospedagem e alimentação para execução de serviços externos (cf. Lei nº 8.112/1990). |
| Utilização de recursos tecnológicos | Trata-se da permissão para que candidatos sejam avaliados pela banca de heteroidentificação de maneira remota, por meio de atividades assíncronas (envio de fotos e vídeos), ou então por meio de procedimentos virtuais, em substituição ou em complemento às etapas presenciais de aferição. | Por serem objeto de muitas críticas pelos especialistas, a heteroidentificação remota não é recomendada. Se necessárias, exigem cuidados adicionais para detecção de manipulações fisionômicas eventualmente implementadas pelos candidatos. |
| Heterogeneidade na composição das bancas | Mecanismo que permite que o colegiado seja formado por pessoas pertencentes a diferentes grupos étnico-raciais, regionais e de gênero. | A medida serve também para afastar as críticas feitas por antagonistas da política de que o controle antifraude é guiado somente por membros do Movimento Negro ou por pessoas pretas retintas, com uma suposta intenção de "caçar" fraudadores e deslegitimar a autodeclaração racial apresentada pelos candidatos. |

CAPÍTULO 4

# REPERCUSSÕES JURÍDICAS DAS FRAUDES

Embora o tema das fraudes na política de cotas raciais não tenha sido, até o momento, objeto de grande produção doutrinária pelo campo jurídico, o fenômeno tem gerado repercussões perante os órgãos jurisdicionais e os ministérios públicos do país. Crescem a intervenção do Poder Judiciário na política de cotas, a participação de órgãos de controle no processo de implementação das medidas antifraude, além das discussões sobre a responsabilização de gestores públicos e dos fraudadores envolvidos nos desvios verificados no programa. Este capítulo se destina a examinar as referidas repercussões, destacando os principais elementos normativos, doutrinários, principiológicos e jurisprudenciais a respeito das fraudes e dos respectivos controles implementados pelas instituições públicas.

## 4.1 Judicialização da política

O Poder Judiciário sempre foi um ator muito presente na agenda das cotas raciais. Se estudadas as experiências pioneiras de implementação da política, entram em cena os casos de pessoas que se sentiram prejudicadas pela existência de ações afirmativas no processo para ingresso em universidades e, sob essas condições, levaram até a justiça a demanda de que cotas não deveriam existir. Nesses casos de judicialização, universidades de vários cantos do país tiveram sua política pública contrariada por magistrados, além de questionada a sua autonomia para adotar métodos de reserva de vagas para pessoas negras.

Veja-se, por exemplo, os casos de judicialização envolvendo as universidades baianas, pioneiras na adoção da política pública. Ainda em 2003, um candidato a uma vaga do curso de Agronomia na

Universidade do Estado da Bahia (UNEB) que não foi contemplado no processo seletivo buscou a Justiça baiana para questionar a existência da política afirmativa, colocando-a como a responsável pela sua reprovação na disputa. Na situação, o candidato teria obtido, dentre as 35 vagas ofertadas no concurso, a 29ª classificação, mas foi excluído da lista de chamada em virtude de o edital ter consagrado 40% das vagas a "estudantes afrodescendentes" provenientes das escolas públicas da Bahia. Na ocasião, ele sustentou também ser afrodescendente e, dessa forma, o Judiciário deu a ele a vaga em discussão.[180]

Em outro caso, também protagonizado por um candidato irresignado com sua reprovação no processo seletivo, mas agora na Universidade Federal da Bahia, a Justiça avaliou que o sistema de cotas proposto pela instituição agredia normas constitucionais, que proíbem qualquer forma de discriminação e protege a igualdade como um dos princípios da República.[181]

Na Universidade Federal do Paraná, em 2005, uma magistrada defendeu, diante de um caso concreto de uma candidata ao curso de Direito "prejudicada" pelas cotas, que ações afirmativas dessa natureza não possuem relação alguma com a autonomia universitária, tendo a instituição de ensino, portanto, usurpado a competência legislativa para tratar do tema. A decisão é cheia de contradições, sobretudo por reconhecer a situação de desigualdade de representatividade racial na UFPR. No entanto, pelo fato de a política na época não possuir nenhum respaldo legal, a Universidade foi obrigada por decisão judicial a "criar" uma vaga adicional para a requerente que levou a situação à Justiça.[182]

Para não mencionar apenas os casos de atuação jurisdicional que desnaturaram a política de cotas no país, é preciso esclarecer que o Poder Judiciário, mesmo antes do julgamento da ADPF 186 pelo Supremo, já se posicionou favoravelmente à ação afirmativa em casos concretos, opinando, inclusive, sobre a sua constitucionalidade. Na Universidade Federal de Santa Catarina, houve um caso emblemático julgado em março de 2009, em que a 3ª Turma do Tribunal Regional

---

[180] Ver: Tribunal Regional Federal – 1ª Região, Sexta Turma. Apelação em Mandado de Segurança nº 2003.33.00.007199-9/BA, julgado por Daniel Paes Ribeiro, j. 06 de fevereiro de 2006.
[181] Ver: Tribunal Regional Federal – 1ª Região, Sexta Turma. Apelação no Mandado de Segurança nº 2005.33.00.004941-5/BA, rel. Desembargador Federal Daniel Paes Ribeiro, j. 12 de novembro de 2007.
[182] Ver: Tribunal Regional Federal – 4ª Região, 5ª Vara Federal de Curitiba. Procedimento Comum Ordinário nº 2005.70.00.005657-1/PR, julgado por Giovanna Mayer, j. 10 de janeiro de 2008.

Federal da 4ª Região reconheceu o dever do Estado no combate aos privilégios raciais por meio de ações afirmativas:

> (...) pessoas negras foram e são sistematicamente prejudicadas no acesso ao ensino superior, dadas às condições sociais decorrentes da discriminação passada e presente, muitos brancos obtiveram vagas universitárias graças ao privilégio ligado à sua condição racial – circunstância que excluía e continua alijando da disputa pelas vagas um grande número de pessoas, privadas que foram e continuam a ser de condições de competir em virtude de pertencerem a grupos raciais que sofreram intensa exploração e exclusão e carregam até hoje, geração após geração, os efeitos deste passado discriminatório.[183]

Embora a doutrina brasileira já tenha tratado amplamente sobre a intervenção do Poder Judiciário em políticas públicas, ainda persistem algumas polêmicas que precisam ser avaliadas, em especial, quanto às especificidades dessa discussão no campo da política de cotas.

Grande parte das contribuições doutrinárias pelo Direito Administrativo se dedica a explicar os ganhos ou prejuízos potenciais em se permitir uma ampla atuação jurisdicional sobre decisões administrativas adotadas pelo Poder Público. Um argumento protagonista na área, que ganhou essa alcunha por valorizar o complexo trabalho desenvolvido pelas administrações brasileiras, defende que os atos administrativos só devem ser objeto de controle jurisdicional no que diz respeito à sua legalidade e validade, retirando da mesa dos magistrados a possibilidade de discussão do mérito do ato administrativo.

A *teoria da imunidade jurisdicional do mérito do ato discricionário*, como ficou conhecida, defende que a Administração Pública, ao atuar com discricionariedade, exercita juízos de conveniência e oportunidade e, nesse âmbito, eventual revisão jurisdicional dessa atuação deveria estar circunscrita aos elementos externos da legalidade do ato, como a competência para confecção do ato administrativo e sua forma. A ponderação dos fatos, valores e interesses que determinaram o exercício discricionário, no entanto, é elemento de gestão exclusiva do Poder Executivo, cuja revisão jurisdicional estaria vedada pelo ordenamento jurídico.[184]

---

[183] Ver: Tribunal Regional Federal – 4ª Região, 3ª Turma. Agravo de Instrumento nº 2009.04.00.003536-4/SC, rel. Des. Federal Carlos Eduardo Thompson Flores Lenz, j. 10 de março de 2009.

[184] Essa é a explicação da teoria dada por Marcos Augusto Perez. Ver: PEREZ, Marcos Augusto. *Testes de legalidade:* métodos para o amplo controle jurisdicional da discricionariedade administrativa. Belo Horizonte: Fórum, 2020, p. 92.

No que tange à política de cotas, essa é uma narrativa que precisa de algumas ponderações. Importa saber que, antes de sua popularização entre as instituições federais, por meio das Leis de Cotas, o Poder Judiciário assumiu diferentes papéis e esteve ao lado de diferentes correlações de forças no país. Os vários exemplos dados no início do capítulo, de casos em que o Judiciário ora esteve contra, ora esteve a favor da política, são ilustrativos de uma verdadeira inconstância vivida pelas ações afirmativas antes que as Leis nº 12.711/2012 e nº 12.990/2014 fossem editadas.

Mesmo diante de um conhecido histórico de discriminação vivenciado pela população negra e de dados que já mostravam a sub-representação negra nos espaços institucionais, a ausência de uma legislação sobre o tema era usada como fundamento jurídico para impedir que universidades públicas mantivessem medidas afirmativas.

O que havia entre o Poder Judiciário era uma maior salvaguarda para que os magistrados se posicionassem sobre a política no ambiente jurisdicional da forma como bem entendessem e a partir de suas visões de mundo. Do ponto de vista mais geral do problema, não havia entre os magistrados uma dedicação para construir uma técnica jurídica sobre o tema das cotas, por meio da qual pudessem refletir sobre a necessidade da política pública e defendê-la em maior grau, sem que fossem questionados pelas instâncias jurisdicionais superiores, ou mesmo acusados de cometer uma injusta complacência.

Importante notar que essa falta de interesse em garantir a continuidade de políticas afirmativas para pessoas negras pode ser também uma consequência direta da falta de diversidade nos ambientes jurisdicionais. As cotas raciais para ocupação de cargos no Poder Judiciário ainda não são uma realidade uniforme em todo o país, e nos poucos lugares onde a política se faz presente, ainda não é possível dizer que o quadro de servidores, em especial o de magistrados, reflete o perfil racial dos brasileiros.[185]

A forma como ocorre a interação entre as vivências pessoais dos magistrados e o seu juízo sobre a política de cotas levada à apreciação do Judiciário é um objeto de investigação à parte, que merece uma

---

[185] A reserva de vagas para candidatos negros na magistratura é regulamentada pela Resolução CNJ 203/2015, que estabelece aos órgãos do Poder Judiciário a obrigação de destinar o percentual mínimo de 20% das vagas oferecidas para provimento de cargos efetivos do Quadro de Pessoal sempre que o número de vagas oferecidas no concurso público for igual ou superior a 3 (três).

abordagem mais extensa e qualificada.[186] No entanto, sendo a maioria desses profissionais do Direito pessoas que gozam dos históricos privilégios raciais existentes no país,[187] tendo sido poucas vezes provocadas a refletir sobre a temática, é de se supor que, mesmo atualmente, tenham desenvolvido pouca afeição às ações afirmativas e se valham de seus preconceitos raciais para aplicação de seu juízo. Do ponto de vista da manutenção e do aprimoramento da política, que é levada ao Judiciário ano a ano desde o seu nascimento, esse é um fenômeno perigoso e que merece atenção especial.

O fato é que, mesmo diante dos inúmeros casos em que a atuação jurisdicional contribuiu para deslegitimar a posição das administrações implementadoras de cotas raciais, para tantos outros, o Poder Judiciário foi fundamental para a garantia da política pública. Essa instância foi chamada a se posicionar em vários momentos e, em muitos deles, foi criado um ambiente de oportunidades para fortalecer a autonomia das instituições para implementar ações afirmativas para grupos vulnerabilizados na sociedade brasileira, destacando sua relevância e necessidade.

Veja-se, por exemplo, um caso de 2007 envolvendo a Universidade Federal da Bahia, julgado pelo Tribunal Regional Federal da 1ª Região. Na situação, o relator da demanda abordou de maneira muito inteligente a necessidade de o país promover discriminações positivas em favor de pessoas negras e indígenas, *"cuja desigualdade histórica é óbvia, dispensando até os dados estatísticos, além de reconhecida expressamente pela Constituição ao dedicar-lhes capítulos específicos"*. O magistrado defendeu que a raça é um importante índice a ser levado em consideração nos processos vestibulares e que, por trás deles, há um verdadeiro fator de discriminação que impede o ingresso desses grupos nos espaços institucionais ao longo da história do país.[188] Aqui,

---

[186] Ver: RAMOS, Marcelo Maciel; CASTRO, Felipe Araújo. Aristocracia judicial brasileira: privilégios, *habitus* e cumplicidade estrutural. *Revista Direito GV* (Online), v. 15, n. 2, 2019; e SOUZA, Eduardo Levi de. *Juízes(as) negros(as) e seus modos de julgar*: processos educativos, lugar de fala e engrenagem institucional. Belo Horizonte, 2019. Dissertação (Mestrado em Educação) – Faculdade de Educação, Universidade Federal de Minas Gerais, Belo Horizonte, 2019.

[187] Segundo o relatório "Perfil Sociodemográfico dos Magistrados Brasileiros", conduzido pelo Conselho Nacional de Justiça em 2018, a maioria dos magistrados brasileiros se declara branca (80,3%). Negros representam 18,1% entre os autodeclarados (16,5% pardos e 1,6% pretos).

[188] Ver: Tribunal Regional Federal – 1ª Região, Quinta Turma. Apelação em Mandado de Segurança nº 2006.33.00.008424-9/BA, rel. Desembargador João Batista Moreira, j. 11 de abril de 2007.

o objeto da discussão não esteve circunscrito aos aspectos formais dos atos administrativos que levaram a UFBA a adotar a política, mas o seu próprio mérito, que estava sendo recorrentemente questionado por não beneficiários das cotas, irresignados com o seu insucesso no vestibular.

O exemplo mais ilustrativo da contribuição jurisdicional ao tema se dá com o Supremo Tribunal Federal, que foi instado a se posicionar sobre a política de cotas raciais da Universidade de Brasília. Já amplamente referenciada neste trabalho, a ADPF 186 levou ao exame do órgão de cúpula do Poder Judiciário brasileiro a discussão sobre a constitucionalidade e a possibilidade jurídica de programas de ação afirmativa estabelecerem um sistema de reserva de vagas com base em critério étnico-racial para acesso ao ensino superior. O julgado foi de encontro à tese apresentada por grande parte dos conservadores da época, que defendiam que, no Brasil, ninguém é excluído pelo "simples fato de ser negro" e que as cotas promovem um "Estado Racializado" e um "Racismo Institucionalizado".[189]

O órgão, diretamente provocado a opinar sobre o mérito da política, compreendeu-a como uma "técnica de distribuição de justiça, que, em última análise, objetiva promover a inclusão social de grupos excluídos ou marginalizados, especialmente daqueles que, historicamente, foram compelidos a viver na periferia da sociedade".[190]

O julgado, mesmo tendo colocado um ponto final no argumento de que cotas são inconstitucionais, o que viria a ser referendado meses depois com a edição da Lei nº 12.711/2012, foi bastante econômico ao tratar dos controles antifraude aplicáveis à política.

Ao observar a atual intervenção do Poder Judiciário nos programas de reserva de vagas, nota-se uma nova tendência, uma troca do objeto levado à apreciação jurisdicional, resultado de novas irresignações por parte dos candidatos às vagas afirmativas. Observa-se um crescimento dos posicionamentos judiciais sobre as fraudes, sobre os controles criados pelas instituições públicas para corrigir essas falhas institucionais, bem como sobre os critérios adotados para execução desse controle. Trata-se de um controle (judicial) que recai sobre outro controle (o antifraude, de caráter administrativo). Essa nova formatação da atuação jurisdicional, contudo, está mais uma vez sendo levada adiante sem o exercício de uma técnica jurídica apurada.

---

[189] Esses argumentos foram apresentados na petição inicial da ação judicial que viria a se tornar a ADPF 186, pelo partido Democratas, junto ao Supremo Tribunal Federal (p. 25 e 28 da petição).

[190] Supremo Tribunal Federal, ADC 41, Distrito Federal, rel. Min. Roberto Barroso, Plenário, d.j. 08.06.2017, p. 53.

Com o crescimento de instituições implementadoras da política passando a adotar os controles para correção de eventuais desvios na consecução do programa, também cresce o contencioso em torno da política fundamentado na discussão das fraudes. Tem sido cada vez mais comum identificar casos de candidatos que, submetidos a uma banca de heteroidentificação, são desclassificados do processo seletivo por não apresentarem os elementos objetivos dispostos em edital para ocupação da vaga afirmativa. Inconformados com a recusa institucional que os levou para fora do processo seletivo, esses candidatos vão à Justiça em busca de alguma reparação, qual seja, a mudança da interpretação administrativa dada pela banca de heteroidentificação, além do pedido, ao Poder Judiciário, de que sua candidatura seja considerada válida.

As consequências dessa judicialização são bastante diversas. Há casos em que os magistrados respeitam a decisão administrativa que levou ao indeferimento da candidatura fraudadora e apenas a referendam, respeitando a autonomia institucional por meio da qual foram definidos os critérios e o próprio funcionamento da banca de heteroidentificação.[191] Há casos, porém, de juízes que optam por seguir outro caminho, absorvendo para si a competência de avaliar se os critérios utilizados pela banca são legais e justos. Há também juízes que, por ainda não terem se convencido da necessidade da política, desaprovam ainda mais a existência das bancas de heteroidentificação e as reprimem como um todo, deixando de reconhecer a sua eficácia como meio de controle antifraude.

Veja, por exemplo, um recente caso envolvendo a Universidade Estadual de Campinas – UNICAMP. Um estudante que se inscreveu no vestibular da instituição foi aprovado na cota destinada a candidatos pretos e pardos. No entanto, quando submetido a uma comissão de averiguação de sua pertença étnico-racial, foi desclassificado, por não atender, na visão da banca da UNICAMP, aos critérios fenotípicos para ocupação da vaga. Em primeiro grau, o magistrado entendeu não haver ilegalidade no ato da comissão verificadora e se eximiu de adentrar no

---

[191] Cita-se como exemplo a decisão proferida pela Terceira Turma do Tribunal Regional Federal da 5ª Região, que autorizou a Universidade Federal de Sergipe (UFS) a submeter estudante que ingressou no curso de Medicina pelo sistema de cotas raciais ao procedimento de heteroidentificação. A candidata se autodeclarou parda no momento da inscrição no Sistema de Seleção Unificada (SiSU), mas foi até a Justiça em busca de uma proibição para que o procedimento fosse feito. Ver: Tribunal Regional Federal – 5ª Região, 3ª Turma. Apelação Cível nº 0805376-31.2021.4.05.8500, rel. Desembargador Rogério Fialho, j. 26 de maio de 2022.

mérito do ato administrativo que resultou na desclassificação do candidato. Em segundo grau, no entanto, a 1ª Câmara de Direito Público do Tribunal de Justiça do Estado de São Paulo entendeu que a decisão de indeferimento da candidatura não possui fundamentação adequada:

> (...) Ora, diante dos documentos juntados com relação ao procedimento de heteroidentificação, não se pode dizer que tenha sido garantido o contraditório e a ampla defesa, porque a decisão de considerar inválida a autodeclaração não foi motivada nem fundamentada, o que esvazia tais garantias. No limite, apenas se pode concluir que a instituição não concordou com a autodeclaração, mas não se sabe a razão. Assim, verifica-se que a comissão, ao apenas considerar inválida a autodeclaração do autor, por não preenchidos os requisitos, e após brevíssima entrevista realizada em meio virtual, violou os princípios constitucionais da ampla defesa e do contraditório, o que por via de consequência torna nula a exclusão do candidato. Ora, como *a autodeclaração não apresenta indícios de fraude*, e não houve motivação nem fundamentação na decisão de sua invalidação, tem-se como indevida a exclusão do autor do concurso.[192]

Nesse caso em especial, o magistrado parece ter atraído para si a tarefa de realizar a heteroidentificação do candidato, discordando do posicionamento da Administração universitária. Em dado momento da decisão, é dito que as fotografias trazidas aos autos pelo candidato "não trazem nenhum indício de fraude", deixando claro que o posicionamento do órgão jurisdicional foi pautado não apenas pela identificação de alguma irregularidade formal no âmbito do processo administrativo, mas pela discordância de leitura da identidade racial do candidato.

Vale lembrar que a UNICAMP, como tem feito parte das instituições implementadoras de cotas do país, concede curso preparatório para habilitar todos os participantes das bancas de heteroidentificação, em que são abordados temas como racismo, miscigenação no Brasil, ações afirmativas e finalidades, estrutura e funcionamento do procedimento de heteroidentificação. Por outro lado, não se tem notícia de que os magistrados do Tribunal de Justiça de São Paulo tenham sido submetidos a alguma capacitação dessa natureza.

---

[192] Ver: Tribunal de Justiça do Estado de São Paulo – 1ª Câmara de Direito Público. Apelação cível 1012049-73.2021.8.26.0114, rel. des. Vicente de Abreu Amadei, j. 07 de dezembro de 2021. (grifo nosso)

Em outro polêmico caso levado ao Judiciário, um magistrado do estado do Amazonas ordenou a realização de perícia dermatológica para averiguação "técnica" do fenótipo de uma candidata que teve sua matrícula anulada pela respectiva Universidade Federal (UFAM). Na decisão, a autora da ação – excluída da UFAM por não ter tido confirmada a sua declaração como pessoa "parda" pela banca de heteroidentificação – foi considerada parte de uma "zona cinzenta" no que diz respeito à sua fenotipia. Determinou-se a sua submissão a um exame dermatológico de Escala Fitzpatrick,[193] para classificação dos fototipos cutâneos.[194]

No caso acima retratado, a decisão judicial se encontra pouco conectada com as preocupações expostas no capítulo anterior deste trabalho. Embora os métodos de controle antifraude estejam preocupados em trazer qualidade técnica para a heteroidentificação, desaprovam a leitura de que a raça é um fenômeno a ser medido pelo genótipo dos indivíduos, ou um objeto de avaliação puramente dermatológica. Como já extensamente argumentado, a condição racial submetida à apreciação de membros de uma banca é analisada a partir de elementos fenotípicos, de leituras sociais a respeito do quanto o candidato pode ou não estar sujeito às discriminações raciais manifestadas no contexto brasileiro. O que se busca observar por meio da heteroidentificação, portanto, é o elemento sociológico da raça, e não o elemento biológico.

Os exemplos acima demonstrados reforçam a ausência de técnica jurídica para execução dos controles antifraude na esfera jurisdicional brasileira. Do mesmo modo, a forma como tem ocorrido a judicialização da política de cotas raciais no país impõe deveres e responsabilidades a serem assumidos tanto pelo Poder Judiciário quanto pelas administrações públicas implementadoras do programa.

Os deveres do Poder Executivo, primeiramente, estão diretamente relacionados à confecção de um processo administrativo coerente com os aspectos do controle antifraude trabalhados no capítulo anterior. Como visto, o Supremo Tribunal Federal, no âmbito do julgamento da ADPF 186 e ADC 41, estabeleceu elementos mínimos para averiguação de fraudes na autodeclaração de candidatos a vagas afirmativas. Embora

---

[193] A Escala de Fitzpatrick é um esquema de classificação numérica para cor da pele humana, desenvolvido em 1975 pelo médico dermatologista Thomas B. Fitzpatrick, como uma forma de estimar a resposta de diferentes tipos de pele à luz ultravioleta (UV).

[194] Ver: Tribunal Regional Federal 1ª Região, 3ª Vara Federal de Amazonas. Procedimento Comum Cível nº 1004942-27.2022.4.01.3200, julgado por Ricardo A Campolina de Sales, j. 30 de março de 2022.

não tenham explorado a temática de maneira completa, os julgados condicionaram a adoção de métodos heterônomos de identificação do candidato cotista à garantia de alguns elementos no âmbito do processo administrativo controlador, como o respeito à dignidade humana do candidato, a garantia do contraditório e da ampla defesa e o princípio do *in dubio pro* autodeclaração. Naturalmente, uma vez desrespeitados esses elementos, por serem indispensáveis à execução de um bom controle da política na esfera administrativa, a intervenção do Poder Judiciário se torna mais do que recomendada, mas imperiosa. Por melhor que seja a configuração do controle do programa, ou a composição da banca de heteroidentificação criada para conferir a veracidade das autodeclarações prestadas pelos candidatos, a Administração Pública incorrerá em erro se adotar alguma técnica que prejudique a honra e a respeitabilidade de um candidato à vaga afirmativa, ainda que explícita a sua intenção fraudulenta de corromper o certame público.

O mesmo pode ser dito para administrações despreocupadas com a plena e completa possibilidade de o candidato produzir provas pertinentes relativas à sua declaração de pertença étnico-racial, impedindo, por exemplo, o exercício do direito de defesa no âmbito administrativo. O respeito a esses elementos é um comando do ordenamento brasileiro e foi colocado como condição indispensável para execução do controle da política em todos os âmbitos.

Além desses elementos, este trabalho mostrou a existência de outros aspectos importantes para a realização do controle antifraude por parte do Poder Público e que impactam diretamente na diminuição do contencioso em torno do tema. Se inobservadas, por exemplo, as boas práticas relacionadas à descrição do beneficiário da política no instrumento convocatório, incorrendo em erros conceituais graves no âmbito dos editais, ou se deixadas de lado as previsões normativas que autorizam e detalham o controle pretendido pelo órgão ou entidade pública, maiores serão as chances de o programa ser contrariado junto ao Poder Judiciário.

A capacitação dos membros da comissão também se torna uma tarefa fundamental no aumento da qualidade do controle, pois permite que a avaliação heterônoma esteja amparada por um método uniforme de conhecimento sobre a temática e transmite ao Poder Judiciário a segurança de que, de fato, o Poder Público possui melhores condições de se preparar e executar um controle adequado da autodeclaração dos candidatos.

Em resumo, quanto melhores e mais aperfeiçoadas forem as técnicas jurídicas adotadas pela Administração implementadora do programa no contexto do controle antifraude, menores serão as chances de o Poder Judiciário sentir a necessidade de intervir no mérito das decisões alcançadas pelo Poder Público, preservando, consequentemente, a autonomia institucional que guiou a criação dos controles.

Quanto aos deveres e responsabilidades atribuídos ao Poder Judiciário no que se refere ao controle jurisdicional desenfreado da política de cotas, importa reconhecer que, mesmo nos casos mais bem desenhados de controle administrativo, haverá sempre a possibilidade de a Justiça ser chamada a se posicionar sobre os casos de fraude experimentados por órgãos e entidades da Administração Pública brasileira. O Direito brasileiro, como se sabe, é regido pelo princípio da inafastabilidade de jurisdição, que permite amplo acesso ao direito de ação por parte de todos os cidadãos.[195] Entretanto, em termos de preservação da política pública, há muitos riscos em normalizar uma atuação jurisdicional desprovida de técnica no contexto de situações tão complexas, como é o tema da reserva de vagas para pessoas negras no Brasil.

Não seria verdadeiro dizer que a atuação jurisdicional nada tem a acrescentar ao tema do controle das cotas raciais, em especial no que diz respeito à implementação de controles antifraude. Quando acometidas pelas técnicas jurídicas que atuam para proteger a política pública, as instâncias judiciárias têm plenas condições de garantir as vagas afirmativas àqueles que a elas fazem jus, bem como afastar eventuais práticas escusas que têm contaminado o sucesso do programa de cotas raciais. Por outro lado, sem o devido preparo, os órgãos julgadores tendem a depositar percepções enviesadas a respeito da política em casos concretos levados à sua apreciação, de modo a contrariar injustificadamente a posição alcançada pelo Poder Público no âmbito da implementação do programa. E, como é de se esperar, essas percepções enviesadas quase nunca militam em prol da política e das complexidades sociais que cercam a sua implementação, o que resulta em prejuízos concretos ao programa.

Em obra de referência sobre o tema do controle judicial da Administração Pública, Jordão explica a tendência de os tribunais "corrigirem", sem qualquer limitação, as decisões adotadas pela Administração quando elas não coincidem com a decisão que eles

---

[195] O artigo 5º, inciso XXXV, da Constituição, assim estabelece: "(...) a lei não excluirá da apreciação do Poder Judiciário lesão ou ameaça a direito".

próprios teriam adotado, promovendo sua anulação e, em alguns casos, até a sua substituição.[196] Não à toa existem casos em excesso de vagas afirmativas judicializadas que têm como resultado um apagamento da decisão adotada pelo Poder Público, motivado por uma incompreensão do processo administrativo que levou à exclusão dos candidatos do processo seletivo. Casos como esses são uma constatação de que o controle jurisdicional pode ser excessivamente subjetivo e, portanto, desprovido de técnica, a ponto de contestar decisões administrativas a respeito de quem irá ocupar a vaga afirmativa em disputa e, em outros termos, desnaturar os reais objetivos das cotas raciais.

A judicialização não seria um efeito tão temido entre os gestores envolvidos na implementação das cotas raciais se houvesse a garantia de que os magistrados levariam em consideração, diante dos casos concretos, as dificuldades reais da gestão pública e as complexidades da ação afirmativa para desenvolver juízos a respeito do programa. Não haveria tanto temor em relação à judicialização se o controle jurisdicional aplicado estivesse conectado em maior grau com as discussões sobre os métodos de controle antifraude de ações afirmativas para pessoas negras no Brasil, pois, dessa forma, as instâncias judiciárias teriam melhores condições de avaliar a qualidade dos processos administrativos e, consequentemente, dos métodos adotados pelas instituições implementadoras do programa.

A fim de impedir a materialização de danos decorrentes da intervenção judicial, faz-se necessário que o Poder Judiciário se aproprie, cada vez mais, dos debates e formulações relacionados a temas de diversidade, não no sentido de substituir ou se colocar à frente do papel desempenhado pelos poderes públicos diante de demandas afirmativas, mas de contribuir positivamente com o avanço da agenda, participando, quando chamado, para ventilar os ares institucionais ainda duramente marcados por preconceitos e práticas discriminatórias.

## 4.2 Responsabilização de gestores públicos

Em 09 de agosto de 2016, o Conselho Nacional do Ministério Público (CNMP) publicou a Recomendação de nº 41, por meio da qual foram definidos parâmetros para a atuação dos membros do Ministério Público brasileiro para a *"correta implementação da política de*

---

[196] JORDÃO, Eduardo. *Controle judicial de uma administração pública complexa*: a experiência estrangeira na adaptação da intensidade do controle. São Paulo: Malheiros; SBDP, 2016, p. 58.

*cotas nos vestibulares e concursos públicos"*. Entre as razões apresentadas para apoiar as recomendações feitas, constam duas que relacionam a omissão da gestão pública em promover controles antifraude à prática de improbidade administrativa, conforme abaixo destacado:

> (...) Considerando que, nos termos do art. 11 da Lei nº 8.429/1992, "constitui ato de improbidade administrativa que atenta contra os princípios da administração pública qualquer ação ou omissão que viole os deveres de honestidade, imparcialidade, legalidade, e lealdade às instituições, e notadamente: I – praticar ato visando fim proibido em lei ou regulamento ou diverso daquele previsto, na regra de competência (...) e V – frustrar a licitude de concurso público (...)";

> Considerando que *a omissão na fiscalização do sistema de cotas por parte dos agentes públicos, além de configurar ato de improbidade administrativa por violação de princípio, caracteriza explícito desvio de finalidade*, que ocorre nas hipóteses em que o ato administrativo – no caso, nomeação de servidores públicos – é praticado em descompasso com os objetivos estabelecido pelo legislador, constituindo, assim, violação ideológica da lei;

> (...) Art. 1º Os membros do Ministério Público brasileiro devem dar especial atenção aos casos de fraude nos sistemas de cotas para acesso às universidades e cargos públicos – nos termos das Leis nºs 12.711/2012 e 12.990/2014, bem como da legislação estadual e municipal pertinentes –, atuando para reprimi-los, nos autos de procedimentos instaurados com essa finalidade, e preveni-los, especialmente pela cobrança, junto aos órgãos que realizam os vestibulares e concursos públicos, da previsão, nos respectivos editais, de mecanismos de fiscalização e controle, sobre os quais deve se dar ampla publicidade, a fim de permitir a participação da sociedade civil com vistas à correta implementação dessas ações afirmativas (...).

Resumidamente, a norma criou orientação aos ministérios públicos brasileiros para que dessem especial atenção aos casos de fraude na política de cotas regidas pelas Leis nº 12.711/2012 e nº 12.990/2014, de modo que assumissem, se necessário, até mesmo uma postura punitivista em relação aos gestores públicos envolvidos. O entendimento do CNMP é o de que a fraude na política, além de caracterizar desvio de finalidade do programa, é resultado de uma omissão na fiscalização do sistema de cotas por parte dos agentes públicos, o que configuraria ato de improbidade administrativa.

É correto o argumento de que a fraude implica desvio de finalidade da política de cotas e que, em dadas situações, é fruto da omissão de gestores públicos na fiscalização do programa. Se as experiências de implementação da política de cotas forem investigadas minuciosa e individualmente, há chances de se encontrar casos de gestores públicos pouco preocupados com o sucesso da política, que assim agem por questões políticas, de discordância em relação ao programa, ou por não o considerar em sua agenda de prioridades institucionais, implementando a política apenas porque a lei o obriga.

Entretanto, o entendimento do CNMP de que a referida omissão pode ser responsabilizada na seara da improbidade demanda algumas considerações, sobretudo à luz da Lei de Improbidade Administrativa (Lei nº 14.230, de 25 de outubro de 2021), que trouxe novas compreensões a respeito da responsabilização de gestores públicos por meio deste regime normativo.

O ordenamento brasileiro enumera uma série de hipóteses que configuram improbidade administrativa. Embora haja certa dificuldade doutrinária em estabelecer com precisão o conceito, a legislação qualifica como ímprobas as condutas que resultem em enriquecimento ilícito, prejuízo ao erário público ou infringência aos princípios da Administração Pública. A configuração deste ilícito pode acarretar, em face de gestores públicos condenados, penas que envolvem, entre outras, a perda de bens ou de sua função pública, a suspensão de direitos políticos e o pagamento de multas.[197]

O que vincularia a fraude à prática de improbidade administrativa seriam as previsões legislativas que indicam como ímprobas as condutas de gestores públicos que afrontam princípios da Administração Pública, notadamente os princípios da legalidade e da eficiência, previstos na CRFB/88 (art. 37), além do princípio da imparcialidade no concurso público, situação prevista expressamente na Lei de Improbidade Administrativa (art. 11, inciso V).

Muito brevemente, a violação ao princípio da legalidade, em primeiro lugar, estaria configurada porque a omissão institucional em implementar adequadamente a medida afirmativa, de modo a garantir que as vagas afirmativas sejam destinadas àqueles que a elas fazem jus, violaria as próprias legislações que tratam da política pública.[198] A eficiência, por sua vez, também estaria violada, porque a referida

---

[197] FIGUEIREDO, Marcelo. *Probidade administrativa*: comentários à Lei 8.429/92 e legislação complementar. 6ª edição, atualizada e ampliada. São Paulo: Malheiros, 2009, p. 47.

[198] Aqui também vale a menção ao tipo penal "prevaricação", praticado por funcionários públicos que retardam ou deixam de praticar indevidamente atos de ofícios (art. 319, do Código Penal).

omissão institucional vai de encontro à proposta constitucional de garantir qualidade e o atingimento de resultados a partir da atividade prestada pelo Estado.[199] Sobre o tema, Rodrigo Pagani de Souza argumenta:

> Deveras, na doutrina, apontam-se muitos significados para "eficiência": celeridade, simplicidade, racionalidade, produtividade, economicidade, efetividade e eficácia. Tem recebido algum destaque, contudo, o significado segundo o qual eficiência é *atingir efetivamente os resultados*. Trata-se de sentido que associa eficiência com *eficácia* ou *efetividade*. Ele é visto como uma das dimensões do princípio da eficiência administrativa, embora não encerre o seu todo. A eficiência como atingimento de resultados não é satisfeita com quaisquer resultados. Requer eleição de prioridades e zelo para que os objetivos, metas ou resultados prioritários, uma vez eleitos, sejam atendidos razoavelmente pela administração pública. Requer o atingimento de resultados não apenas *prioritários*, como *lícitos*, *legítimos* e *de qualidade*.[200] (Grifos no original)

O princípio da imparcialidade, por fim, restaria violado em vista da previsão expressa da conduta na Lei de Improbidade, que estabelece como ímproba a prática de frustrar o caráter concorrencial de concurso público, de chamamento ou de procedimento licitatório, com vistas à obtenção de benefício próprio, direto ou indireto, ou de terceiros.

A interpretação da fraude como uma consequência da falta de dedicação institucional para o sucesso da política de cotas pode gerar uma série de implicações jurídicas, como o agravamento da judicialização do programa, mas também de natureza política, como o acirramento de tensões sociais no ambiente institucional que abriga as situações de fraude não investigadas. Entretanto, a leitura que vincula a omissão institucional à prática de improbidade administrativa tende a ser mais incomum no contexto das fraudes na política de cotas, em vista das relevantes transformações trazidas pela nova legislação que trata do tema.

Como meio de regular alguns excessos da atuação controladora da atividade administrativa, que vinha mostrando uma tendência irracional (e, muitas vezes, injusta) em torno da responsabilização

---

[199] GABARDO, Emerson. A eficiência no desenvolvimento do Estado brasileiro: uma questão política e administrativa. *In*: MARRARA, Thiago. (Org.). *Princípios de direito administrativo*. São Paulo: Atlas, 2012, p. 341.

[200] Ver: Em busca de uma administração pública de resultados. *In*: PEREZ, Marcos Augusto; SOUZA, Rodrigo Pagani de. *Controle da administração pública*. Belo Horizonte: Fórum, 2017, p. 45.

de gestores públicos, foi editada a Lei nº 14.230, de 25 de outubro de 2021. Entre as diversas transformações trazidas pela norma, cuja aderência carece de um período maior de observação em vista da recente promulgação, destacam-se aquelas que passaram a exigir a demonstração do dolo como elemento necessário à configuração de ato de improbidade e, por conseguinte, à responsabilização do agente público pela Lei de Improbidade Administrativa.

A norma afastou expressamente a possibilidade de agentes públicos serem responsabilizados por ato de improbidade administrativa sem comprovação de ato doloso com fim ilícito, fazendo com que condutas meramente culposas, isto é, decorrentes de imprudência, negligência ou imperícia administrativa, deixassem de ser objeto de ação de improbidade administrativa (art. 1º, §3º, da norma reformada). Esse novo entendimento busca também aproximar a ideia de improbidade à sua raiz mais tradicional, que vincula o fenômeno ao conceito de *desonestidade*.[201] É ímprobo o gestor que atua de maneira desonesta com a coisa pública, e não necessariamente aquele que, de maneira culposa, pratica irregularidades durante o exercício de suas funções administrativas ou do desempenho de competências públicas.

Importante notar que essa nova formatação legislativa não se propõe a gerar impunidade a gestores públicos que efetivamente cometem graves equívocos no exercício da gestão pública. O seu propósito é racionalizar a atividade sancionatória dos órgãos de controle da Administração, reconhecendo que gestores públicos, mesmo dotados de conhecimento técnico-jurídico, estão sujeitos a adotar medidas que mais tarde se revelam imperfeitas ou imprecisas, e que tais imperfeições e imprecisões não necessariamente devem levá-los a responsabilizações que impactam sua esfera jurídica pessoal.

O controle da atividade administrativa com perfil excessivo e pouco racional tende a trazer consequências negativas até mesmo para o tema das ações afirmativas implementadas pelo Estado. Temendo ter suas atividades excessivamente fiscalizadas e injustamente criticadas,

---

[201] O Superior Tribunal de Justiça já se posicionou inúmeras vezes nesse sentido, afirmando que a Lei de Improbidade Administrativa não visa punir o agente público "inábil", mas sim o desonesto, o corrupto, aquele desprovido de lealdade e boa-fé. Para mais, veja os seguintes precedentes: AgRg no REsp 1.500.812/SE, Rel. Ministro Mauro Campbell Marques, Segunda Turma, j. 28 de maio de 2015; REsp 1.512.047/PE, Rel. Ministro Herman Benjamin, Segunda Turma, j. 30 de junho de 2015; AgRg no REsp 1.397.590/CE, Rel. Ministra Assusete Magalhães, Segunda Turma, j. 5 de março de 2015; AgRg no AREsp 532.421/PE, Rel. Ministro Humberto Martins, Segunda Turma, j. 28 de agosto de 2014; REsp 1.508.169/PR, Rel. Ministro Herman Benjamin, Segunda Turma, julgado em 13 de dezembro de 2016.

a tendência é de que os gestores públicos se sintam cada vez menos seguros para implementar práticas inovadoras e criativas focadas na inclusão e na diversidade racial, relegando a atividade administrativa à estagnação e, consequentemente, à preservação de um *status quo* mantenedor das desigualdades raciais.[202]

Ao trazer essas reflexões à realidade das fraudes no sistema de cotas raciais implementado pelo Estado, conclui-se que, ao menos pela Lei de Improbidade Administrativa, principal regime de responsabilização de administradores públicos no país, dificilmente os gestores poderão ser responsabilizados pela omissão institucional, pois para isso exige-se a comprovação de sua intenção dolosa.[203] Para responsabilizá-los, deve haver a comprovação do interesse do agente público em sabotar a política de cotas por meio da viabilização ou não investigação das fraudes.

Como é de imaginar, o exercício investigativo para se chegar até a comprovação do dolo não é uma tarefa fácil, o que reduz significativamente a tendência de responsabilização dos gestores pela Lei de Improbidade Administrativa no que diz respeito à omissão em implementar adequadamente a política.

Ainda que os gestores não possam ser tão facilmente responsabilizados por eventuais desvios na condução da política, o Estado não deixa de ser aquele que tem a competência e o dever institucional de realizar os comandos previstos nas legislações que tratam do programa. De certa forma, ainda que sem a intenção de fomentar as fraudes, as administrações públicas também se tornam responsáveis pela prá-

---

[202] Sobre esse aspecto da discussão, importa referência ao seguinte excerto de decisão judicial: "Nos últimos anos, publicistas de escola do Direito Administrativo brasileiro têm levantado sérias preocupações com a ausência de critérios para a definição da responsabilidade administrativa de gestores públicos nas três esferas da administração direta e indireta. Autores como *Floriano de Azevedo Marques Neto* (MARQUES NETO, Floriano. FREITAS, Rafael Véras. O artigo 28 da nova LINDB: um regime jurídico para o administrador honesto, maio de 2018. Consultor Jurídico. 25 de maio de 2019), *Gustavo Binenbojm, Carlos Ari Sundfeld* (SUNDFELD, Carlos Ari. Uma lei geral inovadora para o Direito Público. Portal Jota, 31 de outubro de 2017), e outros de igual calibre têm diagnosticado, no Brasil, a ocorrência de verdadeiro *"Apagão das Canetas"* – expressão utilizada para designar sentimento generalizado de temor e de inação de nossos gestores públicos frente aos riscos de responsabilização pelos órgãos de controle e pelo Poder Judiciário. O pior que poderia acontecer, em um momento como o que estamos vivendo, em que – como já disse a Ministra Rosa – é necessária a ação, era a inação, era a inércia" (STF-Pleno, Medida Cautelar na ADI 6.421/DF, Rel. Min. Roberto Barroso, j. 21.05.2020, grifos no original).

[203] A Lei de Introdução às Normas do Direito Brasileiro (Decreto-Lei nº 4.657/1942), com a reforma sofrida em 2018, passou a incorporar essa preocupação, nos seguintes termos: "Art. 28. O agente público responderá pessoalmente por suas decisões ou opiniões técnicas em caso de dolo ou erro grosseiro".

tica desse fenômeno no ambiente da política, pois, nesse caso, a não implementação de controles representa um endosso às informações fraudulentas prestadas pelos candidatos.

Fica evidente, diante desse cenário, a necessidade de os órgãos de controle da Administração Pública, bem como a população de uma maneira geral, explorarem com maior apreço os instrumentos jurídicos presentes no ordenamento brasileiro que são úteis ao alcance dos objetivos das cotas raciais e que não perpassam necessariamente a responsabilização dos gestores públicos por improbidade administrativa.

Os ministérios públicos, por exemplo, têm exercido um papel fundamental relativo ao acompanhamento da política, tanto de caráter fiscalizatório (mediante inquéritos, audiências públicas, termos de ajustamento de conduta e ações judiciais, para garantia da virtude da política de cotas), quanto de caráter recomendatório, no sentido de apresentar orientações aos Poderes Públicos ainda pouco habituados com o problema das fraudes, visando à melhoria da política e ao respeito às legislações que tratam do tema. Sobre o tema, assim defende Wallace Paiva Martins Junior:

> (...) o Ministério Público, no exercício do controle da Administração Pública, pode encetar medidas destinadas à garantia no desempenho da função de zelo pelo efetivo respeito dos poderes públicos aos direitos, visando à correção de ilegalidades, a superação da deficiência e o desrespeito aos princípios da Administração Pública.[204]

Veja-se, por exemplo, a experiência envolvendo o Centro Universitário Aparício de Carvalho de Moraes (Fimca/Metropolitana), localizado em Rondônia. Em 2022, o Ministério Público Federal (MPF) apresentou recomendação à instituição para que passasse a adotar critérios subsidiários de heteroidentificação para conferência das vagas de cotistas ingressantes pelo Programa Universidade para Todos (ProUni), política federal de facilitação de acesso ao ensino superior prestado por instituições educacionais privadas.[205] Na recomendação, o MPF apresentou orientações ao Centro Universitário, que vinha sendo alvo de inúmeras denúncias de ocupação irregular das vagas

---

[204] MARTINS JÚNIOR, Wallace Paiva. *Controle da Administração Pública pelo Ministério Público*. São Paulo: Editora Juarez de Oliveira, 2002, p. 38.

[205] Ver: Recomendação 5/2022/MPF/PR-RO/GABPRDC, de autoria da Procuradoria Regional dos Direitos do Cidadão, Rondônia, assinada em 31 de maio de 2022. Disponível em: https://www.mpf.mp.br/ro/sala-de-imprensa/docs/recomendacao-fimca-2022. Acesso em: 27 dez. 2022.

afirmativas. Dentre elas, destacam-se os indicativos de adoção de controle preventivo para detecção de fraudes nas candidaturas afirmativas, de adoção do fenótipo como critério de aferição e da possibilidade de recurso administrativo aos candidatos entendidos como não beneficiários pela banca de heteroidentificação.

Situação semelhante foi encontrada na experiência da Universidade Federal de Sergipe, que, em janeiro de 2020, firmou com o Ministério Público Federal um Termo de Ajustamento de Conduta para passar a adotar a heteroidentificação em todos os seus processos seletivos, após a instituição ter sido tomada por denúncias de ocupação irregular de suas vagas afirmativas. A dimensão do TAC fez com que a UFS iniciasse até mesmo uma investigação de fraudes praticadas por alunos que estavam em estágio avançado de seu curso de graduação (controle repressivo).

Mais do que penalizar os gestores públicos, o controle externo à Administração deve ter como foco a persuasão dos Poderes Públicos para a proteção das cotas raciais, no sentido de convencê-los e, se necessário, constrangê-los a instituir métodos de controle antifraude que estejam conectados com as experiências mais bem-sucedidas de implementação do programa.

## 4.3 Responsabilização do fraudador

No país, o ambiente de responsabilização das pessoas que ocupam indevidamente uma vaga afirmativa é bastante incógnito, pois esse não foi um tema muito explorado pelas Leis de Cotas ou pelas decisões do Supremo Tribunal Federal que tratam da política. Entretanto, é uma tendência do próprio ordenamento jurídico reprimir comportamentos que lesam direitos e provocam abalos a bens jurídicos pertencentes ao Estado ou à coletividade de maneira geral. As fraudes abordadas neste estudo, portanto, não recebem um tratamento diferenciado.

A aplicação de sanções contra fraudadores depende de uma série de fatores, como a natureza da fraude, o comprometimento do órgão ou entidade pública com a agenda das cotas raciais, a cultura institucional do órgão ou entidade implementadora do programa, o nível de intervenção judiciária na implementação da política etc.

O principal fator de dependência, contudo, pode ser considerado a existência de intencionalidade no comportamento dos candidatos fraudadores, aspecto já abordado ao longo deste estudo. Se reconhecida a existência de fraudes intencionais e não intencionais, é preciso reconhecer também uma menor tendência de responsabilização, além de menor reprovabilidade da conduta, entre aqueles que fraudam não intencionalmente (aqueles que, por questões variadas, foram levados a apresentar declaração racial incompatível com o modo como são lidos socialmente e, nesses termos, ocupam uma vaga destinada à população negra).

Por outro lado, há casos em que se presume a intencionalidade da fraude, como quando praticada por pessoas sobre as quais não recai nenhuma dúvida a respeito do seu não enquadramento enquanto beneficiárias da política (pessoas que reúnem uma quantidade expressiva de elementos característicos à identidade racial de brancos e amarelos, por exemplo). Em relação a essas situações, o Direito deve ser mais rigoroso e corretivo.

A intencionalidade, bem como os demais fatores que contribuem para o debate sobre a responsabilização de fraudadores, não é algo estático. Diante disso, as instituições públicas implementadoras do programa, bem como os diferentes órgãos do Judiciário brasileiro chamados a se posicionar sobre casos concretos, apresentam atuações variadas em relação às penas contra os candidatos tidos como fraudadores perante a política pública.

As ações afirmativas para ingresso no serviço público federal, quando comparadas às das universidades federais, estão melhor protegidas em termos normativos. A Lei nº 12.990/2014 estabelece que, na hipótese de constatação de declaração falsa, o candidato será eliminado do concurso e, em caso de já ter sido nomeado, ficará sujeito à anulação da sua admissão ao serviço ou emprego público após procedimento administrativo em que lhe sejam assegurados o contraditório e a ampla defesa. A norma ainda esclarece que essa consequência pode vir acompanhada de outras sanções cabíveis, sem exemplificar quais seriam elas.

O caráter genérico com que a discussão é feita por ambas as normas, somado ao fato de que, para tantas outras experiências de implementação, a responsabilização sequer é abordada, abre espaço para um ambiente igualmente genérico de penalização das pessoas que recebem o *status* de fraudadores, e que pode ser explorado nas esferas administrativa, cível e criminal.

A despeito da possibilidade de o tema ser abordado sob diferentes perspectivas, é forçoso reconhecer que a responsabilização pela fraude é amparada pelo princípio da independência entre as instâncias.[206]

---

[206] Assim estabeleceu o Supremo Tribunal Federal: "As instâncias civil, penal e administrativa são independentes, sem que haja interferência recíproca entre seus respectivos julgados, ressalvadas as hipóteses de absolvição por inexistência de fato ou de negativa de autoria".

Como se verá a seguir, a responsabilização de um fraudador na esfera administrativa não obsta a sua responsabilização na esfera cível, nem necessariamente o vincula à condenação na esfera criminal. A situação pode ser submetida a uma multiplicidade de instâncias, de modo a garantir uma plena reparação dos danos causados à Administração Pública lesada pela fraude, ao candidato que deixou de ocupar a vaga a que tinha direito e à coletividade de uma maneira geral.

### 4.3.1 Esfera administrativa

Nesta perspectiva, a fraude é compreendida como uma infração administrativa, isto é, uma ação ou omissão cuja consequência é a violação de uma regra administrativa prevista em lei, edital ou em outras normas de natureza infralegal.

Com a constatação de que um candidato apresentou uma declaração racial inverídica ou incompatível com sua real identificação na sociedade brasileira, as administrações públicas são instadas a adotar as medidas necessárias para impedir que aquela candidatura potencialmente fraudulenta siga na disputa ou que o ocupante ilegítimo da vaga afirmativa permaneça naquela posição.

A implicação mais frequente, e também a mais óbvia, é a anulação do ato administrativo que confirmou a candidatura fraudulenta, por meio de expulsão, demissão ou destituição do ocupante da vaga, a depender de sua natureza, ou o imediato distanciamento do candidato da vaga afirmativa que ele almeja ocupar indevidamente, por meio de sua eliminação da disputa pública, em caso de a fraude ainda não ter sido concretizada.

Em paralelo à sanção administrativa de afastamento do candidato, há uma listagem bastante extensa de sanções administrativas que podem sujeitar pessoas que fraudam a política de cotas. Como não foram normatizadas até o momento, essas sanções podem variar de acordo com a natureza da fraude, o perfil institucional de cada órgão ou entidade administrativa, ou mesmo com as legislações de processo administrativo eventualmente existentes em cada ente federativo. No plano federal, há a Lei nº 9.784/1999 (Lei Federal de Processo Administrativo), que estabelece em seu artigo 68 que as sanções administrativas devem possuir natureza pecuniária ou resultar em obrigação de fazer ou de não fazer a ser cumprida pelo apenado.

---

Ver: Supremo Tribunal Federal. Agravo Regimental no *Habeas Corpus* 148.391/PR, Primeira Turma, rel. Ministro Luiz Fux, j. 23 de fevereiro de 2018.

Neste âmbito, são exemplos de sanções administrativas: proibir o candidato de prestar disputas públicas promovidas pela administração por um período; cancelar os créditos estudantis e as disciplinas cursadas pelo aluno, em casos de fraude praticada no ambiente universitário; e estabelecer multas administrativas correspondentes à dimensão do dano provocado pela fraude. A Administração Pública também tem o dever de encaminhar as informações relativas às fraudes para os órgãos de controle responsáveis (como o Ministério Público), para que sejam apuradas eventuais responsabilidades de natureza civil ou penal decorrentes da conduta praticada pelos fraudadores.

Por outro lado, tem se tornado comum a configuração de processos seletivos que, em vez de retirar dos candidatos a possibilidade de continuar na competição, estabelecem regras para alocá-los na disputa pelas vagas não afirmativas (vagas de ampla concorrência), permitindo a eles sua manutenção no certame, mas não mais na condição de cotistas. Esse entendimento foi recentemente normatizado por meio da Instrução Normativa nº 23, de 25 de julho de 2023, que passou a definir que, na hipótese de indeferimento da autodeclaração no procedimento de heteroidentificação, a pessoa poderá participar do certame pela ampla concorrência, desde que possua, em cada fase anterior do certame, nota ou pontuação suficiente para prosseguir nas demais fases. Nesses casos, a punição pela fraude possui um caráter mais ameno, pois não traz prejuízos materiais ao candidato, que segue em igualdade de condições no certame, agora de maneira legítima.

### 4.3.2 Esfera cível

Não muito distantes das implicações jurídicas na esfera administrativa, encontram-se as consequências conhecidas na esfera cível. Aqui, a fraude é compreendida como um ilícito civil e encontra fundamento nos artigos 186 e 927 do Código Civil. A primeira norma estabelece que "aquele que, por ação ou omissão voluntária, negligência ou imprudência, violar direito e causar dano a outrem, ainda que exclusivamente moral, comete ato ilícito". A segunda, por seu turno, dispõe que "aquele que, por ato ilícito, causar dano a outrem, fica obrigado a repará-lo".

As previsões do Código Civil supramencionadas tornam possível a interpretação de que a fraude não necessariamente será praticada de maneira dolosa, alcançando até mesmo os candidatos que fraudaram sem a intenção, impondo a eles responsabilizações para reparação do dano cometido a *outrem*, aqui representado por três sujeitos: a Administração Pública lesada pela fraude; o candidato que deixou de ocupar a vaga a que tinha direito, por conta da prática da fraude; e a coletividade, que indiretamente sofre as consequências da prática fraudulenta não mitigada pelo controle institucional.

O dano gerado a cada um desses sujeitos, no entanto, deve ser medido individualmente, pois repercute de maneira distinta nas esferas jurídicas de cada um deles. A Administração Pública, primeiramente, embora possua parcela da responsabilidade sobre o dano gerado pela fraude, por não ter implementado um controle eficaz em sua política pública, sofre prejuízos relacionados ao investimento "desperdiçado" na manutenção do fraudador no seu quadro institucional. Em segundo lugar, o candidato que perdeu a oportunidade de ocupar legitimamente a vaga, por sua vez, sofre um prejuízo concreto a partir da fraude, porque viu frustrada a sua expectativa de acessar a vaga universitária ou vinculada ao concurso público, situações que produzem efeitos adversos em sua vida pessoal e profissional. A coletividade, por fim, é afetada na medida em que a situação da fraude é entendida a partir de uma concepção social, violadora de direitos transindividuais de ordem coletiva[207] e infratora de normas de uma política pela qual se pretende combater o racismo institucional.

Naturalmente, todas as sanções cabíveis em um processo de caráter administrativo podem ser pleiteadas, contestadas, agravadas ou atenuadas em um processo judicial de natureza cível. A diferença é que, ao levar a fraude ao ambiente sancionatório na condição de ilícito civil, a autoridade responsável pelo dimensionamento do dano e pela aplicação da sanção deixa de ser o órgão ou entidade administrativa, entrando em cena o Poder Judiciário. É ele quem definirá se um ou se todos os sujeitos atingidos pela fraude sofreram danos que merecem reparação, quem ordenará a proibição do fraudador de apresentar novas candidaturas ao certame e quem poderá promover o cancelamento dos créditos cursados pelo aluno fraudador.

A esfera cível também abre espaço para uma maior criatividade no que diz respeito às sanções impostas ao fraudador. A título de

---

[207] Há alguns casos apreciados pelo Judiciário brasileiro nos quais se reconheceu o dano coletivo a direitos transindividuais resultantes de práticas discriminatórias. Ver, por exemplo: "Ação civil pública. Ofensas contra comunidade indígena. Dano moral coletivo. Majoração. 1. Tendo restado demonstrados a discriminação e o preconceito praticados pelos réus contra o grupo indígena Kaigang, é devida a indenização por dano moral. 2. O dano moral coletivo tem lugar nas hipóteses em que existe um ato ilícito que, tomado individualmente, tem pouca relevância para cada pessoa, mas, frente à coletividade, assume proporções que afrontam o senso comum" (AC 2003.71.01.001937/RS, rel. Vânia Hack de Almeida, j. 30.08.06, p. 472).

exemplo, menciona-se o caso de duas estudantes dos cursos de graduação em Medicina e Psicologia na Universidade Federal de Alagoas (Ufal) que tiveram sua declaração racial contestada junto à Justiça Federal alagoense. Nos processos judiciais que trataram do tema,[208] o juiz decidiu mantê-las com as vagas fraudadas, em vista de ambas já estarem em fase final da graduação. No entanto, como contrapartida, as alunas foram condenadas a pagar R$ 10 mil a título de dano moral, bem como à prestação de serviços comunitários gratuitos em suas respectivas áreas de formação, em hospital da rede pública ou Unidade de Pronto Atendimento (UPA), após seis meses de colação de grau e por tempo determinado pelo juiz. Na Universidade Federal de Sergipe, uma outra estudante acusada de fraude foi condenada a devolver aos cofres públicos o valor do custo anual por aluno, estimado em R$ 20 mil, além de dano moral coletivo no valor de R$ 25 mil.[209]

A reparação pecuniária a ser assumida pelo fraudador condenado guarda, ainda, certa controvérsia no ambiente judicial. A aplicação dessa pena pressupõe que a fraude implica a ocupação ilegítima de uma vaga afirmativa para a qual foram destinados recursos públicos bastante expressivos. No caso de fraudes em cargos efetivos ocupados por decorrência de um concurso, por exemplo, o agente público fraudador é remunerado de diferentes formas, como com o pagamento de salários mensais e outros benefícios que possuem caráter pecuniário (férias, 13º salário, auxílios alimentícios etc.). No caso dos estudantes de ensino superior, a despeito da tradicional gratuidade da vaga universitária, o estudante fraudador tem acesso ao ensino e a outros bens públicos ofertados pela universidade, todos custeados pela Administração universitária.[210]

É certo que a fraude implica o mau uso de verba pública. O comportamento fraudulento no âmbito da política de cotas provoca

---

[208] Ver: Justiça Federal de Alagoas, Ação Civil Pública nº 0803278-21.2021.4.05.8000 e Ação Civil Pública nº 0808823-72.2021.4.05.8000, ambas em trâmite na 13ª Vara Federal em Alagoas, e atribuídas ao juiz federal Raimundo Alves de Campos Jr., julgadas, respectivamente, em 12 de julho e 21 de julho de 2022.

[209] Ver: Justiça Federal de Alagoas, Ação Civil Pública nº 0800354-46.2022.4.05.8503, em trâmite na 8ª Vara Federal de Sergipe, j. Jailsom Leandro de Sousa, j. 13 de abril de 2023.

[210] Um estudo publicado em novembro de 2017 pelo Grupo Banco Mundial, intitulado *Um ajuste justo: análise da eficiência e equidade do gasto público no Brasil*, demonstrou que, nas universidades federais brasileiras, o custo médio anual por estudante matriculado é de R$ 40 mil, e nas estaduais, de R$ 32 mil. Disponível em: https://www.worldbank.org/pt/country/brazil/publication/brazil-expenditure-review-report. Acesso em: 03 jan. 2023. Cumpre anotar, no entanto, que a menção a este estudo não indica qualquer alinhamento com os argumentos utilizados pelo Banco Mundial no sentido de adotar a cobrança de mensalidades nas universidades públicas brasileiras.

uma reação indesejada por parte das administrações que, sem um instrumento adequado de controle, são levadas a erro, direcionando parte de seus recursos em favor de sujeitos que, teoricamente, não deveriam ocupar aquela vaga. Em vista dessa percepção, poderia haver a condenação de pessoas nessas condições na forma de devolução, ao erário, dos salários recebidos durante o período em que ocuparam irregularmente a vaga afirmativa junto ao setor público (no caso de servidores públicos) ou na forma de indenização da Administração universitária em valor correspondente ao custo de sua permanência ilegítima na universidade (no caso de estudantes universitários).

Em especial no primeiro caso, a situação encontra uma outra polêmica. Mesmo sob a prática da fraude, o servidor público demitido ou destituído por ocasião da fraude praticou, por determinado período, a função pública a ele incumbida pela Administração, tendo sido remunerado de acordo com os vencimentos estabelecidos pelo cargo. A Administração, por sua vez, indubitavelmente se beneficiou do serviço prestado pelo fraudador, de modo que um eventual pedido de ressarcimento aos cofres públicos poderia configurar enriquecimento ilícito. Esta é uma situação muito ilustrativa do nível de repercussão jurídica que a fraude e a ausência de controles mitigatórios podem produzir no mundo concreto, gerando situações de extrema complexidade e que não encontram soluções únicas e definitivas.

Há, por fim, a possibilidade de um fraudador sofrer penalizações a partir das regras previstas na Lei de Improbidade Administrativa. Para tanto, como já explorado, o Ministério Público terá a atribuição de comprovar que a pessoa agiu mediante dolo para ocupar indevidamente algum desses vínculos públicos.

### 4.3.3 Esfera criminal

Por fim, destaca-se a compreensão da fraude como um crime, mais precisamente, o crime de falsidade ideológica, previsto no artigo 299 do Código Penal. Tal interpretação leva ao entendimento de que a apresentação de declaração racial inverídica, perante a Administração Pública, com a finalidade de ocupar indevidamente uma vaga de ação afirmativa pode configurar, além de uma infração administrativa e um ilícito civil, um crime.

A falsidade ideológica implica violação à chamada "fé pública", mais propriamente no que diz respeito à confiabilidade de documentos apresentados por particulares. No caso da política de cotas, a violação do bem jurídico se relaciona com a frustração da expectativa criada pela Administração implementadora do programa de que todos os candidatos às vagas afirmativas apresentarão declarações verídicas de sua pertença racial. Aqui, portanto, o sujeito passivo do crime, isto é, o titular do bem jurídico violado ou ameaçado, é a própria Administração Pública implementadora da política de cotas.

Além disso, a falsidade ideológica é um crime para o qual a legislação penal estabelece pena de reclusão de um a cinco anos, além de multa, em se tratando da inserção de informação falsa em documento de natureza pública.

O entendimento que estabelece a relação da fraude com o crime de falsidade ideológica tem sido defendido por alguns estudiosos sobre o tema, a exemplo das considerações feitas por Lívia Sant'anna Vaz:

> (...) não é atribuição da comissão de heteroidentificação avaliar se houve ou não má-fé por parte do candidato que não teve sua autodeclaração validada. Essa análise cabe, *a priori*, aos órgãos do sistema de justiça – notadamente o Ministério Público –, por meio de investigação apropriada que permita a autodefesa e o contraditório, já que, havendo má-fé o candidato pode incorrer em crime de falsidade ideológica (artigo 299 do Código Penal).[211]

A autora, que é membro do Ministério Público do Estado da Bahia, argumenta ser de responsabilidade do *parquet* (e não das instituições implementadoras da política) avaliar a escala de intencionalidade nas fraudes praticadas na política de cotas e que, sendo revelada a má-fé entre os candidatos, o comportamento deve resultar em sua responsabilização a partir do crime de falsidade ideológica.

Esse entendimento também já foi explorado pela Ministra Cármen Lúcia, do Supremo Tribunal Federal, em decisão recente. A situação analisada envolve um estudante matriculado no curso de Medicina da Universidade Federal da Bahia que teve sua ocupação na vaga afirmativa questionada perante a Polícia Federal atuante no estado a partir de um inquérito policial iniciado em outubro de 2020.[212] À época de sua disputa para o vestibular da universidade, o discente apresentou declaração racial como uma pessoa "parda", porque, segundo ele, acreditava ser lido dessa maneira perante a sociedade e porque também é "descendente de pessoas pardas", conforme documentos

---

[211] VAZ, Lívia Sant'anna. *Cotas raciais*. São Paulo: Jandaíra, 2022, p. 159.
[212] Ver: Inquérito Policial nº 2020.0091457-SR/PF/BA, em trâmite na Delegacia de Repressão a Crimes Fazendários da Bahia.

oficiais (certidão de nascimento e certificado do exército brasileiro) apresentados nas instâncias judiciárias. O inquérito foi judicializado pelo discente, que apontava a ilegalidade do procedimento, além da demora em se concluir a investigação, fator que levava a ele certa instabilidade quanto à sua permanência na universidade. A Ministra Cármen Lúcia, ao mesmo tempo que reconheceu a tese de que a fraude dolosa consiste em crime de falsidade ideológica, entendeu que, de fato, a persistência da investigação pela Polícia Federal era ilegal, nos seguintes termos:

> (...) Em tese, a *conduta de inserir informação que sabe ser falsa em autodeclaração de raça, para ingresso em universidade pública pelo regime de cotas, pode configurar a prática do crime do art. 299 do Código Penal*, em especial quando o agente estiver "nas zonas de certeza positiva e nas zonas de certeza negativa sobre a [sua] cor (branca ou negra). (...) Não cabe a este Supremo Tribunal realizar análise do fenótipo do paciente para decidir sobre a veracidade ou não de sua autodeclaração de raça, menos ainda seria possível tal proceder em habeas corpus, via processual que não admite dilação probatória ou exame fático-probatório aprofundado. Entretanto, os documentos juntados aos autos pela defesa e as informações prestadas pela autoridade policial, na qual anota a Delegada de Polícia Federal Ana Cláudia Albuquerque do Prado Spinelli (doc. 34), ter relatado o Inquérito Policial n. 2020.0091457 e *concluído ausente o dolo necessário à configuração da conduta investigada, isentando o paciente de responsabilização criminal, evidenciam que a persistência de inquérito a instabilizar a segurança jurídica do paciente* e a dar continuidade a sua vida de estudante com a certeza de ausência de eventos que possam comprometê-la em razão daquele procedimento, determinam a sua extinção.[213]

Para além das conclusões alcançadas no julgado, a Ministra entendeu a viabilidade de a fraude ser compreendida a partir da perspectiva de um crime. Para tanto, seria necessária a demonstração de que o agente fraudador teve o dolo de inscrever declaração de raça que sabia ser falsa com a intenção de obter vaga na disputa pública pelo regime de cotas.

Resta explícito que a responsabilização de fraudadores pelo Direito Penal exime os sujeitos que praticam fraude não intencionalmente. As penas estabelecidas neste âmbito são destinadas exclusivamente a fraudadores que atuam de maneira dolosa na prática da fraude, como defende Rogério Greco:

---

[213] Ver: Supremo Tribunal Federal. Habeas Corpus nº 205.474/BA, rel. Ministra Cármen Lúcia, j. 09 de novembro de 2021, grifos nossos.

Aquele que, por erro, supondo verdadeira uma declaração, quando na verdade é falsa, a faz inserir em documento, público ou privado, não responde pelo delito em estudo [falsidade ideológica], sem falar no fato de que deverá, sempre, agir com a finalidade especial de prejudicar direito, criar obrigação ou alterar a verdade sobre fato juridicamente relevante.[214]

Alguém que foi levado a se enxergar como uma pessoa negra, por questões que fogem à esfera jurídica (relações familiares, efeitos sociais da miscigenação etc.) e que tenha ocupado ilegitimamente uma vaga sob essas condições, ainda que responsabilizada nas esferas cível e administrativa, jamais responderá pelo crime de falsidade ideológica, uma vez que o dolo representa um elemento subjetivo exigido pelo tipo penal, não havendo previsão normativa para a modalidade culposa do delito.

Ainda sobre o tópico, importa destacar que a *ultima ratio* (último recurso) e a subsidiariedade são princípios norteadores do Direito Penal. Ambos os valores jurídicos atuam para explicar que o referido ramo do Direito deve ser aplicado tão somente em situações em que o dano não puder ser reparado por nenhum outro meio, que não aquele previsto na legislação penal. Isso porque a sua intervenção tende a resultar em implicações mais severas contra o cidadão (a exemplo das penas de restrição de liberdade, como aquela estabelecida a quem pratica o crime de falsidade ideológica). Nesse sentido, os referidos princípios atuam para explicar que, havendo um ou mais ramos do ordenamento suficientemente eficazes no que diz respeito à proteção do bem jurídico e à penalização contra aquele que o fere, é preferível que o Direito Penal não interceda.

Como já explorado anteriormente, a reparação do dano decorrente da fraude, em todas as suas formas de materialização, encontra respaldo em normas do Direito Administrativo e do Direito Civil. Em ambos os ambientes normativos, o aplicador da sanção, seja a Administração Pública ou o Poder Judiciário, se vê diante de uma gama de possibilidades de penalização daquele que pratica a fraude, podendo impor a ele penas de efeito pecuniário e de restrição administrativa, além de obrigações indenizatórias.

Nesse sentido, até mesmo em relação aos fraudadores que atuam de má-fé, o Direito Penal precisa ser um instrumento subsidiário, sendo

---

[214] Ver: GRECO, Rogério. *Curso de direito penal:* parte especial, volume IV. 11. ed. Niterói: Impetus, 2015, p. 306.

chamado a atuar apenas em casos em que o dano decorrente da fraude não tiver sido suficientemente reparado por meio dos mecanismos jurídicos previstos na legislação cível e administrativa.

## 4.4 Conclusões parciais

Este quarto capítulo tratou das principais repercussões jurídicas decorrentes das fraudes na política de cotas raciais. Foram explorados os temas da judicialização da política de cotas, da responsabilização dos gestores públicos envolvidos na implementação do programa e da responsabilização dos candidatos.

No que diz respeito à *judicialização da política de cotas*, foi destacado que o Poder Judiciário sempre foi um ator muito presente na agenda das cotas raciais, tendo participado das primeiras reivindicações envolvendo disputa das vagas afirmativas por pessoas que alegavam um suposto prejuízo pela existência das cotas. Mesmo antes do julgamento da ADPF 186, diferentes magistrados do país já tinham se posicionado sobre a (in)constitucionalidade das cotas, ora endossando e ora contestando as medidas afirmativas idealizadas por administrações públicas do país. Mais recentemente, o Judiciário, ainda como grande articulador do debate público a respeito das cotas, tem sido chamado a opinar em processos que discutem os controles criados pelas instituições públicas para conter as fraudes e os critérios adotados para execução desse controle. Em suma, sua atuação deslocou-se da dimensão da constitucionalidade/legalidade das cotas raciais, encerrada com o julgamento da ADPF 186, para a dimensão do controle antifraude.

Essa nova dimensão de trabalho do Poder Judiciário impõe a ele uma série de desafios. O mais latente está relacionado à necessidade de, quando chamado, promover um equilíbrio entre a garantia da efetividade da política de cotas e a não interferência nas decisões administrativas adotadas pelo Poder Público, justamente por ser este o ator com maiores oportunidades de contato com as demandas apresentadas pelo Movimento Negro, que trouxeram a heteroidentificação à cultura do controle das cotas raciais no Brasil. Com isso, o controle judicial fica adstrito ao monitoramento da qualidade do processo administrativo confeccionado no ente público (gerenciamento dos critérios de aferição, atendimento aos princípios aplicáveis à heteroidentificação, verificação da *expertise* técnica dos membros da banca etc.).

Mas surge, a partir desse debate, um outro dever ao Poder Judiciário, igualmente relevante, mas um pouco mais distante da realidade: a urgente apreensão dos debates e formulações relacionados a temas de diversidade e inclusão racial, no sentido de contribuir com o avanço e o aperfeiçoamento da agenda perante as Administrações Públicas, sobretudo entre aquelas ainda marcadas por receios institucionais defasadas no contexto da implementação da política de cotas raciais.

Entre todos os Poderes da República, o Judiciário talvez se apresente como o mais negligente na pauta racial, dada a baixa heterogeneidade de sua composição e seu nítido distanciamento das questões de ordem política que afetam a população negra de modo especial. Como consequência, tornaram-se comuns decisões judiciais completamente desmembradas da realidade concreta do país, por serem conduzidas por instituições ainda pouco abertas à compreensão do racismo como um elemento estruturador da sociedade brasileira. Nesse sentido, o envolvimento do Judiciário na temática das cotas raciais se apresenta como tarefa imprescindível à elaboração de uma técnica jurídica voltada à execução dos controles antifraude na esfera jurisdicional.

A respeito da *responsabilização dos gestores públicos* envolvidos na implementação das cotas, argumentou-se que a nova Lei de Improbidade Administrativa afastou expressamente a possibilidade de responsabilização (por meio de ação de improbidade administrativa) de gestores que tenham sido omissos (culposamente) na implementação de controles antifraude, reservando apenas aos responsáveis pela omissão dolosa essa consequência. Essa nova característica da Lei de Improbidade, naturalmente, não diminui o dever institucional de realizar os comandos previstos nas normas que tratam da política, o que abre espaço para que os órgãos de controle da Administração explorem com maior apreço os instrumentos jurídicos presentes no ordenamento brasileiro que são úteis ao alcance dos objetivos das cotas raciais e que não perpassam necessariamente a responsabilização dos gestores públicos por improbidade administrativa. Os ministérios públicos do país, também constantemente provocados a atuar em prol do monitoramento da política de cotas, passam a alcançar um papel primordial de fiscalização e aconselhamento dos órgãos e entidades públicas, contribuindo, ao lado dos gestores, para a instalação de um controle antifraude nas disputas públicas, com critérios e procedimentos alinhados às boas práticas das experiências bem-sucedidas do país.

Por fim, ao analisar a *responsabilização dos fraudadores* de cotas raciais, o capítulo dedicou-se a demonstrar a possibilidade jurídica de um único sujeito ser penalizado nas instâncias administrativa (principalmente por meio da perda da ocupação pública conquistada mediante fraude), cível (por meio de reparação dos danos materiais e morais causados pela fraude) e criminal (pelo crime de falsidade ideológica, no caso de candidatos que atuam mediante dolo). A demonstração dessas possibilidades não teve como propósito resumir a discussão das fraudes a um aspecto sancionatório, mas contribuir para a localização do problema como algo essencialmente jurídico e, portanto, com capacidade de repercussões bastante significativas na esfera pessoal de cada sujeito envolvido. As dimensões de responsabilização constam sintetizadas na tabela abaixo:

TABELA 8
Possibilidades de responsabilização do fraudador

| Esfera de responsabilização | Interpretação da fraude | Aplicação |
| --- | --- | --- |
| Esfera administrativa | A fraude é entendida como uma infração administrativa cuja consequência é a violação de uma regra administrativa prevista em lei, edital ou em outras normas infralegais. | Em geral, a responsabilização gera a anulação do ato administrativo que confirmou a candidatura fraudulenta ou o imediato afastamento do candidato da vaga afirmativa pretendida. |
| Esfera cível | A fraude é entendida como um ilícito civil (art. 186 e 927 do Código Civil). | Espaço ampliado para responsabilização, com possibilidades de atenuar ou agravar as penas administrativas, sobretudo na esfera da reparação pecuniária, além da possibilidade de aplicação da Lei de Improbidade Administrativa, se atestado o dolo do candidato. |
| Esfera criminal | A fraude é entendida como variação do crime de falsidade ideológica (art. 299 do Código Penal). | O tipo penal prevê aplicação da pena de reclusão de um a cinco anos, além de multa, em se tratando da inserção de informação falsa em documento público, com aplicação exclusiva àqueles que atuam mediante dolo. |

# CONSIDERAÇÕES FINAIS: O CONTROLE ANTIFRAUDE COMO FERRAMENTA DO ANTIRRACISMO

O racismo organiza a sociedade e o Estado brasileiro. Ele se infiltra na mentalidade dos sujeitos e no corpo das instituições, produzindo resultados catastróficos para um país em que a maioria de seus cidadãos é negra. Isso se reflete na distribuição de riqueza entre a população, nas abordagens policiais, na organização ambiental dos grandes centros urbanos do país, no acesso a serviços públicos, mas também na composição dos quadros institucionais do Estado.

A origem desse fenômeno, como visto, remonta ao século XVI, com a instauração do sistema de tráfico e de escravização de pessoas africanas para o continente americano, e se prolonga até os dias atuais por meio do constante silêncio do Estado em relação à necessidade de reparação política, econômica e social em favor das vítimas diretas do sistema escravista e de seus descendentes. Mesmo durante o século XX, quando negros já eram considerados cidadãos, detentores formais de direitos, o Estado se dedicou a silenciar suas demandas por igualdade e a construir outras formas de exclusão e marginalização desse grupo.

Hoje, mesmo em um sistema dito democrático, o racismo conseguiu se institucionalizar. Ainda que juridicamente interpretado como uma transgressão, um fenômeno "antijurídico", o racismo se acomodou no cerne dos Três Poderes da República e nas demais instituições brasileiras, na medida em que consegue passar despercebido por grande parte dos brasileiros, não sendo visto como um elemento norteador das práticas institucionais. E é sob esse contexto confuso de democracia que nascem as políticas de cotas raciais.

Após um longo período de mobilização social, coordenada por representantes do Movimento Negro nacional, o Estado brasileiro finalmente assumiu um compromisso, de caráter normativo, no sentido de criar políticas públicas pautadas por um critério étnico-racial, sendo as cotas as mais populares e com a maior dimensão de impacto social no país. À medida que proporciona a esse grupo racial o acesso ao ensino superior e a consequente diversificação dos quadros institucionais brasileiros, a política de cotas trabalha para garantir que determinados recursos de interesse geral (a produção de conhecimento em universidades, a tomada de decisões administrativas num determinado órgão público, a representatividade institucional em todas as esferas etc.) sejam administrados a partir da realidade de uma maioria populacional. É, na visão de muitos especialistas,[215] a política de maior impacto social em favor de pessoas negras desde a Abolição em 1888.

Não há dúvidas de que as cotas raciais não resolvem, isoladamente, aquele que é o principal problema de formação do Brasil: o racismo em sua forma estrutural. A referida política, entretanto, apresenta-se como uma estratégia muito bem-sucedida para corrigir distorções de representatividade institucional e, por conseguinte, aumentar o número de pessoas negras com ensino superior e com melhores oportunidades profissionais. Com efeito, as cotas proporcionam uma verdadeira transformação na dinâmica institucional do país, na medida em que confere oportunidades de acesso a grupos historicamente afastados dos espaços de tomada de decisão. Como política de médio e longo prazo, as cotas se propõem a transformar o país produzindo, por exemplo, futuros gestores, docentes, legisladores e juristas com um perfil racial e com uma história pessoal completamente distintos do padrão verificado no Brasil desde a sua fundação.

Este trabalho buscou trazer luz a um aspecto da política de cotas que tem chamado a atenção nos últimos anos: a questão das fraudes. Desde as primeiras experiências concretas com a medida, gestores públicos, órgãos de controle e ativistas do Movimento Negro têm tido que lidar com esse dilema, que, por si só, é excessivamente polêmico, por reascender debates espinhosos sobre a classificação racial

---

[215] Esse argumento foi apresentado pelo Professor Juarez Xavier, da Faculdade de Arquitetura, Artes, Comunicação e Design, da Universidade Estadual Paulista, no Seminário organizado pela Defensoria Pública de São Paulo e pela EACH-USP, em 24 de maio de 2023, intitulado "Balanço das ações afirmativas para negros nas universidades públicas de São Paulo".

de sujeitos que compõem uma sociedade amplamente marcada pela miscigenação. O fato é que, sem um controle, as cotas raciais vêm sendo violentadas em diversas instâncias, a partir de ocupações irregulares das vagas que, originalmente, foram pensadas para atender pessoas negras. E, com essas fraudes, também se desenvolvem tensões de ordem racial com as quais a Administração Pública não costuma estar preparada para lidar, levando a situações concretas de conflito racial, denúncias frequentes de irregularidades, coberturas midiáticas e uma judicialização desenfreada e com resultados imprevisíveis. O controle antifraude pela Administração Pública, nesse sentido, aparece como uma ferramenta eficaz, capaz de resolver as demandas de combate às fraudes na política de cotas e acalmar os ânimos da maior parte dos atores sociais envolvidos na discussão.

## Um método ideal de controle antifraude

Defender o que seria um método "ideal" de controle antifraude não é tarefa fácil, porque, como visto, a aplicação do controle antifraude depende de diversos fatores, relacionados, por exemplo, ao nível de maturidade institucional relativa ao modo como os Poderes Públicos identificam, mensuram e gerenciam os problemas da política e ao nível de tensões e conflitos raciais percebidos no ambiente institucional. Entretanto, na ordem de orientar adequadamente gestões públicas ainda pouco conectadas com o debate das cotas e de seus controles, o trabalho aponta alguns caminhos para identificar os elementos mais fundamentais para controlar a política de cotas, no sentido de buscar uma adequação jurídica aos propósitos da política de cotas.

A autodeclaração, primeiramente, acabou por se tornar um elemento inegociável da medida afirmativa. Além de estar prevista na legislação, a autodeclaração já faz parte da cultura institucional de toda e qualquer política afirmativa destinada à população negra no país. O seu uso na política de cotas, bem em como outras medidas estatais, é revelador de uma conquista relevante do Movimento Negro em nome da população negra do país, que até pouco tempo era vítima de subnotificação nos censos oficiais e de outras estratégias institucionais de apagamento racial. A autodeclaração, portanto, não deve ser desvalorizada.

No entanto, por se tratar de uma informação individual, subjetiva e autoatribuída, e somada à complexidade sob a qual se redesenharam as relações raciais no Brasil nos últimos anos (com o surgimento de casos de fraude na política de cotas, em especial), a autodeclaração se revelou insuficiente para definir, de maneira isolada, o beneficiário da política de cotas. Ao ser amplamente testada de modo independente, mostrou ser fundamental que a informação racial autodeclarada seja complementada com controles heterônomos de confirmação de sua autenticidade.

A heteroidentificação, nesse contexto, apresenta-se como o complemento mais útil à demanda. A ferramenta permite ao ente público sujeitar candidatos pleiteantes de cotas raciais ao crivo da confirmação classificatória, no sentido de detectar casos em que a autodeclaração apresentada reunir elementos de fraude, por ser inverídica ou incompatível com a realidade. Para isso, o instrumento de controle antifraude deve ser implementado de maneira a atender às recomendações do Supremo Tribunal Federal (ADPF 186 e ADC 41) e a se espelhar nas exitosas experiências vividas por muitas administrações brasileiras. A heteroidentificação, desse modo, representa um método já validado pelo uso ao longo dos últimos anos, e com um enorme potencial de sucesso entre universidades, órgãos e entidades vinculados ao Estado interessados na efetividade da política afirmativa.

É fundamental, no entanto, que a composição de uma banca responsável pela heteroidentificação seja, além de diversa, composta por pessoas com um conhecimento mínimo na matéria do controle antifraude. A heterogeneidade na composição da banca é característica que traz maior qualidade ao trabalho a ser desenvolvido e permite que um candidato seja avaliado por pessoas com diferentes identidades raciais, regionais e de gênero, refletindo as diversidades existentes no Brasil. A capacitação, no mesmo sentido, permite que a análise das candidaturas seja realizada de forma objetiva, por pessoas que efetivamente compreendam a complexidade das relações raciais que operam no Brasil tanto na sua dimensão histórica (processos de escravização, de miscigenação e de apagamento racial etc.) como na sua dimensão jurídico-institucional (compreensão do real destinatário da política, orientações do STF sobre a matéria, conhecimento da legislação e do edital aplicáveis etc.).

No que se refere ao momento do controle, é obviamente preferível que ele seja instalado em contexto preventivo, de modo a evitar a materialização do dano em face dos candidatos e da própria administração, que terá que conviver com os impactos e as tensões decorrentes da validação do comportamento fraudulento, mediante a ausência ou o emprego inadequado de controles. Por outro lado, isso não significa que instituições que já convivem com fraudes devam ignorar a necessidade de instalação de controles repressivos para enfrentar casos já materializados de fraude, promovendo a reparação dos danos, inclusive em favor de candidatos que foram prejudicados pela postura omissa do ente público.

O trabalho também revelou ser fundamental a utilização do "fenótipo" como único (ou principal) critério de aferição das candidaturas afirmativas. Cabe reiterar, neste momento, um apontamento realizado ao longo de todo o trabalho: as cotas raciais, como políticas públicas de caráter reparatório, destinam-se às vítimas do racismo no Brasil, assim entendidas aqueles sujeitos que reúnem, na sua fisionomia, características fenotípicas de uma pessoa negra (a pele escura, os traços faciais negroides, o cabelo crespo etc.). As cotas não se destinam genericamente a "descendentes de negros", mas aos negros em si, vítimas diretas do racismo, e, portanto, a heteroidentificação deve ser realizada a partir dos critérios que efetivamente contribuem para a identificação social de um candidato enquanto pessoa negra.

Por fim, reitera-se a necessidade de o Poder Público se atentar às fontes de fraude que, neste trabalho, foram atribuídas como de sua responsabilidade: erros conceituais para definição dos beneficiários da política no edital e ausência de balizas para realização do controle antifraude. O ente responsável pela política deve estar atento ao processo que antecede à implementação dos programas de ação afirmativa, investindo tecnicamente na construção de editais que estejam de fato alinhados às boas práticas institucionais. A definição correta de um beneficiário da política de cotas deve estar circunscrita aos conceitos já amplamente trabalhados nas legislações do país, em especial o Estatuto da Igualdade Racial, norma instituidora de direitos e políticas em favor da "população negra" (o conjunto de pessoas pretas e pardas), além de prescrever que os candidatos devem possuir traços fenotípicos que os caracterizem como negros. No mesmo sentido, é fundamental que os editais estabeleçam que as candidaturas afirmativas serão submetidas a uma banca de heteroidentificação e que a eventual constatação de fraude terá como consequência, além de outras possibilidades de sanção, a eliminação do candidato do certame ou a anulação de sua matrícula universitária/admissão na função pública, após regular processo administrativo.

## As expectativas das mudanças legislativas

Desde 2022, setores progressistas do país têm se dedicado à construção de alternativas políticas voltadas à manutenção e ampliação das políticas de cotas raciais existentes no país, sobretudo por meio de uma atuação legislativa para concluir os processos de *revisão* da Lei nº 12.711/2012 (Lei de Cotas Universitárias) e de *renovação* da Lei nº 12.990/2014 (Lei de Cotas no Serviço Público). Em ambos os processos, sempre existiram expectativas para que o legislador investisse na criação de dispositivos que tornem a questão das fraudes e de seu controle como pontos fundamentais das políticas de cotas.

No primeiro caso, importa relembrar que, durante parte considerável de 2022 e 2023, a Lei de Cotas Universitárias esteve num estado de "limbo" normativo. A norma disciplina que, dez anos após o início da sua vigência, a política pública para acesso de pessoas pretas, pardas e indígenas ou com deficiência e estudantes da rede pública às instituições de educação superior deveria ser revista. Esse prazo foi completado em agosto de 2022. Importante notar que a lei não explica a quem compete essa função revisora e no que exatamente ela consiste.

Idealmente, o processo de revisão se iniciaria e se encerraria ainda em 2022, com a apresentação de um diagnóstico geral sobre a política e de uma proposta de modificação da Lei nº 12.711/2012, no sentido de prorrogar a política por um período maior (ou até indefinidamente, como estabelece alguns projetos em trâmite no Congresso) e de promover ajustes para tornar as cotas mais efetivas (até mesmo pela matriz do controle antifraude). A discussão sobre a revisão da política de cotas, no entanto, acabou ficando de escanteio, em vista da polêmica disputa eleitoral de 2022 e do justo receio, apresentado pelos setores progressistas, de que a revisão da política fosse utilizada como um pretexto oportunista para defender o fim das cotas raciais, e não o seu aprimoramento.

Nesse intervalo de tempo, a política persistiu em vigor, dentro de uma esfera de normalidade. Não há notícia de universidades federais que tenham interrompido a implementação do programa por conta desse período de limbo normativo. No entanto, a tensão política criada durante esse período ainda não foi solucionada, o que provocou movimentações institucionais envolvendo o Supremo Tribunal Federal (STF)[216] e o Tribunal de Contas da União (TCU),[217] além do próprio

---

[216] Em julho de 2023, o Partido Verde (PV) ingressou com uma Ação Direta de Inconstitucionalidade (ADI 7418) no Supremo Tribunal Federal visando à manutenção da política de cotas durante esse período em que o Congresso Nacional não se posiciona sobre a matéria.

[217] No TCU, foi instaurado processo de fiscalização, motivado pela exigência de revisão da política. O órgão concluiu que a falta de dados sobre o acompanhamento do programa, não divulgados pelo Governo Federal da época, seria um fator que prejudicaria a revisão da política. O TCU identificou, ainda, a necessidade de aperfeiçoamento e regulamentação

Congresso Nacional.

A revisão da Lei nº 12.711/2012 só veio a ser concluída em novembro de 2023, por meio da sanção da Lei nº 14.723, fruto de uma articulação entre o Congresso Nacional, o Ministério da Igualdade Racial e outros segmentos do Poder Executivo, além de muitos ativistas do Movimento Negro que acompanharam o debate desde o início. Com o término da revisão, a lei passará a viver com uma série de mudanças e inovações em matéria de ação afirmativa. Eis alguns exemplos: ampliação do rol de beneficiários para contemplar quilombolas; criação de regra de avaliação da política a cada dez anos; divulgação anual de relatório sobre o andamento do programa; prioridade às pessoas em situação de vulnerabilidade para concessão de auxílios estudantis; incentivo à criação de ações afirmativas para a pós-graduação.

Muito embora o controle antifraude já seja implementado por parte considerável das instituições de ensino superior do país, ele não foi mencionado na nova versão da Lei nº 12.711/2012. Havia expectativas para que o legislador investisse, ao menos, na criação de dispositivos que tornassem a questão das fraudes e de seu controle como pontos fundamentais das políticas de cotas. Mas a nova lei foi publicada sem qualquer menção às bancas de heteroidentificação, aos critérios norteadores para definição de beneficiários da política ou à responsabilização de candidatos por casos de fraude.

Em situação semelhante se encontra a Lei de Cotas no Serviço Público. Se não for adequadamente renovado, o programa de cotas previsto na Lei nº 12.990/2014 corre o risco de ser extinto, em vista da previsão de seu artigo 6º, que dispõe que a norma "terá vigência pelo prazo de 10 (dez) anos". Não se trata, portanto, de uma regra de "revisão", mas de efetiva extinção da política, que se pretende evitar por meio da atuação dos Poderes Executivo e Legislativo em prol da renovação legislativa.

O debate público em torno da renovação da norma tem servido de arena para as reflexões sobre os necessários aprimoramentos do programa de cotas raciais no serviço público federal. A depender da maneira como a tensão política em torno da medida será enfrentada pelos Poderes da República, há chances de que, no futuro próximo, a

---

dos procedimentos de identificação racial para validar as informações declaradas pelos candidatos no momento da inscrição e recomendou ao Ministério da Educação a criação de normas regulamentares do MEC para os procedimentos. Para mais, ver: Tribunal de Contas da União, Processo nº 004.907/2022-1, Relatório de Auditoria, 2022, rel. Walton Alencar Rodrigues.

questão das fraudes e das bancas de heteroidentificação seja mais bem retratada na perspectiva legislativa, despertando, na mesma direção, novas produções normativas de caráter infralegal, no sentido de regulamentar as novas disposições legislativas, bem como de influenciar entes públicos de outras esferas da Federação.

## O controle antifraude no Poder Judiciário

Com uma esperada normatização do tema das fraudes e das bancas de heteroidentificação nos próximos anos, reduz-se também uma outra preocupação que acompanha a pauta do controle antifraude – a intervenção do Poder Judiciário nos certames que reservam aos negros vagas de vestibulares universitários e de concursos públicos. Ao longo de todo o trabalho, foram mencionadas situações em que magistrados de diferentes regiões do país foram instados a se manifestar sobre a legitimidade das bancas de heteroidentificação, sobre a qualidade do controle antifraude implementado e sobre os critérios de aferição utilizados pela Administração responsável pela política. Não havendo muitas disposições normativas no sentido de estabelecer o que é o correto, o "ideal", o Judiciário tem apresentado visões bastante discrepantes sobre a matéria, ora sendo deferente ao método adotado pela Administração, ora resistindo a ele, assumindo para si a responsabilidade de definir o que é certo e errado em matéria de controle antifraude.

Normatizar sobre o controle antifraude, colocando-o como um instrumento adequado e necessário para contenção de fraudes nas vagas afirmativas, hoje se apresenta como tarefa institucional necessária à superação das inseguranças que resistem no entorno do programa de cotas, seja em relação a eventuais intervenções judiciais, seja em relação à própria atuação do Poder Público ainda não convencido da importância do controle. No mesmo sentido, a normatização tende a conferir maior segurança aos gestores públicos envolvidos na demanda e maior previsibilidade da atuação do órgão controlador (especialmente o Judiciário), que buscará em um eventual ato normativo as bases de sua intervenção.

A perspectiva que se deve ter em mente sobre a intervenção do Judiciário na matéria, no entanto, independe de uma eventual mudança legislativa. Por certo, uma vez legitimado o controle antifraude por meio de uma lei, sobretudo se ela estabelecer diretrizes e critérios objetivos para cumprimento da tarefa controladora, a tendência é que os magistrados possuam um espaço menor para interpretar as medidas de controle adotadas pelas bancas de heteroidentificação judicializadas, afinal, nesse caso, a lei conterá a resposta para as principais perguntas levadas ao Poder Judiciário em matéria de controle antifraude (As bancas são legítimas? A Administração pode implementar controles complementares à autodeclaração? O fenótipo é o critério ideal? A ascendência do candidato deve ser levada em consideração para sua elegibilidade? etc.). A lei, nesse sentido, pode servir como instrumento de mitigação de arbitrariedades e de subjetividades geralmente apresentadas na interpretação da política pública. Note, no entanto, que as respostas a essas perguntas já foram, de uma forma ou de outra, respondidas pelas experiências da Administração Pública e por especialistas e ativistas na temática, que nos últimos anos se dedicaram a analisar e acompanhar a implementação da política em diferentes localidades do país.

O que parece ainda incerto, e que nenhuma lei terá condições de garantir, é se o Poder Judiciário possui um interesse sincero em compreender as complexidades que se manifestam na Administração Pública referentes ao controle das cotas raciais e na efetiva garantia das vagas afirmativas a pessoas negras, reconhecendo o racismo institucional como um problema de ordem generalizada no país. É preciso que o controle jurisdicional busque se conectar em maior grau com as discussões sobre os métodos de controle antifraude, refletindo se sua atuação interventora irá contribuir ou prejudicar a garantia das vagas afirmativas a quem de direito.

Esse interesse dificilmente nasce e se desenvolve de maneira espontânea, em especial em instituições que são historicamente marcadas pela discriminação racial, seja quanto à composição de seu quadro de agentes públicos, seja na sua função institucional típica, apreciando casos envolvendo questões raciais de maneira geral. O interesse deve partir, a princípio, da própria ampliação das políticas afirmativas no âmbito judiciário, inclusive para ingresso na magistratura, ainda pouco expressivas, considerando o seu tempo de existência. Adicionalmente, o interesse deve se desenvolver por meio de uma efetiva atuação antirracista por parte do Conselho Nacional de Justiça (CNJ) – dada a sua função de gestão e controle da atividade administrativa e disciplinar da magistratura em todo o país – e dos demais órgãos do Poder Judiciário, no sentido de orientar todos os profissionais que servem à Justiça para que compreendam a natureza e a dimensão do problema posto.

## Controle antifraude como ferramenta do antirracismo

Este último tópico conclusivo serve para reafirmar o mais importante posicionamento declarado ao longo de todo do trabalho: combater as fraudes é, de certo modo, combater o racismo no Brasil. Cada tarefa que apoie a construção e o fortalecimento do controle antifraude tem como fim garantir que pessoas negras cheguem às posições institucionais pleiteadas ao longo da história pelo ativismo negro. Não combater as fraudes, por outro lado, significa permitir que negros persistam enfrentando dificuldades para acessar patamares socialmente compensadores. A fraude corrompe o sentido do que é a política pública antirracista mais relevante da democracia brasileira.

O controle se apresenta como um instrumento cada vez mais relevante do antirracismo. Não à toa, ele protagoniza as discussões mais recentes envolvendo políticas afirmativas. As cotas raciais foram introduzidas ao mundo jurídico a partir de discussões públicas que tinham como ponto focal a sua constitucionalidade. Até 2012, ano do julgamento da ADPF 186 pelo Supremo Tribunal Federal, apenas alguns juristas brasileiros (em geral, os constitucionalistas) buscaram refletir sobre a alegada afronta ao princípio da igualdade, previsto na Constituição da República, que decorreria da adoção de medidas que atingem grupos raciais determinados, atribuindo a eles vantagens de conteúdo reparatório. Essa etapa de discussão, superada com a decisão do STF, hoje é substituída no campo jurídico pelo problema das fraudes e por outros desafios relacionados propriamente à implementação do programa. Com isso, as cotas raciais ganham um novo interlocutor, preocupado em compreender os problemas que corrompem o sucesso da medida e estruturar soluções que sejam úteis à sua superação. O diálogo, agora, é feito diretamente com gestores públicos, jus-administrativistas e profissionais atuantes no campo de políticas públicas.

De modo geral, os argumentos e conclusões apresentados no curso do estudo lançam desafios bastante expressivos para o campo jurídico, especialmente para o Direito Público. Ao regular a atuação do Estado e estabelecer regramentos para intervenção dos órgãos de controle, o Direito Público reúne condições de fornecer o embasamento teórico para solucionar o problema das fraudes na política de cotas, de modo a fortalecer e aprimorar o programa, além de fomentar a participação de juristas nos debates sobre diversidade e inclusão racial no Brasil. Espera-se que as conclusões a respeito da investigação desenvolvida contribuam, ainda que modestamente, para o desenvolvimento de um debate jurídico mais sistemático sobre as fraudes na política de cotas raciais e que esteja preocupado em discutir métodos, procedimentos e valores jurídicos que garantam o cumprimento dos objetivos da ação afirmativa.

# REFERÊNCIAS

Referências Bibliográficas

ALENCASTRO, Luiz Felipe de. África, números do tráfico atlântico. *In*: SCHWARCZ, Lilia Katri Moritz; GOMES, Flávio (orgs.). *Dicionário da escravidão e liberdade*. São Paulo: Companhia das Letras, 2018, p. 57-63.

ALENCASTRO, Luiz Felipe de. *Histórias da vida privada no Brasil*: Império – a corte e a modernidade nacional. São Paulo: Companhia das Letras, 1997.

ALMEIDA, Silvio. Luiz de. Estado, direito e análise materialista do racismo. *In*: KISHIURA JÚNIOR, Celso Naoto; AKAMINE JUNIOR, Oswaldo; MELO, Tarso de. (Org.). *Para a crítica do direito*: reflexões sobre teorias e práticas jurídicas. São Paulo: Outras Expressões; Dobra universitário, 2015, p. 747-767.

ALMEIDA, Silvio Luiz de. *Racismo estrutural*. São Paulo: Jandaíra, 2021.

ARABAGE, Amanda Cappellazzo; SOUZA, André Portela. Quotas in Public Universities and Labor Outcomes: Evidence for Rio de Janeiro. *In*: Encontro Nacional de Economia, 45., 2017, Natal. *Anais do 45º Encontro Nacional de Economia*, ANPEC, 2017. Disponível em: https://www.anpec.org.br/encontro/2017/submissao/files_I/i12-b5f4ed270a38c87eb fd4108955315997.pdf. Acesso em: 18 maio 2022.

ARAGÃO, Alexandre Santos. A autonomia universitária e suas dimensões no direito brasileiro. *In*: CABRAL, Edson César dos Santos; QUEIROZ, João Eduardo Lopes. *Autonomia universitária*: 30 anos no Estado de São Paulo. São Paulo: Editora Unesp, 2020.

BANDEIRA DE MELLO, Celso Antônio. *Curso de direito administrativo*. 19. ed. São Paulo: Malheiros Editores, 2005.

BARROSO, Luis Roberto. Vinte anos da constituição brasileira de 1988: o estado a que chegamos. *Cadernos da Escola de Direito*, v. 1, n. 8, 27 mar. 2017.

BEZERRA, Teresa Olinda Caminha; ALCANTARA, Daniela Gomes; GARRIDO, William Esteban Ospina *et al*. *A Política de Cotas no Ensino Superior*: Desempenho e Evasão dos Cotistas na UFF (2013 a 2017). *In*: XLIV ENCONTRO DA ANPAD – EnANPAD 2020, 2020, Online. EnANPAD – APB – Administração Pública, 2020. Disponível em: http://www.anpad.org.br/abrir_pdf.php?e=Mjg5MzI=. Acesso em: 18 maio 2022.

BUCCI, Maria Paula Dallari. *Direito administrativo e políticas públicas*. 1. ed. 2 tir. São Paulo: Saraiva, 2006.

BUCCI, Maria Paula Dallari. *Fundamentos para uma teoria jurídica das políticas públicas*. São Paulo: Saraiva, 2013.

BUCCI, Maria Paula Dallari. O conceito de política pública em direito. *In*: BUCCI, Maria Paula Dallari (Org.). *Políticas públicas*: reflexões sobre o conceito jurídico. 1. ed. São Paulo: Saraiva, 2006, v. 1, p. 1-49.

BUCCI, Maria Paula Dallari. Quadro de referência de uma política pública: primeiras linhas de uma visão jurídico-institucional. *Direito do Estado*, Colunistas, n. 122, 2016. Disponível em: http://www.direitodoestado.com.br/colunistas/maria-paula-dallari-bucci/quadro-de-referencia-de-uma-politica-publica-primeiras-linhas-de-uma-visao-juridico-institucional. Acesso em: 11 jan. 2023.

CARVALHO FILHO, José dos Santos. MENEZES DE ALMEIDA, Fernando Dias. *Tratado de direito administrativo*: controle da administração pública e responsabilidade do Estado. 2. ed. rev., atual e ampl. São Paulo: Thompson Reuters Brasil, 2019 (Tratado de direito administrativo, vol. 7, coordenação de Maria Sylvia Di Pietro).

COSTA, Najara Lima. *Quem é negro no Brasil*: cotas raciais e comissões de heteroidentificação na Prefeitura de São Paulo. São Paulo: Dandara, 2020.

COUTINHO, Diogo Rosenthal. O direito nas políticas públicas. *In:* MARQUES, Eduardo; FARIA, Carlos Aurélio Pimenta de. (Org.). *A política pública como campo multidisciplinar*. 1. ed. São Paulo, Rio de Janeiro: Unesp; Fiocruz, 2013, v. 1.

CRESSEY, Donald Ray. *Other people's money*: a study in the social psychology of embezzlement. Glencoe, Ill.: Free Press, 1953.

CUNHA, Bruno Santos. O princípio da eficiência e o direito fundamental à boa administração. *In:* MARRARA, Thiago (org.). *Princípios de direito administrativo*: legalidade, segurança jurídica, impessoalidade, publicidade, motivação, eficiência, moralidade, razoabilidade, interesse público. São Paulo: Atlas, 2012.

DIAS, Gleidson Renato Martins. Considerações à Portaria Normativa nº 4 de 6 de abril de 2018 do Ministério do Planejamento, Desenvolvimento e Gestão. *In:* DIAS, Gleidson Renato Martins; JUNIOR, Paulo Roberto Faber Tavares. *Heteroidentificação e cotas raciais*: dúvidas, metodologias e procedimentos. Canoas: IFRS, 2018, p. 141-174.

DEVULSKY, Alessandra. *Colorismo*. 1. ed. São Paulo: Jandaíra, 2021.

DI PIETRO, Maria Sylvia Zanella. *Direito administrativo*. 33. ed. Rio de Janeiro: Forense, 2020.

DI PIETRO, Maria Sylvia Zanella; MARTINS JUNIOR, Wallace Paiva. *Teoria geral e princípios do direito administrativo*. São Paulo: Revista dos Tribunais, 2014.

DRAIBE, Sônia Miriam; RIEGO, Manuel. Estados de bem-estar social e estratégias de desenvolvimento na América Latina: um novo desenvolvimentismo em gestação? *Sociologias (Dossiê)*, Porto Alegre, ano 13, n. 27, p. 220-254, mai./ago. 2011.

DU BOIS, William Edward Burghardt. *The negro*. New York: Holt, 1915.

FERES JÚNIOR, João; CAMPOS, Luiz Augusto; DAFLON, Verônica Toste; VENTURINI, Anna Carolina. *Ação afirmativa*: conceito, história e debates. 1. ed. Rio de Janeiro: EdUERJ, 2018.

FERNANDES, Florestan. *A integração do negro na sociedade de classes*, vol. 1. 5. ed. São Paulo: Globo, 2008.

FERRAZ, Sérgio; DALLARI, Adilson Abreu. *Processo administrativo*. São Paulo: Malheiros Editores, 2001.

FIGUEIREDO, Marcelo. *Probidade administrativa*: comentários à Lei 8.429/92 e legislação complementar. 6. ed. atual. e ampl. São Paulo: Malheiros, 2009.

FREITAS, Enrico Rodrigues de. Heteroidentificação e quotas raciais: o papel do Ministério Público. *In:* DIAS, Gleidson Renato Martins; JUNIOR, Paulo Roberto Faber Tavares. *Heteroidentificação e cotas raciais*: dúvidas, metodologias e procedimentos. Canoas: IFRS, 2018, p. 176-192.

FREYRE, Gilberto. *Casa-grande & senzala*: formação da família brasileira sob o regime da economia patriarcal. São Paulo: Global, 2003.

GABARDO, Emerson. A eficiência no desenvolvimento do Estado brasileiro: uma questão política e administrativa. *In:* MARRARA, Thiago. (Org.). *Princípios de direito administrativo.* São Paulo: Atlas, 2012.

GARCIA, Mônica Nicida. *Responsabilidade do agente público*. 2. ed. rev. e ampl. Belo Horizonte: Fórum, 2007.

GOMES, Joaquim Benedito Barbosa. A recepção do instituto da ação afirmativa pelo Direito Constitucional brasileiro. *Revista de informação legislativa*, v. 38, n. 151, p. 129-152, jul./set. 2001.

GRECO, Rogério. *Curso de direito penal*: parte especial, volume III. 12. ed. Niterói: Impetus, 2015.

GRECO, Rogério. *Curso de direito penal*: parte especial, volume IV. 11. ed. Niterói: Impetus, 2015.

GUIMARÃES, Antônio Sérgio Alfredo. Democracia racial: o ideal, o pacto e o mito. *Novos Estudos Cebrap*, v. 3, n. 61, p. 147-162, nov. 2001.

GUIMARÃES, Nadya Araujo; ANDRADA, Ana Carolina; PICANÇO, Monise Fernandes. Transitando entre a universidade e o trabalho: trajetórias desiguais e políticas de inclusão. *Cadernos de Pesquisa*, São Paulo, v. 49, n. 172, p. 284-310, abr./jun. 2019.

HANCHARD, Michael George. *Orfeu e o poder*: o movimento negro no Rio de Janeiro e São Paulo (1945-1988). Tradução de Vera Ribeiro. Rio de Janeiro: EdUERJ, 2001.

JORDÃO, Eduardo. *Controle judicial de uma administração pública complexa*: a experiência estrangeira na adaptação da intensidade do controle. São Paulo: Malheiros; SBDP, 2016.

JORGE, Fernando Pessoa. *Ensaio sobre os pressupostos da responsabilidade civil*. Coimbra: Almedina, 1999.

LIMA, Márcia. Ações afirmativas e juventude negra no Brasil. *Cadernos Adenauer (São Paulo)*, v. XVI, p. 27-43, 2015.

LOMBROSO, Cesare. *O homem delinquente*. Tradução de Sebastião José Roque. São Paulo: Ícone, 2007.

MAGALHÃES, Wallace Lucas. A lei do boi e a relação entre educação e propriedade: o caso da Universidade Federal do Rio de Janeiro. *Tempos Históricos*, v. 21, n. 2, p. 434–464, 2017.

MAIA, Moisés Estácio Fernandes. *A eficácia da política de cotas na UFBA*: uma análise dos egressos no mercado de trabalho formal. 2017. Dissertação (Mestrado em Economia) – Faculdade de Economia, Universidade Federal da Bahia, Salvador, 2017.

MARINONI, Luiz Guilherme; ARENHART, Sérgio Cruz; MITIDIERO, Daniel. *Novo código de processo civil comentado*. 3. ed. rev. atual. e ampl. São Paulo: Revista dos Tribunais, 2017.

MARSHALL, Thomas Humphrey. *Cidadania, classe social e status*. Tradução de Meton Porto Gadelha. Rio de Janeiro: Zahar Editores, 1967.

MARQUES NETO, Floriano de Azevedo. A defesa da autonomia e a responsabilidade financeira. *In:* CABRAL, Edson César dos Santos; QUEIROZ, João Eduardo Lopes. *Autonomia universitária*: 30 anos no Estado de São Paulo. São Paulo: Editora Unesp, 2020, p. 165-167.

MARQUES NETO, Floriano de Azevedo. Os grandes desafios do controle da Administração Pública. *In:* MODESTO, Paulo (coord.). *Nova organização administrativa*. 2. ed. rev. e ampl. Belo Horizonte: Fórum, 2010.

MARTINS JÚNIOR, Wallace Paiva. *Controle da administração pública pelo Ministério Público*. São Paulo: Editora Juarez de Oliveira, 2002.

MEDAUAR, Odete. *Controle da administração pública*. 3. ed. rev. atual. e ampl. São Paulo: Revista dos Tribunais, 2014.

MEDAUAR, Odete. *Direito administrativo moderno*. 16. ed. rev. atual. e ampl. São Paulo: Revista dos Tribunais, 2012.

MEDAUAR, Odete. *Processualidade no direito administrativo*. São Paulo: Revista dos Tribunais. 1993.

MENDES, Conrado Hubner. O Supremo Tribunal Federal e a judicialização de políticas públicas. OLIVEIRA, Vanessa Elias (org.). *Judicialização de políticas públicas no Brasil*. Rio de Janeiro: Editora Fiocruz, 2019.

MENDES JUNIOR. Alvaro Alberto Ferreira; WALTENBERG, Fábio Domingues. Políticas de cotas não raciais aumentam a admissão de pretos e pardos na universidade? *Planejamento e Políticas Públicas*, n. 44, p. 229-256, 2015.

MENEZES, Paulo Lucena de. *A ação afirmativa* (affirmative action) *no direito norte-americano*. São Paulo: Revista dos Tribunais, 2001.

MILESKI, Helio Saul. *O controle da gestão pública*. São Paulo: Revista dos Tribunais, 2003.

MÓDOLO, Lucas de Santana. Afroconveniência eleitoral no Brasil: notas sobre as suspeitas de fraude nas declarações raciais de 2022. *Revista Eletrônica da PGE-RJ*, [S. l.], v. 5, n. 3, 2023. Disponível em: https://revistaeletronica.pge.rj.gov.br/index.php/pge/article/view/321. Acesso em: 05 dez. 2023.

MÓDOLO, Lucas de Santana. Cotas étnico-raciais na Universidade de São Paulo: da implementação à necessidade do controle antifraude. *Revista da Defensoria Pública do Estado de São Paulo*, São Paulo, v. 4, n. 1, p. 9-32, jan./jun. 2022.

MÓDOLO, Lucas de Santana; PEREZ, Marcos Augusto. Constitucionalização das ações afirmativas no Brasil: contribuições do STF e de Ricardo Lewandowski para a superação dos argumentos contra as cotas raciais. *In:* PRUDENTE, Eunice Aparecida de Jesus; BUCCI, Maria Paula Dallari; RANIERI, Nina Beatriz Stocco; TOJAL, Sebastião Botto de Barros (Coord.). *Teoria do Estado contemporânea*: homenagens da academia ao Professor Ricardo Lewandowski. 1. ed. São Paulo: Quartier Latin, p. 755-770, 2023.

MONTEIRO, John Manuel. *Negros da terra*: índios e bandeiras nas origens de São Paulo. São Paulo: Companhia das Letras, 1994.

MOORE, Carlos. *Racismo e sociedade*: novas bases epistemológicas para entender o racismo. Belo Horizonte: Mazza Edições, 2007.

MOREIRA, Adilson José. Miscigenando o círculo do poder: ações afirmativas, diversidade racial e sociedade democrática. *Revista da Faculdade de Direito – UFPR*, Curitiba, v. 61, n. 2, p. 117-148, maio/ago. 2016.

MOREIRA, Adilson José. *Tratado de direito antidiscriminatório*. São Paulo: Editora Contracorrente, 2020.

MOREIRA, Egon Bockmann. *Processo administrativo*: princípios constitucionais e a Lei 9.784/1999. 4. ed. atual. rev. e ampl. São Paulo: Malheiros Editores, 2010.

MOURA, Clóvis. O racismo como arma ideológica de dominação. *Revista Princípios*, n. 34, p. 28-38, ago/out, 1994.

MOURA, Clóvis. *Sociologia do negro brasileiro*. São Paulo: Editora Ática S.A., 1988.

MUNANGA, Kabengele. A difícil tarefa de definir quem é negro no Brasil. *Estudos Avançados*, v. 18, n. 50, p. 51-56, 01 jan. 2004. Disponível em: https://www.scielo.br/j/ea/a/MnRkNKRH7Vb8HKWTVtNBFDp/?lang=pt. Acesso em: 09 jan. 2023.

MUNANGA, Kabengele. *Rediscutindo a mestiçagem no Brasil*: identidade nacional *versus* identidade negra. Petrópolis: Vozes, 1999.

NASCIMENTO, Abdias do. *O genocídio do negro brasileiro*. Rio de Janeiro: Paz e Terra. 1978.

NEVES, José Roberto de Castro. Coação e fraude contra credores no Código Civil de 2002. *In*: TEPEDINO, Gustavo (Coord.). *O código civil na perspectiva civil-constitucional*. Rio de Janeiro: Renovar, 2013, p. 331-352.

NOGUEIRA, Oracy. Preconceito racial de marca e preconceito racial de origem: sugestão de um quadro de referência para a interpretação do material sobre relações raciais no Brasil. *Tempo Social, Revista de sociologia da USP*, v. 19, n. 1, p. 207-308, 2007.

OLIVEIRA, Bruno Luciano Carneiro Alves; LUIZ, Ronir Raggio. Densidade racial e a situação socioeconômica, demográfica e de saúde nas cidades brasileiras em 2000 e 2010. *Revista Brasileira de Epidemiologia*, v. 22, 2019.

OLIVEIRA FILHO, João Pacheco de. Pardos, mestiços ou caboclos: os índios nos censos nacionais no Brasil (1872-1980). *Horizontes Antropológicos (online)*, v. 3, n. 6, p. 61-84, 1997.

PALMA, Juliana Bonacorsi de. Direito administrativo e políticas públicas: o debate atual. *In*: ALMEIDA, Fernando Dias Menezes de; MARQUES NETO, Floriano de Azevedo; MIGUEL, Luiz Felipe Hadlich *et al*. *Direito público em evolução*: estudos em homenagem à professora Odete Medauar. Belo Horizonte: Fórum, 2013, p. 177-201.

PEREZ, Marcos Augusto. A participação da sociedade na formulação, decisão e execução das políticas públicas. *In*: BUCCI, Maria Paula Dallari (org.). *Políticas públicas*: reflexões sobre o conceito jurídico. São Paulo: Saraiva, 2006, p. 163-176.

PEREZ, Marcos Augusto. *Testes de legalidade*: métodos para o amplo controle jurisdicional da discricionariedade administrativa. Belo Horizonte: Fórum, 2020.

PEREZ, Marcos Augusto; MÓDOLO, Lucas de Santana. Desafios jurídicos para a revisão da Lei de Cotas. *Suprema*: Revista de Estudos Constitucionais, Brasília, v. 3, n. 2, p. 87-112, jul./dez. 2023.

PETRUCELLI, José Luiz. Autoidentificação, identidade étnico-raciais e heteroclassificação. *In*: PETRUCELLI, José Luiz; SABOIA, Ana Lucia (Orgs.). *Características étnico-raciais da população*: classificações e identidades. Rio de Janeiro: IBGE, 2013.

PIRES, Thula Rafaela de Oliveira; LIMA, Kamila Sousa. As ações afirmativas de corte étnico-racial pelo Tribunal de Justiça do Estado do Rio de Janeiro (2002-2013). *O Social em Questão*, v. 32, p. 19-38, 2014.

PIZA, Edith. Porta de vidro: entrada para a branquitude. *In:* BENTO, Maria Aparecida Silva; CARONE, Iray (Orgs.). *Psicologia social do racismo*: estudos sobre branquitude e branqueamento no Brasil. Rio de Janeiro: Editora Vozes, 2016.

PRIORE, Mary del. *Histórias da gente brasileira*: volume I: colônia. Rio de Janeiro: LeYa, 2016.

PRUDENTE, Eunice Aparecida de Jesus. O negro na ordem jurídica brasileira. *Revista da Faculdade de Direito*. Universidade de São Paulo, v. 83, p. 135-149, jan-dez, 1988.

QUEIROZ, Zandra Cristina Lima Silva; MIRANDA, José Miranda *et al*. A lei de cotas na perspectiva do desempenho acadêmico na Universidade Federal de Uberlândia. *Revista Brasileira de Estudos Pedagógicos RBEP-INEP*, v. 96, n. 243, p. 299-320, 2015.

RAMOS, Marcelo Maciel; CASTRO, Felipe Araújo. Aristocracia judicial brasileira: privilégios, *habitus* e cumplicidade estrutural. *Revista Direito GV (Online)*, v. 15, n. 2, 2019.

ROCHA, Cármen Lúcia Antunes. Ação afirmativa: o conteúdo democrático do princípio da igualdade jurídica. *Revista de Informação Legislativa do Senado Federal*, v. 33, n. 131, p. 283-295, 1996.

RODRIGUES, Vladimir Miguel. *O X de Malcolm e a questão racial norte-americana*. São Paulo: Editora Unesp, 2013.

SANSONE, Livio. *Negritude sem etnicidade*: o local e o global nas relações raciais e na produção cultural negra do Brasil. Salvador: Edufba; Pallas, 2003.

SANTOS, Sales Augusto dos. Mapa das comissões de heteroidentificação étnico-racial das universidades federais brasileiras. *Revista da Associação Brasileira de Pesquisadores/as Negros/as (ABPN)*, v. 13, n. 36, p. 365-415, mar-mai, 2021.

SARMENTO, Daniel. *Dignidade da pessoa humana*: conteúdo, trajetórias e metodologias. Belo Horizonte: Fórum, 2016.

SCHUCMAN, Lia Vainer. *Entre o encardido, o branco e o branquíssimo*: branquitude, hierarquia e poder na cidade de São Paulo. 2. ed. São Paulo: Veneta, 2020.

SCHWARCZ, Lilia Katri Moritz. Usos e abusos da mestiçagem e da raça no Brasil: uma história das teorias raciais em finais do século XIX. *Afro-Ásia*, n. 18, p. 77-101, 1996.

SECCHI, Leonardo. *Políticas públicas*: conceitos, esquemas de análise, casos práticos. São Paulo: Cengage Learning, 2012.

SILVA, Ana Claudia Cruz da; CIRQUEIRA, Diogo Marçal; RIOS, Flávia *et al*. Ações Afirmativas e formas de acesso no ensino Superior Público: o caso das Comissões de Heteroidentificação. *Novos Estudos CEBRAP*, v. 39, n. 2, p. 329-347, 2020.

SIMONSEN, Roberto Cochrane. As consequências econômicas da abolição (Conferência Comemorativa do 12 Cinqüentenário da Abolição – I maio 1938) *In: Ensaios Políticos e Econômicos*, São Paulo: Federação das Indústrias do Estado de São Paulo, 1943.

SOUSA, Neusa Santos. *Tornar-se negro*: as vicissitudes da identidade do negro brasileiro em ascensão social. 1. ed. Rio de Janeiro: Edições Graal, 1983.

SOUZA, Eduardo Levi de. *Juízes(as) negros(as) e seus modos de julgar*: processos educativos, lugar de fala e engrenagem institucional. Belo Horizonte, 2019. Dissertação (Mestrado em Educação) – Faculdade de Educação, Universidade Federal de Minas Gerais, Belo Horizonte, 2019.

SOUZA, Jessé. *A elite do atraso*: da escravidão à Lava Jato. Rio de Janeiro: Leya, 2017.

SOUZA, Rodrigo Pagani. Em busca de uma administração pública de resultados. *In*: PEREZ, Marcos Augusto; SOUZA, Rodrigo Pagani de. *Controle da administração pública*. Belo Horizonte: Fórum, 2017.

SOWELL, Thomas. *Ação afirmativa ao redor do mundo*: um estudo empírico sobre cotas e grupos preferenciais. 1. ed. São Paulo: Editora É Realizações, 2016.

SUCHANEK, Márcia Gomes. Povos indígenas no Brasil: de escravos a tutelados, uma difícil reconquista da liberdade. *Confluências*, v. 12, n. 1, p. 240-274, 2012.

TARTUCE, Flávio. *Manual de direito civil*: volume único. 7. ed. rev., atual. e ampl. São Paulo: Método, 2017.

THEODORO, Mário. A formação do mercado de trabalho e a questão racial no Brasil. *In*: THEODORO, Mário (org.). *As políticas públicas e a desigualdade racial no Brasil*: 120 anos após a abolição. Brasília: Ipea, 2008.

VAZ, Lívia Sant'anna. *Cotas raciais*. São Paulo: Jandaíra, 2022.

VIANA, Oliveira. *Evolução do povo brasileiro*. 3. ed. Rio de Janeiro: Companhia Editora Nacional, 1938.

ZYMLER, Benjamin. *Direito administrativo e controle*. 4. ed. Belo Horizonte: Fórum, 2015.

## Referências normativas

BRASIL. Constituição (1824). *Constituição Política do Império do Brazil*, de 25 de março de 1824. Disponível em: http://www.planalto.gov.br/ccivil_03/Constituicao/Constituicao24.htm. Acesso em: 09 jan. 2023.

BRASIL. Constituição (1934). *Constituição dos Estados Unidos do Brasil*, de 16 de julho de 1934. Disponível em: http://www.planalto.gov.br/ccivil_03/constituicao/constituicao34.htm. Acesso em: 09 jan. 2023.

BRASIL. Constituição (1967). *Constituição da República Federativa do Brasil*. Brasília, 1967. Disponível em: https://www.planalto.gov.br/ccivil_03/constituicao/constituicao67.htm. Acesso em: 09 jan. 2023.

BRASIL. Constituição (1988). *Constituição da República Federativa do Brasil*. Brasília, DF: Presidência da República, 1988. Disponível em: https://www.planalto.gov.br/ccivil_03/constituicao/constituicao.htm. Acesso em: 09 jan. 2023.

BRASIL. *Decreto nº 1.331-A, de 17 de fevereiro de 1854*. Aprova o Regulamento para a reforma do ensino primário e secundário do Município da Côrte. Rio de Janeiro, 17 de fevereiro de 1854. Disponível em: https://www2.camara.leg.br/legin/fed/decret/1824-1899/decreto-1331-a-17-fevereiro-1854-590146-publicacaooriginal-115292-pe.html. Acesso em: 09 jan. 2023.

BRASIL. *Decreto nº 4.228, de 13 maio 2002*. Institui, no âmbito da Administração Pública federal, o Programa Nacional de Ações Afirmativas e dá outras providências. Brasília, 13 maio 2022. Disponível em: http://www.planalto.gov.br/ccivil_03/decreto/2002/d4228.htm. Acesso em: 09 jan. 2023.

BRASIL. *Decreto nº 7.031-A, de 06 de fevereiro de 1878*. Crêa cursos nocturnos para adultos nas escolas publicas de instrucção primaria do 1º gráo do sexo masculino do municipio da Côrte. Rio de Janeiro, 06 de setembro de 1878. Disponível em: https://www2.camara.leg.br/legin/fed/decret/1824-1899/decreto-7031-a-6-setembro-1878-548011-publicacaooriginal-62957-pe.html. Acesso em: 09 jan. 2023.

BRASIL. *Decreto nº 11.443, de 21 de março de 2023*. Dispõe sobre o preenchimento por pessoas negras de percentual mínimo de cargos em comissão e funções de confiança no âmbito da administração pública federal. Brasília, 21 de março de 2023. Disponível em: http://www.planalto.gov.br/ccivil_03/_ato2023-2026/2023/decreto/D11443.htm. Acesso em: 30 maio 2023.

BRASIL. *Decreto-Lei nº 2.848, de 07 de dezembro de 1940*. Código Penal. Rio de Janeiro, 7 de dezembro de 1940. Disponível em: https://www.planalto.gov.br/ccivil_03/decreto-lei/del2848.htm. Acesso em: 09 jan. 2023.

BRASIL. *Decreto-Lei nº 4.244, de 09 de abril de 1942*. Lei orgânica do ensino secundário. Rio de Janeiro, 09 de abril de 1942. Disponível em: https://www2.camara.leg.br/legin/fed/declei/1940-1949/decreto-lei-4244-9-abril-1942-414155-publicacaooriginal-1-pe.html. Acesso em: 09 jan. 2023.

BRASIL. *Decreto-Lei nº 4.657 de 04 de setembro de 1942*. Lei de introdução às normas do Direito Brasileiro. Rio de Janeiro, 04 de setembro de 1942. Disponível em: https://www.planalto.gov.br/ccivil_03/decreto-lei/del4657.htm. Acesso em: 09 jan. 2023.

BRASIL. *Decreto-Lei nº 5.452, de 01 maio 1943*. Aprova a Consolidação das Leis Trabalhistas. Rio de Janeiro, 01 maio 1943. Disponível em: https://www.planalto.gov.br/ccivil_03/decreto-lei/del5452.htm. Acesso em: 09 jan. 2023.

BRASIL. *Decreto-Lei nº 7.967, de 18 de setembro de 1945*. Dispõe sobre a imigração e colonização e dá outras providências. Rio de Janeiro, 18 de setembro de 1945. Disponível em: https://www2.camara.leg.br/legin/fed/declei/1940-1949/decreto-lei-7967-18-setembro-1945-416614-publicacaooriginal-1-pe.html. Acesso em: 09 jan. 2023.

BRASIL. *Lei nº [sem número], de 16 de dezembro de 1830*. Manda executar o Código Criminal. Rio de Janeiro, 16 de dezembro de 1830. Disponível em: http://www.planalto.gov.br/ccivil_03/leis/lim/lim-16-12-1830.htm. Acesso em: 09 jan. 2023.

BRASIL. *Lei nº [sem número], de 29 de novembro de 1832*. Promulga o Código do Processo Criminal de primeira instância com disposição provisória acerca da administração da Justiça Civil. Rio de Janeiro, 29 de novembro de 1832. Disponível em: https://www.planalto.gov.br/ccivil_03/leis/lim/lim-29-11-1832.htm. Acesso em: 09 jan. 2023.

BRASIL. *Lei nº 1 de 14 de janeiro de 1837*. Sobre a Instrução Primária no Rio de Janeiro. Rio de Janeiro, 14 de janeiro de 1837. Disponível em: https://seer.ufrgs.br/asphe/article/viewFile/29135/pdf. Acesso em: 09 jan. 2023.

BRASIL. *Lei nº 601, de 18 de setembro de 1850*. Dispõe sobre as terras devolutas do Império. Rio de Janeiro, 18 de setembro de 1850. Disponível em: https://www.planalto.gov.br/ccivil_03/leis/l0601-1850.htm. Acesso em: 09 jan. 2023.

BRASIL. *Lei nº 3.353, de 13 maio 1888*. Declara extinta a escravidão no Brasil. Rio de Janeiro, 13 maio 1888. Disponível em: https://www.planalto.gov.br/ccivil_03/leis/lim/lim3353.htm. Acesso em: 09 jan. 2023.

BRASIL. *Lei nº 5.465 de 3 de julho de 1968*. Dispõe sobre o preenchimento de vagas nos estabelecimentos de ensino agrícola. Brasília, 3 de julho de 1968. Disponível em: https://www.planalto.gov.br/ccivil_03/leis/1950-1969/L5465.htm#:~:text=Disp%C3%B5es%20s%C3%B4bre%20o%20preenchimento%20de,Art. Acesso em: 09 jan. 2023.

BRASIL. *Lei nº 8.078 de 11 de setembro de 1990*. Dispõe sobre a proteção do consumidor e dá outras providências. Brasília, 11 de setembro de 1990. Disponível em: https://www.planalto.gov.br/ccivil_03/leis/l8078compilado.htm. Acesso em: 09 set. 2023.

BRASIL. *Lei nº 8.112 de 11 de dezembro de 1990*. Dispõe sobre o regime jurídico dos servidores públicos civis da União, das autarquias e das fundações públicas federais. Brasília, 11 de dezembro de 1990. Disponível em: https://www.planalto.gov.br/ccivil_03/leis/l8112cons.htm. Acesso em: 09 jan. 2023.

BRASIL. *Lei nº 8.429, de 2 de junho de 1992*. Dispõe sobre as sanções aplicáveis em virtude da prática de atos de improbidade administrativa, de que trata o § 4º do art. 37 da Constituição Federal; e dá outras providências. Brasília, 2 de junho de 1992. Disponível em: https://www.planalto.gov.br/ccivil_03/leis/l8429.htm. Acesso em: 09 jan. 2023.

BRASIL. *Lei nº 10.406, de 10 de janeiro de 2002*. Institui o Código Civil. Brasília, 10 de janeiro de 2002. Disponível em: https://www.planalto.gov.br/ccivil_03/leis/2002/l10406compilada.htm. Acesso em: 09 jan. 2023.

BRASIL. *Lei nº 12.288, de 20 de julho de 2010*. Institui o Estatuto da Igualdade Racial. Brasília, 20 de julho de 2010. Disponível em: https://www.planalto.gov.br/ccivil_03/_ato2007-2010/2010/lei/l12288.htm. Acesso em: 09 jan. 2023.

BRASIL. *Lei nº 12.711, de 29 de agosto de 2012*. Dispõe sobre o ingresso nas universidades federais e nas instituições federais de ensino técnico de nível médio e dá outras providências. Brasília, 29 de agosto de 2012. Disponível em: https://www.planalto.gov.br/ccivil_03/_ato2011-2014/2012/lei/l12711.htm. Acesso em: 09 jan. 2023.

BRASIL. *Lei nº 12.846 de 1 de agosto de 2013*. Dispõe sobre a responsabilização administrativa e civil de pessoas jurídicas pela prática de atos contra a administração pública, nacional ou estrangeira, e dá outras providências. Brasília, 01 de agosto de 2013. Disponível em: https://www.planalto.gov.br/ccivil_03/_ato2011-2014/2013/lei/l12846.htm. Acesso em: 09 jan. 2023.

BRASIL. *Lei nº 12.990, de 09 de junho de 2014*. Reserva aos negros 20% (vinte por cento) das vagas oferecidas nos concursos públicos para provimento de cargos efetivos e empregos públicos no âmbito da administração pública federal, das autarquias, das fundações públicas, das empresas públicas e das sociedades de economia mista controladas pela União. Brasília, 09 de junho de 2014. Disponível em: https://www.planalto.gov.br/ccivil_03/_ato2011-2014/2014/lei/l12990.htm. Acesso em: 09 jan. 2023.

BRASIL. *Lei nº 14.133 de 1 de abril de 2021*. Lei de Licitações e Contratos Administrativos. Brasília, 1 de abril de 2021. Disponível em: https://www.planalto.gov.br/ccivil_03/_ato2019-2022/2021/lei/l14133.htm. Acesso em: 09 jan. 2023.

BRASIL. Portaria Normativa nº 04, de 06 de abril de 2018, do Ministério do Planejamento, Desenvolvimento e Gestão. Regulamenta o procedimento de heteroidentificação complementar à autodeclaração dos candidatos negros, para fins de preenchimento das vagas reservadas nos concursos públicos federais, nos termos da Lei nº12.990, de 9 de junho de 2014. *Diário Oficial da República Federativa do Brasil*. Brasília, DF, 10 de abril de 2018. Seção 1. Disponível em: https://legis.sigepe.planejamento.gov.br/sigepe-bgp-ws-legis/legis-service/download/?id=0007010498-ALPDF/2022. Acesso em: 09 jan. 2023.

BRASIL. *Resolução do Conselho Nacional de Justiça nº 203, de 23 de junho de 2015*. Dispõe sobre a reserva aos negros, no âmbito do Poder Judiciário, de 20% (vinte por cento) das vagas oferecidas nos concursos públicos para provimento de cargos efetivos e de ingresso na magistratura. Disponível em: https://atos.cnj.jus.br/atos/detalhar/2203. Acesso em: 30 maio 2023.

BRASIL. *Resolução do Conselho Nacional do Ministério Público nº170, de 13 de junho de 2017*. Dispõe sobre a reserva aos negros do mínimo de 20% (vinte por cento) das vagas oferecidas nos concursos públicos para provimento de cargos do Conselho Nacional do Ministério

Público e do Ministério Público brasileiro, bem como de ingresso na carreira de membros dos órgãos enumerados no art. 128, incisos I e II, da Constituição Federal. Disponível em: https://www.cnmp.mp.br/portal/images/CDDF/Resolu%C3%A7%C3%A3o-170.pdf. Acesso em: 30 maio 2023.

BRASIL. Rio de Janeiro. *Lei Estadual nº 4.151, de 04 de setembro de 2003*. Institui nova disciplina sobre o sistema de cotas para ingresso nas universidades públicas estaduais e dá outras providências. Rio de Janeiro, 04 de setembro de 2003. Disponível em: https://leisestaduais.com.br/rj/lei-ordinaria-n-4151-2003-rio-de-janeiro-institui-nova-disciplina-sobre-o-sistema-de-cotas-para-ingresso-nas-universidades-publicas-estaduais-e-da-outras-providencias. Acesso em: 09 jan. 2023.

INDIA. Constitution (1950) *Constitution of India*, 1950. Disponível em: https://legislative.gov.in/sites/default/files/COI_English.pdf. Acesso em: 09 jan. 2023.

NIGERIA. Constitution (1999). *Constitution of the Federal Republic of Nigeria*, 1999. Disponível em: http://www.nigeria-law.org/ConstitutionOfTheFederalRepublicOfNigeria.htm. Acesso em: 10 jan. 2023.

SOUTH AFRICA. Constitution (1996). *The Constitution of the Republic of South Africa*, 1996. Disponível em: https://www.justice.gov.za/legislation/constitution/saconstitution-web-eng.pdf. Acesso em: 09 jan. 2023.

UNITED STATES OF AMERICA. *Constitution of the United States of America*, 1787. Disponível em: chrome-extension://efaidnbmnnnibpcajpcglclefindmkaj/https://constitutioncenter.org/media/files/constitution.pdf. Acesso em: 09 jan. 2023.

## Referências jurisprudenciais

BRASIL. Supremo Tribunal Federal. *Ação Declaratória de Constitucionalidade (ADC) nº 41/DF*, rel. Ministro Luís Roberto Barroso, j. 08 de junho de 2017.

BRASIL. Supremo Tribunal Federal. *Agravo Regimental no* Habeas Corpus *148.391/PR*, Primeira Turma, rel. Ministro Luiz Fux, j. 23 de fevereiro de 2018.

BRASIL. Supremo Tribunal Federal. *Arguição de Descumprimento de Preceito Fundamental (ADPF) nº 186/DF*, rel. Ministro Ricardo Lewandowski, j. 26 de abril de 2012.

BRASIL. Supremo Tribunal Federal. *Habeas Corpus nº 82.424/RS*, rel. Ministro Moreira Alves, j. 17 de setembro de 2003.

BRASIL. Supremo Tribunal Federal. *Habeas Corpus nº 205.474/BA*, rel. Ministra Cármen Lúcia, j. 09 de novembro de 2021.

BRASIL. Supremo Tribunal Federal. *Reclamação nº 62.861/SP*, rel. Ministro Nunes Marques, j. 18 de outubro de 2023.

BRASIL. Superior Tribunal de Justiça. *Agravo Regimental no Recurso em Mandado de Segurança nº 48.805/RS*, rel. Ministro Napoleão Nunes Maia Filho, j. 18 de abril de 2017.

BRASIL. Superior Tribunal de Justiça. *Agravo Regimental no Recurso em Mandado de Segurança nº 33.654/PR*, rel. Ministro Herman Benjamin, j. 14 de agosto de 2012.

BRASIL. Tribunal Regional Federal – 1ª Região, Sexta Turma. *Apelação em Mandado de Segurança nº 2005.33.00.004296-4/BA*, rel. Daniel Paes Ribeiro, j. 12 de novembro de 2007.

BRASIL. Tribunal Regional Federal – 1ª Região, Quinta Turma. *Apelação Cível nº 1000988-46.2018.4.01.3803*, rel. Desembargadora Federal Daniele Maranhão Costa, j. 29 de junho de 2022.

BRASIL. Tribunal Regional Federal – 1ª Região, Quinta Turma. *Apelação em Mandado de Segurança nº 1006241-17.2020.4.01.4200*, rel. Desembargador Federal Antonio de Souza Prudente, j. 06 de outubro de 2021.

BRASIL. Tribunal Regional Federal da 1ª Região, 11ª Turma. *Apelação Cível nº1072869-26.2021.4.01.3400*, rel. des. Newton Ramos, j. 14 de setembro de 2023.

BRASIL. Tribunal Regional Federal – 1ª Região, 3ª Vara Federal de Brasília. *Ação Civil Pública nº 0003965.44.2016.4.01.3400*, j. Bruno Anderson Santos da Silva, sem julgamento.

BRASIL. Tribunal Regional Federal – 1ª Região, 2ª Vara Federal Cível. *Procedimento Comum Cível nº 1023271-74.2019.4.01.3400*, julgado por Charles Renaud Frazão de Morais, j. 22 de agosto de 2019.

BRASIL. Tribunal Regional Federal – 1ª Região, Sexta Turma. *Apelação em Mandado de Segurança nº 2003.33.00.007199-9/BA*, julgado por Daniel Paes Ribeiro, j. 06 de fevereiro de 2006.

BRASIL. Tribunal Regional Federal – 1ª Região, Sexta Turma. *Apelação no Mandado de Segurança nº 2005.33.00.004941-5/BA*, rel. Desembargador Federal Daniel Paes Ribeiro, j. 12 de novembro de 2007.

BRASIL. Tribunal Regional Federal – 1ª Região, Quinta Turma. *Apelação em Mandado de Segurança nº 2006.33.00.008424-9/BA*, rel. Desembargador João Batista Moreira, j. 11 de abril de 2007.

BRASIL. Tribunal Regional Federal – 1ª Região, 3ª Vara Federal de Amazonas. *Procedimento Comum Cível nº 1004942-27.2022.4.01.3200*, julgado por Ricardo A Campolina de Sales, j. 30 de março de 2022.

BRASIL. Tribunal Regional Federal – 4ª Região, 3ª Turma. *Agravo de Instrumento nº 2009.04.00.003536-4/SC*, rel. Des. Federal Carlos Eduardo Thompson Flores Lenz, j. 10 de março de 2009.

BRASIL. Tribunal Regional Federal – 4ª Região, 5ª Vara Federal de Curitiba. *Procedimento Comum Ordinário nº 2005.70.00.005657-1/PR*, julgado por Giovanna Mayer, j. 10 de janeiro de 2008.

BRASIL. Tribunal Regional Federal – 5ª Região, 3ª Turma. *Apelação Cível nº 0805376-31.2021.4.05.8500*, rel. Desembargador Rogério Fialho, j. 26 maio 2022.

BRASIL. Tribunal Regional Federal – 5ª Região, 5ª Turma. *Apelação Cível nº 0800477-19.2023.4.05.8500*, rel. Desembargadora Joana Carolina Lins Pereira, j. 30 de novembro de 2023.

BRASIL. Tribunal Regional Federal – 5ª Região – 13ª Vara Federal de Alagoas. *Ação Civil Pública nº 0803278-21.2021.4.05.8000*, julgada por Raimundo Alves de Campos Jr., j. 12 de julho de 2022.

BRASIL. Tribunal Regional Federal – 5ª Região, 13ª Vara Federal de Alagoas. *Ação Civil Pública nº 0808823-72.2021.4.05.8000*, julgada por Raimundo Alves de Campos Jr., j. 21 de julho de 2022.

BRASIL. Tribunal Regional Federal – 5ª Região, 8ª Vara Federal de Sergipe. *Ação Civil Pública nº 0800354-46.2022.4.05.8503*, julgada por Jailsom Leandro de Sousa, j. 13 de abril de 2023.

BRASIL. Tribunal de Justiça do Estado do Maranhão – 5ª Vara Federal de São Luís. *Ação Cautelar nº 2007.37.00.003059/9-MA*, julgado por José Carlos do Vale Madeira, j. 22 de junho de 2007.

BRASIL. Tribunal de Justiça do Estado de São Paulo – 11ª Vara da Fazenda Pública. *Mandado de Segurança Cível nº 1000628-85.2015.8.26.0053*, julgado por Kenichi Koyama, j. 07 de abril de 2015.

BRASIL. Tribunal de Justiça do Estado de São Paulo – 1ª Câmara de Direito Público. *Apelação cível 1012049-73.2021.8.26.0114*, rel. des. Vicente de Abreu Amadei, j. 07 de dezembro de 2021.

BRASIL. Tribunal de Justiça do Estado de Mato Grosso – Juizado Especial Cível e Criminal de Lucas do Rio Verde. *Tutela Provisória de Urgência nº 1004125-07.2022.8.11.0045*, julgado por Melissa de Lima Araújo, j. 20 de junho de 2022.

BRASIL. Instituto Brasileiro de Geografia e Estatística. Desigualdades Sociais por Cor ou Raça no Brasil. *Estudos e Pesquisas*, n. 41. Disponível em: https://biblioteca.ibge.gov.br/visualizacao/livros/liv101681_informativo.pdf. Acesso em: 03.09.2022.

BRASIL. Instituto Brasileiro de Geografia e Estatística, Diretoria de Pesquisas, Coordenação de Pesquisas por Amostra de Domicílio. *Pesquisa Nacional por Amostra de Domicílios Contínua 2012/2021*. Disponível: https://www.ibge.gov.br/estatisticas/sociais/trabalho/9171-pesquisa-nacional-por-amostra-de-domicilios-continua-mensal.html. Acesso em: 10 jan. 2023.

BRASIL. Conselho Nacional de Justiça. *Perfil sociodemográfico dos magistrados brasileiros*, 2018. Disponível: https://www.cnj.jus.br/wp-content/uploads/2019/09/a18da313c6fdcb6f364789672b64fcef_c948e694435a52768cbc00bda11979a3.pdf. Acesso em: 10 jan. 2023.

BRASIL. Procuradoria Regional dos Direitos do Cidadão do Estado de Rondônia. *Recomendação 5/2022/MPF/PR-RO/GABPRDC*, em 31 maio 2022. Disponível em: https://www.mpf.mp.br/ro/sala-de-imprensa/docs/recomendacao-fimca-2022. Acesso em: 27 de dezembro de 2022.

EUA, Supreme Court of the United States. *Plessy v. Ferguson*, 163 U.S. 537 (1896).

Esta obra foi composta em fonte Palatino Linotype, corpo 10
e impressa em papel Offset 70g (miolo) e Supremo 250g (capa)
pela Gráfica Star7.